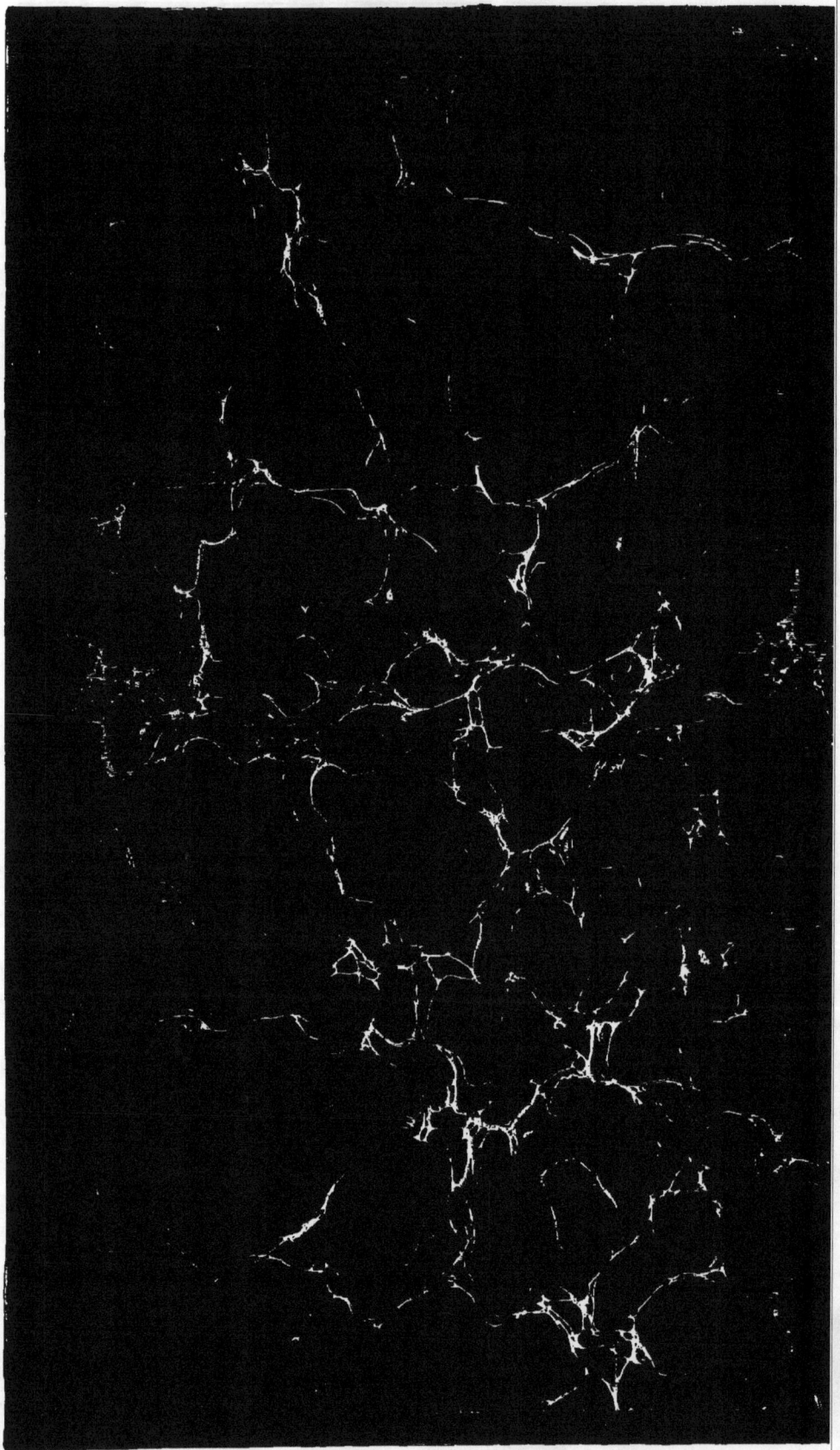

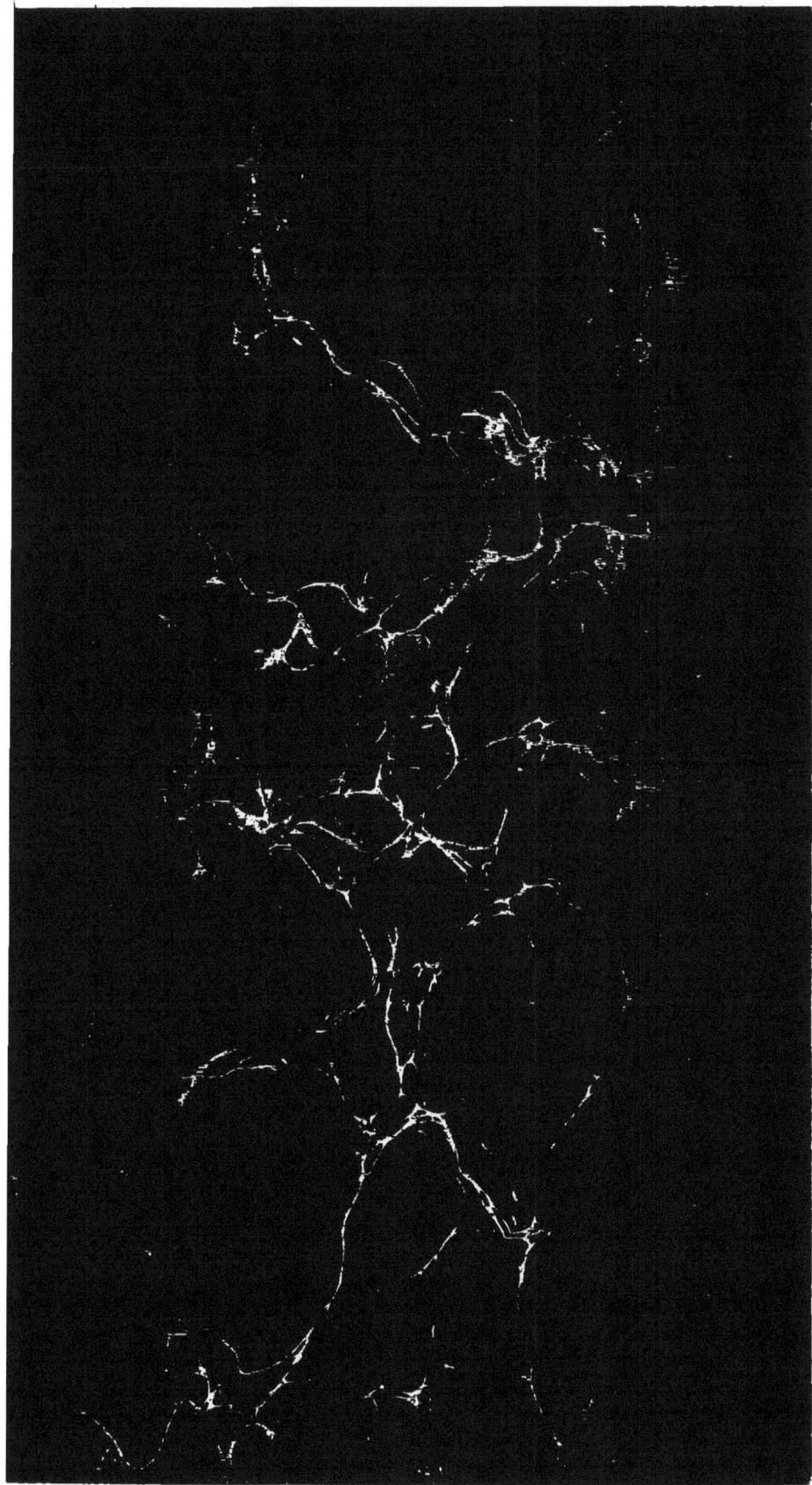

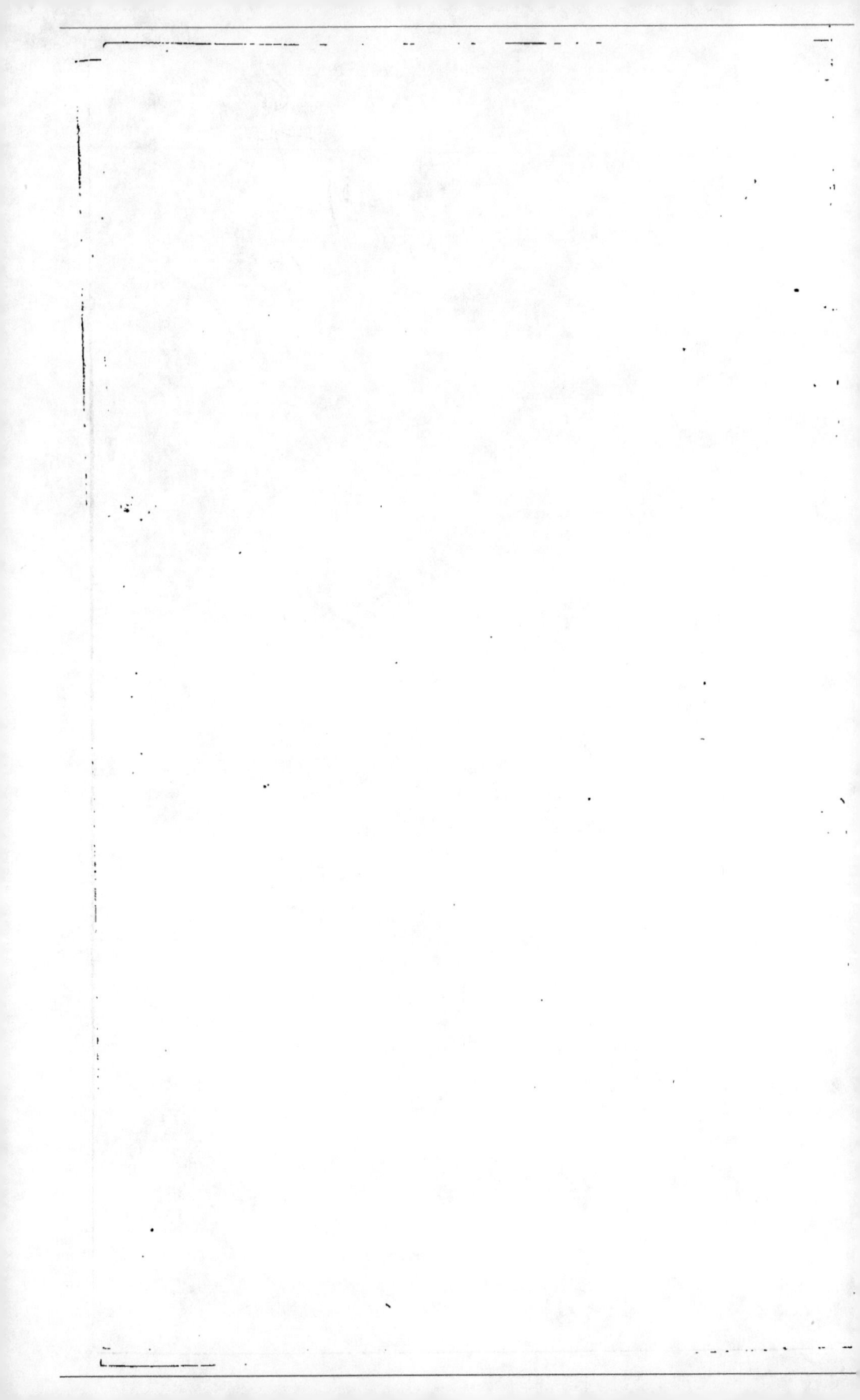

USAGES LOCAUX

SUIVIS COMME LOI

3187

DANS LE DÉPARTEMENT DE L'YONNE,

RECUEILLIS ET PUBLIÉS

PAR LA COMMISSION CENTRALE INSTITUÉE A CET EFFET,

SOUS LA DIRECTION DE

M. AIMÉ CHEREST,

AVOCAT,

Secrétaire de la Commission.

Conserver la Couverture

AUXERRE;

IMPRIMERIE, LIBRAIRIE ET LITHOGRAPHIE C. GALLOT, ÉDITEUR,

IMPRIMEUR DE LA PRÉFECTURE.

—

1861.

USAGES LOCAUX

SUIVIS COMME LOI

DANS LE DÉPARTEMENT DE L'YONNE.

F.

USAGES LOCAUX

SUIVIS COMME LOI

DANS LE DÉPARTEMENT DE L'YONNE,

RECUEILLIS ET PUBLIÉS

PAR LA COMMISSION CENTRALE INSTITUÉE A CET EFFET,

SOUS LA DIRECTION DE

M. AIMÉ CHEREST,

AVOCAT,

Secrétaire de la Commission.

AUXERRE,

IMPRIMERIE, LIBRAIRIE ET LITHOGRAPHIE C. GALLOT, ÉDITEUR.

—

1861.

AVERTISSEMENT.

———

Ce volume contient : 1° le rapport présenté à la Commission centrale, chargée de recueillir et de contrôler les Usages locaux suivis comme loi dans le département de l'Yonne, par M. Aimé Cherest, secrétaire de la Commission ; 2° le procès-verbal des séances dans lesquelles la Commission centrale a statué sur les diverses questions que soulevait le travail de son Rapporteur.

On remarquera, en outre, que les constatations faites par les Commissions cantonales dans toute l'étendue du département ont été analysées ou reproduites *in extenso*. Et même, afin de prévenir toute confusion, ces extraits sont imprimés ici en caractères spéciaux. Ils forment, dans le volume que nous publions, un corps tout à fait distinct et que l'on reconnaîtra sans peine au milieu des autres matières.

Au besoin, les procès-verbaux des Commissions cantonales, déposés aux Archives de l'Yonne, permettraient de vérifier l'exactitude de l'analyse ou de la reproduction qu'on va lire.

On pourra donc facilement rechercher et apprendre quels sont les Usages locaux suivis dans tel ou tel de nos cantons sur telle ou telle matière déterminée. On pourra surtout se faire une juste idée de l'ensemble des Usages suivis comme loi dans le département de l'Yonne.

Il est à désirer que la prochaine rédaction du Code rural rende cette recherche inutile pour tout ce qui concerne le parcours, la vaine pâture, le glanage et autres sujets analogues.

Mais il est à craindre que les Usages locaux qui se rattachent au Code civil restent longtemps encore la loi souveraine.

Jusqu'ici ces Usages n'étaient formulés nulle part. Les

habitants d'un canton, en passant dans le canton voisin, avaient des peines infinies pour se renseigner sur les règles adoptées dans leur nouvelle résidence. Un grand nombre de personnes n'étaient guère mieux instruites des Coutumes obligatoires dans leur pays natal.

C'est pour remédier autant que possible à cet état de choses, et pour guider les justiciables, peut-être même les magistrats, dans une foule de litiges embarrassants, que la présente publication a été entreprise. La lecture des documents qu'elle renferme fera d'ailleurs connaître les circonstances qui l'ont provoquée, la source dont elle émane, et le but qu'elle se propose.

RAPPORT

PRÉSENTÉ

A LA COMMISSION CENTRALE

CHARGÉE DE RECUEILLIR ET DE CONTRÔLER

LES USAGES LOCAUX SUIVIS COMME LOI

DANS LE DÉPARTEMENT DE L'YONNE.

INTRODUCTION.

MESSIEURS,

La Commission centrale m'a chargé de lui présenter un rapport sur les Usages locaux du département de l'Yonne, d'après les constatations faites et les procès-verbaux dressés par les Commissions cantonales. Je viens, après de longs retards, que je regrette et vous prie d'excuser, m'acquitter de la tâche que vous m'avez confiée.

Il y a longtemps qu'on se préoccupe en France de recueillir les Usages locaux ayant force de loi. Les uns pensent qu'il est indispensable de formuler par écrit ces usages divers et changeants, pour mettre un terme

à l'incertitude des justiciables ou des magistrats eux-
mêmes. Les autres se proposent de réunir assez de
renseignements pour éclairer le législateur et lui permettre de remplacer tôt ou tard les Usages locaux par
une loi générale et uniforme. Dans ce double but, de
nombreux efforts ont été tentés. L'Administration n'a
pas négligé d'intervenir, et nous pourrions citer plusieurs circulaires ministérielles qui témoignent de sa
vigilante sollicitude. Nous nous bornerons à reproduire
ici celle que M. le Ministre de l'agriculture et du commerce adressa, le 15 février 1855, à tous les préfets
de l'Empire. Elle rappelle suffisamment ce qui s'est
passé jusqu'à cette dernière date, et montre par quelle
voie l'Administration a essayé de parvenir au but.

Monsieur le Préfet,

Le 5 juillet 1850, le ministre qui dirigeait alors le département de l'agriculture et du commerce invita les Préfets
des départements à lui faire connaître si, conformément aux
prescriptions d'une circulaire du Ministre de l'Intérieur en
date du 26 juillet 1844, les Usages locaux avaient été recueillis
dans les localités placées sous leur administration.

Dans le cas où ce travail aurait été fait, il les engageait à
lui transmettre une copie ou un exemplaire de ce qui aurait
été produit ou publié relativement à cet objet.

Quelques-uns de MM. les Préfets ont adressé à l'Administration centrale, en exécution de cette invitation, des copies
ou exemplaires des travaux exécutés ou des publications

faites. Toutefois, ces envois ne concernent qu'un petit nombre de départements, et j'ai pensé qu'il serait utile de compléter cette grande enquête, qui peut donner au gouvernement des indications précieuses sur les besoins de l'industrie agricole.

En conséquence, je vous serai obligé de vouloir bien prendre toutes les dispositions nécessaires pour faire constater et recueillir dans votre département tous les Usages locaux, c'est à dire ceux qui ne sont pas le résultat évident et direct d'un article de la loi, et auxquels les applications qui en sont faites dans quelques localités ou dans la plupart d'entre elles donnent un véritable caractère de généralité.

Dans ce but, vous désignerez dans chaque canton une Commission présidée par le juge de paix et composée du membre de la Chambre consultative d'agriculture, du membre du Conseil général et de deux ou trois autres membres choisis parmi les officiers ministériels exerçant dans la localité et les cultivateurs les plus instruits.

Cette Commission fera son travail, qui sera vérifié par une Commission centrale établie près votre préfecture, et dans laquelle vous ferez entrer les membres des cours ou tribunaux du chef-lieu, ainsi que plusieurs des jurisconsultes les plus renommés.

Je vais m'entendre, du reste, avec mon collègue M. le Garde des Sceaux, afin qu'il adresse aux fonctionnaires qui relèvent de son département les instructions nécessaires pour l'exécution des présentes dispositions.

Vous aurez le soin de me transmettre, dès que vous le pourrez, le résultat des travaux accomplis; mais vous voudrez bien dès actuellement m'accuser réception de la présente circulaire et me faire connaître l'ensemble des mesures que vous aurez adoptées pour en assurer l'exécution.

Conformément à cette circulaire, des Commissions cantonales furent instituées dans le département de l'Yonne. Elles commencèrent aussitôt leurs opérations, et transmirent à la préfecture copie de leurs procès-verbaux, qui portent tous la date de 1855. Cependant, la Commission centrale ne fut créée qu'en 1857 (1). Tout d'abord, elle se demanda quelles étaient ses attributions et quelle était la nature du travail qu'elle devait entreprendre. Pour s'éclairer à cet égard, elle ne pouvait mieux faire que de s'adresser à M. le Ministre de l'agriculture et du commerce. Elle pria donc M. le Préfet de l'Yonne d'en référer à Son Excellence (1). La réponse ne se fit pas attendre. Dès le 29 juillet 1857, M. le Président de la Commission recevait de M. le Préfet de l'Yonne la lettre suivante :

Monsieur le Président,

La Commission départementale instituée pour rechercher et constater, sous votre présidence, les Usages locaux en vigueur dans mon département, m'a demandé, à la date du 20 juillet courant, d'écrire à S. Exc. M. le Ministre de l'agri-

---

(1) Elle était alors composée de M. Tonnellier, président du tribunal civil d'Auxerre, et désigné pour présider la Commission ; de MM. Benoit, procureur impérial ; Challe, membre du Conseil général ; Charié, juge ; Leclerc, juge de paix ; de Madières, juge d'instruction ; Métairie, juge ; Tambour, juge suppléant ; et de M. Cherest, avocat, désigné pour remplir les fonctions de secrétaire. — Depuis, M. Henriquet a remplacé M. Benoit, nommé juge à Paris.

culture et du commerce pour le prier d'indiquer quelles
étaient précisément la nature et l'étendue de ses attributions.

En réponse à cette demande, Son Excellence me fait connaître, par dépêche en date du 28 courant, que la Commission
départementale a pour mission principale de centraliser et
de résumer les travaux des Commissions cantonales, de combler les lacunes que ces travaux lui paraîtraient présenter.

Son Excellence ajoute qu'à la suite de ce classement il est
utile que la Commission joigne son avis sur ceux de ces
Usages qui lui sembleraient le mieux s'accorder avec les
tendances des populations, ou dont l'application serait la
plus avantageuse, comme aussi sur ceux qui n'ont plus de
raison d'être. Cette appréciation sera, dans tous les cas, un
élément utile à consulter.

Je vous prie, M. le Président, de vouloir bien communi-
quer ces instructions à la Commission, en la priant de hâter
l'achèvement de son travail.

Cette lettre si claire et si précise ne laissait aucun
doute. La Commission centrale était chargée de réunir
les Usages locaux et de les apprécier, de constater le
présent et de préparer l'avenir. Mais de nombreuses
difficultés devaient l'arrêter dans l'accomplissement de
cette double tâche. Elle ne tarda pas à s'apercevoir qu'un
grand nombre de Commissions cantonales avaient dressé
des procès-verbaux incomplets, et que plusieurs sem-
blaient avoir ignoré sur quelles matières était attirée
leur attention. Quelques-unes seulement, guidées par des
connaissances plus exactes, avaient rempli leur mission

avec une remarquable intelligence. La Commission centrale fut obligée de faire un nouvel appel aux Commissions cantonales, et, pour mieux diriger leurs recherches, elle résolut de leur adresser un *Questionnaire* (1).

Ce Questionnaire fut emprunté, en grande partie, aux travaux analogues publiés précédemment, et entre autres à celui que M. Louis Boullay, aujourd'hui juge de paix à Tlemcen, fit imprimer à Auxerre en 1851. La Commission centrale s'efforça de le rendre aussi complet que possible, sans s'écarter, néanmoins, des limites de la matière, et sans confondre avec les Usages locaux ayant force de loi tout ce qui est simplement habitude agricole ou commerciale (2). Cette fois, il y eut lieu d'espérer que toutes les lacunes seraient comblées. Chaque catégorie d'Usages était indiquée d'avance aux Commissions cantonales, et chaque détail expressément signalé. Les présidents ou secrétaires de ces Commissions n'avaient plus qu'à inscrire une courte réponse à côté des questions posées. Ainsi préparée, la nouvelle enquête s'ouvrit dans les trente-sept cantons du département, et, dès les premiers mois de 1858, tous les procès-verbaux étaient réunis à la préfecture de l'Yonne. C'est alors que vous

(1) **Séance du lundi 3 août 1857.**

(2) **La rédaction définitive du Questionnaire a été arrêtée par la Commission centrale dans sa séance du 10 août 1857.**

m'avez confié le soin de les examiner et de vous en rendre compte (1).

Deux méthodes se présentaient à suivre. La première consistait à prendre un à un les trente-sept procès-verbaux déposés entre les mains de la Commission centrale, et à les soumettre isolément à un contrôle attentif. La seconde consistait à fractionner les matières qui font l'objet des Usages locaux, et à rassembler sur chacune d'elles toutes les réponses de toutes les Commissions cantonales, pour les étudier à la fois dans leur concordance et leur variété. J'ai cru cette dernière méthode de beaucoup préférable. Elle permet de vérifier le travail des Commissions en les contrôlant les unes par les autres. Elle montre, en les groupant, ceux de nos Usages locaux qui ont un véritable caractère de généralité. Elle rapproche tous les renseignements fournis sur le même sujet, et met en relief les tendances des populations. Par conséquent, elle répond au but que la Commission centrale doit se proposer pour se conformer aux instructions de M. le Ministre de l'agriculture et du commerce.

Le cadre une fois choisi, les divisions à y introduire étaient indiquées d'avance par celles que la Commission centrale avait déjà suivies dans la rédaction de son Questionnaire. Je m'y suis exactement conformé, sauf

(1) Séance du 9 août 1858.

deux cas où j'ai confondu en un seul chapitre des matières qui présentent une analogie complète. Dans chaque division, j'ai transcrit en les résumant et en les contrôlant toutes les réponses des Commissions cantonales qui s'y rattachent. J'ai fait précéder ces extraits de courtes observations pour en signaler les traits les plus saillants, les singularités, les lacunes. Ainsi, dans ce rapport, la Commission centrale trouvera deux choses : 1° mon appréciation personnelle, que je livre très-humblement à la critique ; 2° le travail des Commissions cantonales, morcelé, mais assez intact pour que chacun puisse l'examiner à son tour et l'apprécier mieux que je l'ai pu faire.

Malheureusement, les procès-verbaux des Commissions cantonales, malgré le Questionnaire et toutes les précautions prises, sont loin d'être aussi complets et aussi exacts qu'on eût pu l'espérer. Un grand nombre de questions posées sont restées sans réponse. Beaucoup d'autres n'ont reçu que des réponses vagues et obscures. Un fait plus étrange s'est produit. Nous avons dit que chacune des Commissions cantonales avait dressé deux procès-verbaux, le premier, en 1855, après la circulaire ministérielle du 15 février, et, le second, en 1857 ou 1858, après la publication du Questionnaire de la Commission centrale. Quand on compare les uns aux autres, on observe avec surprise que la même Commission a résolu

certaines questions, tantôt affirmativement et tantôt négativement : tantôt elle a signalé un usage, et tantôt un
usage contraire. Au milieu de ces contradictions, comment reconnaître la vérité? Comment réparer tant d'er-
reurs et de négligences (1)? Pour le faire avec certitude,
il eût été nécessaire d'adresser aux Commissions cantonales un troisième appel qui eût fatigué leur bonne
volonté et apporté de nouveaux retards à une œuvre
dont l'achèvement n'en a que trop subi. J'ai préféré,
quant à moi, continuer mon travail sur les documents
que j'avais à ma disposition, sans m'illusionner sur le
résultat que j'allais obtenir.

Il ne faudrait donc pas s'étonner si la pratique et
l'expérience locale révèlent dans chaque canton une
foule d'Usages qui ne sont pas constatés ici. J'ai extrait
des procès-verbaux tout ce qui méritait de l'être, mais
je n'ai pu suppléer à ce qui faisait défaut. Je crois,
d'ailleurs, qu'il en reste assez pour que chacun puisse

(1) On reconnaîtra, sans peine, en parcourant les extraits
publiés ci-contre, quelles sont les Commissions cantonales auxquelles nous faisons allusion ; de même qu'on discernera bientôt
celles qui nous ont fourni le plus de renseignements. Nous nous
bornerons à mentionner l'œuvre de la Commission cantonale
d'Auxerre comme l'une des plus remarquables, et nous ne croyons
pas nous tromper en attribuant le principal mérite de cette œuvre
à M. Leclerc, juge de paix du canton ouest, si versé dans la con-
naissance de notre ancien droit et si expérimenté dans la pratique
des affaires locales.

avoir une idée exacte de l'ensemble, et pour que ceux qui s'intéressent à de pareilles recherches puissent facilement compléter les détails.

A vrai dire, on ne doit pas s'attendre à rencontrer dans chaque canton la trace apparente et certaine de tous les Usages que comporte chaque matière. Considérés dans des limites aussi étroites, les faits sont trop rares et trop isolés pour offrir les caractères d'Usages constants et reconnus. Si l'on veut obtenir des renseignements décisifs il faut souvent franchir l'enceinte du canton et rechercher ce qui se passe dans les localités voisines. Je n'en citerai qu'un exemple. Pour savoir quels Usages régissent dans nos pays les droits et les obligations des fermiers entrants et sortants, il ne suffit pas de le demander à Toucy, ou de s'adresser à Saint-Fargeau, ou de consulter les cultivateurs d'Aillant. Le seul moyen qui garantisse un résultat satisfaisant, c'est d'étendre l'enquête à tous les cantons d'une même zône, à tous ceux dans lesquels l'entrée en jouissance du fermier a lieu à la même époque et sous les mêmes conditions. Ce qui échappe dans l'un est signalé dans l'autre, et l'on finit par obtenir une solution complète.

De même, quand un Usage est constaté sur un point d'une manière douteuse, sous une forme vague et obscure, il est bon de consulter les coutumes des localités voisines. Souvent on y retrouve le même Usage, plus net, mieux défini, et l'on s'éclaire par la comparaison. Dans une foule de cas je n'ai pas hésité à employer ce procédé, et il m'a permis de donner plus de précision aux réponses faites par les Commissions cantonales.

On objectera peut-être que la recherche minutieuse des Usages locaux présente de graves inconvénients, et que, dans le doute, la sagesse consiste à s'abstenir. Une Commission cantonale a dit, non sans raison, que ces Usages tendent à *rompre la belle unité que le Code Napoléon a introduite en France,* et qu'on devait se garder de leur donner une consécration nouvelle sans y être contraint par l'évidence des faits. Rien de plus juste, quand les rédacteurs du Code ont formulé des règles générales pour suppléer au silence des Usages locaux. Mais quand ils n'ont formulé aucune règle, comment faire? Quel danger peuvent offrir nos constatations? Puisque la loi écrite, la loi de tous, est muette, nous ne risquons rien d'interroger la loi non écrite et particulière à chaque localité (1). Guidé par ces réflexions, j'ai toujours distingué les Usages complémentaires du Code, et

(1) Il faudra même aller plus loin dans la pratique. Si, par hasard, on ne trouvait pas, dans un canton, le moindre vestige de ce que nous appelons les Usages complémentaires du code, les juges de paix seraient forcés de choisir, parmi les Usages des localités voisines, ceux qu'ils jugeraient les plus équitables et les mieux appropriés aux tendances des populations, pour en faire la base de leurs jugements.

ceux qui sont en contradiction avec le Code. Dans le doute, j'ai cherché à rétablir ceux de la première catégorie : j'ai impitoyablement rejeté ceux de la seconde.

Observons, enfin, que ni les Commissions cantonales, ni même la Commission centrale, n'ont reçu le pouvoir de donner aux Usages qu'elles constatent une consécration définitive. L'œuvre de l'une, comme l'œuvre des autres, est toujours soumise à vérification. Ce n'est pas un nouveau Code que nous sommes appelés à rédiger. C'est tout au plus un recueil de documents, où le législateur, s'il daigne jamais y jeter les yeux, puisera quelques indications utiles. Et surtout, en attendant que les promesses du législateur se réalisent, c'est un guide qui, sans s'imposer à personne, pourra fournir à tous les habitants du pays une foule de renseignements précieux, soit pour prévenir, soit pour terminer les différends qui les divisent.

CHAPITRE PREMIER.

USAGES LOCAUX AUXQUELS SE RÉFÈRE LE CODE NAPOLÉON,

OU QUI ONT TRAIT A DES MATIÈRES QU'IL RÉGLEMENTE.

SECTION PREMIÈRE.

DROITS ET OBLIGATIONS DE L'USUFRUITIER.

Articles 590 et 593 du Code Napoléon.

---

§ Ier. — DES DROITS ET OBLIGATIONS DE L'USUFRUITIER
QUANT AUX PÉPINIÈRES.

(Art. 590 du C. N.)

Dans le département de l'Yonne il existe très-peu de pépinières proprement dites, c'est-à-dire de pépinières comprenant différentes espèces d'arbres fruitiers ou forestiers. Celles qu'on rencontre çà et là sont presque toutes de création récente : on ne peut signaler aucun Usage général et constant, quant aux droits de l'usufruitier sur elles.

Mais, dans quelques cantons, tels que Coulanges-la-Vineuse, Brienon, Pont-sur-Yonne et Villeneuve-l'Archevêque, on a établi depuis longtemps des pépinières spéciales, destinées à la multiplication du peuplier. L'usage est alors conforme à la raison et à l'équité. Les jeunes arbres, élevés d'ordinaire pour être vendus, sont considérés comme les fruits naturels de l'héritage où ils croissent. L'usufruitier en profite, sauf à remplacer ceux qu'il enlève par de nouveaux plants, comme ferait à sa place un bon père de famille.

Les Commissions cantonales signalent pourtant deux exceptions à cette règle si juste. A Villeneuve-sur-Yonne et à Vermenton, l'usufruitier ne serait pas tenu de remplacer les arbres qu'il tire de la pépinière. Nous n'admettons qu'avec réserve cette solution exorbitante.

§ 2. — DROITS DE L'USUFRUITIER QUANT AUX ÉCHALAS NÉCESSAIRES A SES VIGNES.

(Art 593 du C. N.)

Dans la presque totalité du département, l'usufruitier n'est pas admis à prendre, dans les bois soumis à son usufruit, et en dehors des coupes, les matériaux nécessaires au paisselage de ses vignes : son droit se borne aux coupes périodiques. Les propriétaires eux-mêmes ne mutilent guère leurs bois pour y chercher les paisseaux dont ils ont besoin.

Cinq cantons seulement admettent l'exécution de l'art. 593 : Sens (nord et sud), Villeneuve-l'Archevêque, Pont-sur-Yonne et Brienon. Dans les trois premiers, l'usufruitier agit sans se conformer à d'autre règle que celle de ne point excéder les limites de ses besoins légitimes. A Brienon, il est tenu de constater, contradictoirement avec le nu-propriétaire, l'état des vignes et la nécessité du paisselage : cette constatation faite, il prend dans les bois la quantité de paisseaux jugés nécessaires, sans pouvoir la dépasser. A Pont, des experts fixent ce qui est indispensable à l'entretien des vignes : ils prennent aussi en considération l'étendue et l'âge des bois d'où les paisseaux doivent être tirés.

Bien entendu qu'à Sens comme à Villeneuve-l'Archevêque, à Pont-sur-Yonne comme à Brienon, le droit de l'usufruitier n'a trait qu'aux vignes comprises dans son usufruit. Mais, même dans ces limites, il reste matière à de nombreuses difficultés. Quand on a reconnu la nécessité du paisselage, et fixé le nombre des paisseaux qu'exige l'entretien des vignes, il s'agit de savoir si l'usufruitier prendra des paisseaux de cœur ou d'aubier, avec quels arbres il les façonnera, quand et comment aura lieu cette exploitation anormale. Les Commissions cantonales ne nous apprennent pas de quelle manière l'usage a réglé tous ces détails. Nous craignons fort qu'ils ne soient pas réglés du tout, et nous préférons le système qui évite tant de complications, en refusant à

2

l'usufruitier un droit qui n'est pas nécessairement inhérent à l'usufruit.

§ 3. — DROITS DE L'USUFRUITIER SUR LES PRODUITS ANNUELS ET PÉRIODIQUES DES ARBRES.

(Art. 593).

D'après l'article 593, l'usufruitier « peut aussi prendre « sur les arbres des produits annuels ou périodiques, le « tout en se conformant à l'usage des lieux. » Pour saisir nettement le sens et la portée de cette disposition législative, il est nécessaire de la rapprocher de celles qui la précèdent. La loi, dans l'art. 590, a fixé les droits de l'usufruitier sur les arbres complantés en bois taillis, et, dans l'art. 591, ceux qu'il exerce sur les arbres de futaie mis en coupes réglées. L'art. 592 ajoute que, sauf des cas exceptionnels, tous les autres arbres de futaie échappent à l'usufruitier. Néanmoins, il y a, parmi les arbres de cette dernière catégorie, une foule d'espèces qui croissent dans les champs, dans les haies, sur le bord des chemins ou des ruisseaux, et dont les branches fournissent des produits périodiques. Il y en a même que l'on coupe à deux mètres environ du sol, de manière à développer une couronne de branches faciles à élaguer périodiquement : on les appelle, suivant les localités, *étêtons*, *étêtés*, *étrognes*, *têtards*. A défaut du tronc ou du corps de l'arbre, qui, d'après l'art. 592, n'appartient qu'au nu-propriétaire, n'est-il pas naturel que l'élagage soit recueilli par l'usufruitier? C'est là ce qu'indique l'art. 593, tout en s'en référant aux Usages locaux.

Observons que l'art. 593 ne donne à l'usufruitier que les produits annuels ou périodiques et non pas tous les produits des arbres de haute futaie. Il ne suffirait donc pas qu'un arbre fût élagué de temps à autre pour tomber sous l'application de la loi : il est indispensable que ses branches soient mises, pour ainsi dire, en coupe réglée. C'est la périodicité de l'élagage qui lui donne le caractère d'une récolte de fruits, et sert de base au droit de l'usufruitier. De là vient qu'en une foule de lieux l'élagage des chênes de haute tige, plantés dans les haies, n'appartient pas à l'usufruitier, parce que cet élagage ne s'effectue qu'à de rares intervalles, sans régularité, suivant le caprice des propriétaires ; tandis que, dans ces mêmes lieux, l'usufruitier recueille le produit des chênes disposés en étêtons, parce que celui-là s'accomplit régulièrement à des intervalles égaux et préfixes. Dans quelques contrées, l'orme, traité comme les essences forestières, ne s'élague qu'à des intervalles éloignés, variables : ses branches coupées ne rentrent pas dans les produits périodiques dont parle l'art. 593. Ailleurs, au contraire, on émonde l'orme le plus souvent possible, et périodiquement, pour fournir aux moutons une nourriture de *feuillée* qui facilite l'hivernage ; alors ses produits rentrent parfaitement dans la catégorie de ceux que la loi attribue à l'usufruitier. Tout dépend ici de l'usage, et voilà pourquoi la loi s'y réfère.

Il appartient également aux Usages locaux de fixer les époques où se recueillent les produits annuels et périodiques, ainsi que les précautions à prendre pour ne pas nuire à la croissance des arbres. Comment la loi aurait-elle pu régler ces détails qui changent suivant les climats et les pays?

Nous avons extrait du procès-verbal des Commissions cantonales tout ce qui a trait à ces divers points, et nous le transcrivons ci-après. Nous ajouterons que les droits du fermier vis-à-vis du bailleur, dans le silence des baux, sont exactement les mêmes que ceux de l'usufruitier vis-à-vis du nu-propriétaire, dans le silence du titre constitutif. Ce que l'un fait peut servir de règle de conduite à l'autre : *Ubi eadem ratio, ibi idem jus.* Ainsi, les renseignements qui nous sont transmis par les Commissions cantonales ont une double utilité : ils sont applicables en matière d'usufruit et en matière de bail à ferme (1).

---

(1) Disons plus : les mêmes règles s'appliquent toutes les fois qu'une personne a la jouissance d'une propriété appartenant à une autre personne.

EXTRAIT DES PROCÈS-VERBAUX DES COMMISSIONS CANTONALES.

ARRONDISSEMENT D'AUXERRE.

Auxerre (*est* et *ouest*). — L'usufruitier profite de l'élagage des saules, peupliers et têtards. Cet élagage s'effectue tous les trois ans. Il est complet pour les saules et les têtards. Pour les peupliers, on doit laisser au sommet un bouquet de quatre couronnes (1).

Chablis. — L'usufruitier profite de l'élagage des saules et peupliers. L'élagage se fait par périodes de trois à cinq ans. Pour les peupliers, on doit conserver *la tige* supérieure, avec trois ou cinq couronnes au-dessous.

Coulanges-la-Vineuse. — L'usufruitier profite de l'élagage des saules, peupliers, étêtons, par périodes de trois ou cinq ans.

Coulanges-sur-Yonne. — L'usufruitier élague les peupliers, saules et étêtons tous les quatre ans. L'élagage des saules et étêtons est complet ; pour les peupliers, on laisse un bouquet de quatre couronnes au sommet.

L'usage est aussi d'élaguer, chaque année, tous les arbres

---

(1) La Commission cantonale n'indique aucune époque fixe pour l'élagage. Il n'en faudrait pas conclure que l'usufruitier peut couper en tout temps. Là où l'usage est muet, restent les principes généraux de droit et d'équité. L'usufruitier, pour jouir en bon père de famille, ne doit élaguer qu'en temps et saison convenables.

à haute tige, non complantés dans les bois, et autres que les fruitiers. A Etais, cette dernière opération ne s'effectue que tous les cinq ans. Nulle part elle n'est réglementée d'une manière précise.

Courson. — L'usufruitier profite de l'élagage des saules, peupliers et étêtons, à charge de ne l'effectuer que tous les six ou sept ans, dans le cours de l'hiver ou au début du printemps. Les oseraies, qui ne tombent pas sous l'application directe de l'art. 593, car ce ne sont pas des arbres, se coupent tous les ans. Ils fournissent ainsi un produit périodique, une récolte naturelle, qui appartient à l'usufruitier en vertu des principes généraux. (Art. 582 et suivants).

Ligny. — Aucun usage n'est signalé dans ce canton.

Saint-Florentin. — De même.

Saint-Sauveur. — La Commission cantonale signale uniquement l'usage d'émonder les étrognes tous les six ans et hors le temps de la sève (1).

Seignelay. — Même usage qu'à Auxerre. Pour les peupliers, on doit laisser, avec le *bouquet*, les trois ou quatre couronnes placées au sommet de l'arbre.

Toucy. — L'usufruitier recueille les émondes de certains arbres, tels que les saules, peupliers, étêtons, etc..., sous la condition de n'en effectuer la coupe que tous les quatre ans pour les bois blancs, et tous les six ans pour les bois durs.

---

(1) Est-ce à dire que l'élagage des saules et peupliers ne soit pas considéré dans le canton comme un produit périodique appartenant à l'usufruitier ? Nous ne le pensons pas.

Vermenton. — L'usufruitier profite de l'élagage des saules, peupliers, étêtons, à la charge de laisser le propriétaire prendre dans les branches élaguées le plant nécessaire au remplacement des arbres morts. L'élagage se fait tous les trois ans pour chaque arbre, et tous les ans pour chaque tiers de la totalité soumise à l'usufruit.

ARRONDISSEMENT D'AVALLON.

Avallon. — L'usufruitier recueille le produit des saules. Mais la Commission cantonale ajoute que les peupliers, considérés comme arbres de haute futaie, n'appartiennent pas à l'usufruitier (1). Ceci nous paraît le résultat d'une confusion. Il ne s'agit pas ici de l'arbre, mais seulement de ses produits périodiques. Ceux-là ne reviennent-ils pas à l'usufruitier ? (Voir les autres cantons de l'arrondissement).

Guillon. — L'usufruitier élague les peupliers et les arbres complantés dans les haies, tous les quatre ans, terme moyen.

L'Isle-sur-Serein. — L'usufruitier profite de l'élagage des saules et peupliers tous les quatre ans.

---

(1) On a agité la question de savoir si les peupliers non mis en coupe réglée devaient être oui ou non considérés comme arbres de futaie, et, par conséquent, échapper ou appartenir à l'usufruitier. La cour de Dijon a décidé qu'ils n'étaient pas compris dans l'usufruit. (Arrêt du 22 décembre 1842, *Journal du Palais*, 1843. 1. 402). C'est aussi la jurisprudence du tribunal d'Auxerre. Voyez, dans le même sens, Proudhon, *du Droit d'Usufruit*, nos 1194 et suivants. L'usage de nos contrées est conforme à cette doctrine. Il ne reste donc qu'à rechercher si l'émonde du peuplier appartient à l'usufruitier, en vertu de l'art. 593.

Quarré-les-Tombes. — L'usufruitier profite de l'é-
monde des peupliers, saules, étêtons et aulnes. Pas d'autre
détail.

Vézelay. — L'usufruitier étête les saules tous les quatre
ou cinq ans ; il élague les peupliers tous les trois ou quatre
ans, le tout sans conditions spéciales.

ARRONDISSEMENT DE JOIGNY.

Aillant-sur-Tholon. — L'usufruitier profite de l'élagage
des saules et peupliers tous les trois ans, des étrognes tous
les neuf ans (1).

Bléneau. — L'usufruitier recueille les émondes et les
étêtures. L'émonde des saules s'effectue tous les quatre ou
cinq ans, et l'étêture des étrognes tous les neuf ans.

Brienon. — L'usufruitier a le droit d'élaguer les peupliers, les saules et les étêtons, en temps et saison convenables.

Cerisiers. — Les arbres fournissant des produits périodiques attribués à l'usufruitier sont : les peupliers, saules,
charmes et ormes, étêtons de charme et d'orme. Les peupliers

---

(1) On observera combien, dans la Puisaye, la production forestière est bien plus protégée que la production agricole. Les étrognes qui environnent les champs ne se coupent que tous les neuf
ans ! Voyez Aillant, Bléneau, Charny, Saint-Fargeau. On obtient
ainsi beaucoup de bois de chauffage. Mais les cultivateurs apprennent à leurs dépens ce que deviennent les céréales ou même
les prairies artificielles à proximité de branchages aussi touffus.

s'élaguent tous les trois ans, les autres arbres tous les cinq ans. L'élagage est complet pour tous les arbres disposés en étêtons ; pour ceux qui ne sont pas étêtés, l'usage est de laisser trois couronnes de branches à la cîme, afin d'attirer la sève.

Charny. — Les arbres sur lesquels on a coutume de prendre des produits périodiques sont : les peupliers qui s'élaguent tous les cinq ans, et les étrognes que l'on étête, savoir : celles de saules tous les six ans, celles de bois dur tous les sept ou neuf ans. L'usufruitier en profite.

Joigny. — L'usufruitier a droit à l'élagage des saules et peupliers, à la chevelure des étêtons et à la coupe des aulnes ; le tout deux fois par chaque période de neuf ans. Pour les peupliers, il doit laisser à la cîme trois couronnes et la pousse de l'année.

Saint-Julien-du-Sault. — On attribue à l'usufruitier l'élagage des peupliers, la tonte des saules et étêtons, à la seule condition de remplacer les arbres morts par des plants nouveaux.

Saint-Fargeau. — Même usage qu'à Bléneau.

Villeneuve-sur-Yonne. — Les produits périodiques que l'usufruitier peut recueillir sur les arbres consistent dans l'élagage qui a lieu, savoir : pour les chênes, charmes et ormes bordant les chemins, tous les huit ans ; pour les peupliers et saules tous les cinq ou six ans ; pour les plantations d'acacias tous les sept ans, et pour les oseraies tous les ans. Il n'est astreint à aucune règle spéciale pour s'approprier ces produits.

ARRONDISSEMENT DE SENS.

Chéroy. — Aucun usage n'est constaté.

Pont-sur-Yonne.—L'usufruitier recueille, tous les ans, les osiers, et, tous les trois ans, les branches des saules, peupliers, étêtons de toutes sortes.

Sens (*nord* et *sud*). — L'usufruitier profite de l'élagage des peupliers et des saules, tous les trois ans.

Sergines. — Les produits annuels ou périodiques que l'usage autorise l'usufruitier à recueillir sont les élagages :

1º Des peupliers qui s'élaguent tous les quatre ou cinq ans, à la condition de laisser trois couronnes en tête ;

2º Des saules, qui s'ébranchent tous les quatre ou cinq. ans, de novembre à mars ;

3º Des autres arbres étêtés connus sous le nom de têtards et qui n'existent qu'exceptionnellement dans le canton, à charge de se conformer aux habitudes des précédents propriétaires ;

4º Des ormes que l'usufruitier élague tous les six à sept ans, de novembre à mars, en laissant en tête un bouquet de dix à douze branches. — L'habitude n'étant pas de faire des feuillards en septembre pour la nourriture des bestiaux, l'usufruitier ne saurait élaguer ni étêter à cette époque aucun arbre : l'usage ne lui concède pas ce droit dont l'exercice peut nuire aux arbres ;

5º Des oseraies, que l'usufruitier peut couper depuis l'ouverture des vendanges jusqu'en mars, à la charge de leur donner une façon en hiver et un binage en été.

Villeneuve-l'Archevêque. — L'usufruitier profite de l'élagage des saules et peupliers tous les trois ans.

ARRONDISSEMENT DE TONNERRE.

Ancy-le-Franc. — Aucun usage constaté.

Cruzy. — L'usufruitier a droit à l'élagage des saules et peupliers tous les cinq ans.

Flogny. — Il élague les peupliers et saules tous les trois ou quatre ans, à condition de laisser aux peupliers une couronne suffisante.

Noyers. — Il a droit de couper, tous les cinq ans, les branches des saules, peupliers, frênes et ormes, à la charge de laisser une belle *houppe* aux arbres des trois dernières catégories.

Tonnerre. — L'usufruitier a droit à l'élagage des peupliers et saules après la sixième feuille. La tonte des saules doit se faire en hiver. Mais il peut élaguer les peupliers dès le mois de septembre, pour hiverner les bestiaux avec la feuillée.

SECTION II.

EAUX PLUVIALES, USAGE DES EAUX COURANTES, ET CURAGE.

Articles 610, 644 et 645 du C. N.
Article 1er de la loi du 14 floréal an xi.

———

On pourra lire ci-après les réponses très-courtes et très-peu nombreuses que les Commissions cantonales ont faites aux diverses questions, qui leur avaient été posées, relativement à l'écoulement des eaux pluviales ou à l'usage des eaux courantes.

Il existe, dans le canton de Chablis, une coutume qui constitue une grave dérogation à l'art. 640 du Code civil. C'est celle des *terrées* ou *chevets*. Les terrées ou chevets sont des amas de terre, placée au haut de chaque vigne ou de chaque portion de vignes, et destinée à remplacer celle que la pente du terrain entraîne peu à peu vers le bas de la pièce. A la suite de pluies abondantes, ces chevets forment autant de petites digues qui arrêtent les eaux découlant des fonds supérieurs, les empêchent de suivre leur cours naturel, et les déversent, en un ou plusieurs jets, sur les héritages voisins, qui, n'étant pas cultivés en vignes, ne sont pas protégés de la même façon. Cet usage est constant et ne soulève pas de plaintes. Il rappelle un temps, déjà éloigné, où l'on sacrifiait tout à la culture et à l'amélioration des vignes. Mais aujourd'hui, s'il était attaqué, que deviendrait-il en face des termes exprès de la loi ? L'art. 640 ne s'en réfère pas aux usages locaux. Il pose une règle absolue, qui ne souffre ni distinctions, ni exceptions.

A Sergines, un fait analogue se produit. Si les propriétaires n'élèvent pas de chevets en tête de leurs vignes, ils placent des *heurts* au bas de chaque pièce. Le heurt est également un amas de terre, destinée à retenir celles que les eaux entraînent, et que le vigneron remonte quand il en est besoin. Malheureusement, ces amas ne retiennent pas seulement la terre. Ils doivent aussi retenir l'eau et la détourner de son cours naturel. N'est-ce pas là encore une violation de l'art. 640 ?

Dans plusieurs autres cantons, pour atténuer les effets désastreux des pluies d'orage sur les vignes en côte, on pratique des fossés transversaux appelés *marteaux* ou *tranchées*. Ce procédé modifie, comme les précédents, le cours des eaux pluviales. Si personne n'en éprouve de préjudice, ou si personne ne s'en plaint, rien de mieux. Mais si quelque propriétaire voisin venait à en souffrir et à invoquer les dispositions de la loi, l'article 640 ne devrait-il pas prévaloir sur l'usage? C'est ce qu'on pense à Ligny, où les marteaux ne sont tolérés que s'ils ne nuisent pas à l'héritage voisin. C'est ce qu'on admet aussi à Guillon, puisque la prescription trentenaire permet seule d'y conserver les tranchées établies en dehors des prescriptions légales.

Nous nous bornerons, quant à nous, à répéter ce que nous indiquions plus haut. L'industrie des propriétaires ne doit jamais s'exercer en dehors des limites que la loi leur a tracées. L'art. 640 est formel. Tant qu'il n'aura pas été modifié ou abrogé, il doit être respecté par tous.

Les Commissions cantonales sont unanimes pour se plaindre de l'état dans lequel le défaut de curage laisse tous les petits cours d'eau. Aucun usage local ne s'est établi pour remédier au mal. L'Administration n'intervient pas ou est désarmée. Voilà une des matières qui sollicitent le plus l'attention du législateur, et qui demandent la plus prompte réglementation. Déjà plusieurs projets ont été mis à l'étude. Les Conseils généraux ont été consultés. Mais toutes ces études préparatoires n'ont pas encore produit le résultat qu'on en attendait, et que nous ne saurions trop hâter de nos vœux.

EXTRAIT DES PROCÈS-VERBAUX DES COMMISSIONS CANTONALES.

———

ARRONDISSEMENT D'AUXERRE.

Chablis. — Un usage constant permet d'établir, en tête de chaque vigne, un amas de terre appelé *terrée* ou *chevet*, qui arrête l'écoulement des eaux supérieures et les déverse sur l'héritage voisin, lorsque cet héritage n'est pas lui-même protégé par une *terrée*.

Ligny. — L'usage d'établir des *marteaux* dans les vignes en côte n'est admis qu'à la condition de ne pas rejeter les eaux pluviales sur les héritages voisins.

Seignelay. — L'écoulement des eaux pluviales s'opère, dans les vignes, au moyen de petites allées ou sentiers creux qui les coupent transversalement, et qui sont connus sous le nom de *marteaux*.

Toucy. — Le propriétaire d'un biez ou d'un canal jette les terres provenant du curage sur l'héritage voisin, et a droit de passer sur cet héritage, pour réparer ses digues ou autres ouvrages d'art, sans indemnité.

ARRONDISSEMENT D'AVALLON.

Guillon. — Dans certaines parties du canton, l'usage existe de creuser, dans les vignes, des tranchées transversales qui empêchent l'écoulement naturel et trop rapide des eaux. Mais si le voisin en éprouve quelque préjudice, elles doivent être supprimées, à moins qu'elles n'aient plus de trente ans.

L'Isle-sur-Serein. — L'écoulement des eaux pluviales a lieu dans les vignes en côte au moyen de fossés pratiqués transversalement, avec une pente légère. Ces fossés dirigent l'eau sur la vigne immédiatement contiguë, et non pas sur les héritages inférieurs, vers lesquels l'entraîne la pente naturelle du sol.

Quarré-les-Tombes. — On pratique dans les vignes des fossés appelés *tranchées*, dont le rejet est placé du côté de la pente du sol, et qui rejettent les eaux sur les héritages voisins, ou quelquefois dans des réservoirs pratiqués à cet effet.

ARRONDISSEMENT DE JOIGNY.

Saint-Julien-du-Sault. — L'entretien et le curage des sources se font en commun, par tous les propriétaires qui y sont intéressés.

Villeneuve-sur-Yonne. — Les ruisseaux sont curés par les propriétaires riverains, chacun au droit de soi, jusqu'à la moitié du lit.

ARRONDISSEMENT DE SENS.

Pont-sur-Yonne. — Les ruisseaux, canaux, etc., sont ordinairement curés tous les deux ans. Les vases sont rejetées de chaque côté, et les riverains les y laissent pour exhausser les bords.

Sergines. — Dans les côtes plantées de vignes, les propriétaires des terrains supérieurs, pour empêcher que leurs terres ne soient entraînées sur l'héritage inférieur, ont l'habitude d'établir en bas de leurs pièces, et sur leur propre terrain, des amas de terre qui ralentissent le cours des eaux pluviales. Ces amas ou *heurts* augmentent chaque année, et le vigneron les réduit à leurs dimensions primitives, en remontant une partie des terres que les eaux ont fait descendre. Par suite, on décide que les *heurts* font toujours partie de la vigne qui se trouve au-dessus d'eux.

Chaque propriétaire est tenu de curer les cours d'eau naturels, vis-à-vis de sa propriété, toutes les fois que le besoin s'en fait sentir (1).

(1) Dans tous les autres cantons du département, aucun Usage n'est signalé. Voyez seulement, à propos du curage, ce qui est dit dans les observations qui précèdent.

SECTION III.

CLOTURES DANS LES VILLES ET FAUBOURGS, ET DANS LES COMMUNES RURALES.

Article 663 du C. N.

L'art. 663 n'est applicable que dans les villes et leurs faubourgs. Mais, qu'entend-on par une ville ? Faut-il, pour répondre à cette question, consulter les dictionnaires géographiques et leurs indications plus ou moins trompeuses ? Le mieux encore est de s'en référer aux Usages reconnus (1). Dans le département de l'Yonne, quelles que soient les prétentions de la vanité locale, il n'y a guère que les chefs-lieux de canton où l'application de l'art. 663 ait prévalu. Encore il y en a beaucoup dans

(1) Voir Dalloz, *Répertoire général*, vº Servitudes, nº 550 : « Il « n'est pas toujours facile de reconnaître quand une réunion d'ha- « bitants présente les caractères d'une ville : les circonstances, « LES USAGES peuvent aider à décider la question. »

lesquels cette application n'a pas lieu, et où l'on peut dire comme à Cruzy-le-Châtel : « L'art. 663 n'est con-« sidéré comme applicable dans aucune commune du « canton, pas même au chef-lieu, quoique désigné ville « dans les dictionnaires géographiques. » En revanche, on trouve de simples communes qui revendiquent l'honneur d'être régies comme les villes elles-mêmes : Saint-Bris dans le canton d'Auxerre, Villeneuve-la-Guyard dans le canton de Pont-sur-Yonne, et Ravières dans celui d'Ancy-le-Franc.

A Bléneau, toutes les communes du canton s'appliquent l'art. 663. N'est-ce pas là ce qu'il y aurait de plus raisonnable ? L'obligation réciproque de contribuer à une clôture commune n'intéresse pas seulement les grands centres de population. Dans toutes les agglomérations de bâtiments, villages ou hameaux, l'utilité d'une clôture se fait également sentir. Pourvu qu'elle soit modeste, en rapport avec les habitudes de la localité, elle pourrait, sans inconvénients, devenir obligatoire (1).

Quant à la hauteur du mur exigible entre voisins, le Code n'a posé qu'une règle conditionnelle et subordonnée

---

(1) D'autant mieux que la jurisprudence actuelle, combinant l'art. 663 avec l'art. 656, permet de s'exonérer de l'obligation de coopérer à la clôture en abandonnant la moitié du terrain sur lequel le mur doit être construit. Voyez, à cet égard, un arrêt de Bordeaux du 14 juin 1855, rapporté dans la collection Sirey-Devilleneuve, vol. 1855, 2, 640, ainsi que les citations et la note de l'arrétiste.

aux Usages du pays. Cette règle est suivie dans la majorité de nos cantons. Il y a cependant quelques exceptions. A Auxerre, on adopte pour hauteur 2 mèt. 66 ; à Joigny, 3 mèt. 20 ; à Pont-sur-Yonne, 2 mèt. 31.

Le Code n'a pas réglé non plus les détails de la construction : il était nécessaire de les abandonner aux convenances locales. Car on construit suivant les matériaux dont on dispose, et telle règle facile à suivre dans un pays devient impraticable dans un autre. Les procès-verbaux des Commissions cantonales indiqueront ce qui se fait dans le département. On y remarquera que l'usage de certaines localités a déterminé d'une manière fixe l'épaisseur de la clôture exigible : à Pont, elle doit être de 0 mèt. 25 ; à Tonnerre, de 0 mèt. 50, etc.

EXTRAIT DES PROCÈS-VERBAUX DES COMMISSIONS CANTONALES.

ARRONDISSEMENT D'AUXERRE.

Auxerre (*est* et *ouest*). — L'art. 663 reçoit son application à Auxerre et à Saint-Bris. La hauteur du mur exigible entre voisins est de 2 mètres 66. Il doit être construit en moëllon, terre et chaux, recrépi en chaux et sable, et couvert en tuiles avec faîtières ou par des tablettes. Il n'existe pas d'usage analogue dans les communes rurales.

Chablis. — L'art. 663 n'est appliqué qu'au chef-lieu de canton. Le mur est construit comme les murs ordinaires avec la hauteur indiquée par le Code.

Coulanges-la-Vineuse. — L'art. 663 n'est appliqué qu'au chef-lieu de canton. Le mur est construit en pierres du pays avec du mortier de terre, ou chaux et sable, puis couvert d'un chaperon à deux eaux. La hauteur est celle indiquée par le Code.

Coulanges-sur-Yonne. — L'art. 663 n'est appliqué nulle part.

Courson. — De même.

Ligny. — De même.

Saint-Florentin. — Application de l'art. 663 dans le chef-lieu de canton. Le mur exigible doit être construit en pierres avec une épaisseur de 0 mèt. 50 ; hauteur légale.

Saint-Sauveur. — Application de l'art. 663 dans le chef-lieu de canton. Le mur exigible doit être construit en pierres, chaux et sable, selon l'usage du pays. La hauteur est celle indiquée par le Code.

Seignelay. — Même usage qu'à Saint-Sauveur. De plus, le mur séparatif doit être revêtu d'un chaperon.

Toucy et **Vermenton.** — Comme à Seignelay.

ARRONDISSEMENT D'AVALLON.

Avallon. — L'art. 663 n'est appliqué qu'au chef-lieu. On se conforme à ses indications, sans autre Usage.

Guillon. — L'art. 663 n'est appliqué nulle part.

L'Isle-sur-Serein. — De même.

Quarré-les-Tombes. — De même.

Vézelay. — L'art. 663 n'est appliqué qu'au chef-lieu. On se conforme à ses indications, sans autre Usage.

ARRONDISSEMENT DE JOIGNY.

Aillant. — L'art. 663 n'est appliqué nulle part.

Bléneau. — L'art. 663 est appliqué dans tous les chefs-lieux de commune du canton. On se conforme à ses indications sans autre Usage.

Brienon.....?..... (1).

Charny. — L'art. 663 n'est pas appliqué dans le canton.

Cerisiers. — Même chose.

(1) La Commission cantonale a répondu que l'art. 663 n'était appliqué *nulle part.* Elle ajoute ensuite que le mur exigible entre voisins doit avoir 2 mét. 33, et *ce dans toutes les communes du canton.* Il est difficile de comprendre qu'un Usage existe partout et nulle part.

Joigny. — L'art. 663 ne reçoit son application qu'au chef-lieu. Le mur exigible doit avoir 3 mèt. 20, y compris le chaperon. Les fondations se font en craie, à 0 mèt. 20 en contre-bas du sol ; de là jusqu'à la hauteur de 0 mèt. 80, le mur est en caillou, le surplus en craie comme les fondations. On couvre le tout en tuiles.

Saint-Fargeau. — L'art. 663 n'est appliqué qu'au chef-lieu de canton. Le mur séparatif doit être en bonne maçonnerie ou en briques, avec la hauteur indiquée par le Code.

Saint-Julien-du-Sault. — L'art. 663 n'est applicable nulle part.

Villeneuve-sur-Yonne. — L'art. 663 n'est applicable qu'au chef-lieu de canton. Le mur exigible doit être maçonné suivant l'usage du pays. La hauteur est celle indiquée par le Code.

ARRONDISSEMENT DE SENS.

Chéroy. — L'art. 663 n'est appliqué nulle part.

Sens (*nord* et *sud*). — On suit les indications de la loi dans la ville et ses faubourgs, mais nulle part ailleurs.

Pont-sur-Yonne. — L'art. 663 est appliqué à Pont et Villeneuve-la-Guyard. La hauteur exigible est de 2 mèt. 31. Le mur doit être construit en matériaux du pays : à Pont avec de la craie ; à Villeneuve avec de la pierre de Champigny.

Les matériaux sont liés à chaux et à sable, et toute la clôture doit avoir une épaisseur de 0 mèt. 25.

Sergines. — L'art. 663 n'est appliqué nulle part.

Villeneuve-l'Archevêque. — L'art. 663 est appliqué au chef-lieu. On se conforme à ses indications sans autre Usage.

ARRONDISSEMENT DE TONNERRE.

Ancy-le-Franc. — L'art. 663 est appliqué au chef-lieu et de plus à Ravières. Le mur exigible se construit en pierres sèches. La hauteur est de 2 mèt. 60, chaperon compris.

SECTION IV.

DISTANCES A GARDER POUR LES PLANTATIONS D'ARBRES.

Art. 671 du C. N.

L'article 671 du Code Napoléon qui fixe la distance à garder dans la plantation des arbres et des arbustes n'a pas établi pour toute la France une règle invariable. Il subordonne ses prescriptions aux règlements en vigueur à l'époque de la promulgation du Code et aux Usages constants et reconnus. Le législateur a craint que *la fixation précise d'une distance quelconque* fût incompatible *avec la variété des cultures et du sol. Malgré son extrême désir d'établir l'uniformité dans cette partie de la législation comme dans les autres,* il y a renoncé, convaincu que *les différences locales la repoussaient invinciblement* (1).

---

(1) Voir *Exposé des motifs du projet de loi,* titre IV, livre II du Code civil, sur les Servitudes ou Services fonciers, par M. Berlier.

Dans les pays qui composent aujourd'hui le département de l'Yonne on suivait jadis, pour la plantation
des arbres ou arbustes, des règles très-diverses. La
variété du sol et des cultures avait, sans doute, comme
l'ont pensé les rédacteurs du Code, influé sur cette diversité. Mais l'absence d'une réglementation générale
entrait pour beaucoup dans les causes de cet abus. Il n'y
avait même pas de réglementation positive, écrite. Nos
coutumes sont muettes au sujet des plantations effectuées
à la limite de deux propriétés voisines. On n'y rencontre
aucun article analogue à l'art. 259 de la coutume d'Orléans, d'après lequel : « Il n'est loisible planter ormes,
« noyers ou chesnes, au vignoble du bailliage d'Orléans,
« plus près des vignes de son voisin que de quatre toises :
« ne de planter hayes vives plus près de l'héritage de
« son voisin que de pied et demy : et sera ladite haye
« d'espine blanche et non d'espine noire. » Ordinairement la législation coutumière ne se préoccupait pas des
détails de ce genre. S'ils étaient fixés par des règlements
spéciaux, la trace en a également disparu. Tout porte à
croire que chaque localité suivait des Usages plus ou moins
constants, plus ou moins reconnus, et qui n'étaient con-
signés dans aucun document authentique.

Constatons d'abord que ces Usages tendent à disparaître. Sauf une exception remarquable en ce qui concerne la plantation des vignes, on se rapproche peu à
peu du régime établi par le Code Napoléon. Dans plu-

sieurs cantons, l'application de l'art. 671 est presque absolue. Dans d'autres où les traditions locales persistent, on manifeste le désir de les voir cesser prochainement. En général, l'arrondissement d'Auxerre est celui dans lequel on remarque encore le plus d'Usages spéciaux, et l'arrondissement de Sens celui dans lequel il y en a le moins.

D'après le Code, les arbres à haute tige ne doivent se planter qu'à deux mètres de l'héritage voisin (1). Telle est aussi la règle fondamentale consacrée dans nos pays par la pratique. Mais qu'entend-on par arbres à haute tige ? La loi ne le dit pas ; la jurisprudence et la doctrine ne sont guère plus explicites. Le programme adressé par la Commission centrale aux Commissions cantonales ne contenait non plus aucune question tendant à savoir si l'usage avait comblé cette lacune. Néanmoins, quelques procès-verbaux nous fournissent des renseignements que nous nous empressons d'extraire.

« Il est d'usage dans le canton de Sergines de consi-
« dérer comme hautes-tiges toutes les essences fores-
« tières, tous les arbres fruitiers, quelle que soit leur

---

(1) Si les héritages voisins sont séparés par un mur, il est évident que la limite respective est au milieu du mur s'il est mitoyen, et quand il n'est pas mitoyen au parement extérieur, du côté du non-propriétaire. Les Commissions cantonales ont cru devoir s'expliquer à cet égard. Nous ne reproduirons pas leurs déclarations qui sont toutes identiques et qui devaient l'être.

« élévation (1), toutes les plantations d'alignement, et aussi
« les bois de bouleau, marsault, acacia, et quelques autres,
« qui, abandonnés à eux-mêmes, atteignent les dimen-
« sions de l'arbre, et de regarder comme basses tiges les
« essences qui, quel que soit leur âge, restent à l'état
« de buisson (2). » A Villeneuve-l'Archevêque « on con-
« sidère comme arbres à haute tige ceux qui, par leur
« nature, sont susceptibles de s'élever à plus de quatre
« mètres de haut (3). » Il ne nous appartient pas de décider si l'une ou l'autre de ces définitions, consacrées
par l'usage de deux cantons, sont exactement conformes
à l'esprit de la loi. Mais elles nous semblent, la première surtout, assez claires, assez rationnelles pour être
signalées à l'attention (4).

Voici maintenant quelques singularités que nous citons
seulement pour mémoire. A Sens (canton *nord*), l'acacia

---

(1) Peu importe, en effet, la hauteur à laquelle un arbre peut
être maintenu par la taille. Ceci dépend du caprice du propriétaire
et ne saurait être apprécié lors de la plantation. En principe, c'est
l'essence de l'arbre qui décide de la catégorie dans laquelle il doit
être rangé. Voir Dalloz, *Rép. gén.*, v° Servitude, n° 631.

(2) Procès-verbal du 16 juin 1855.

(3) Procès-verbal du 30 juin 1855.

(4) On peut encore mettre en parallèle certaines définitions
données par les coutumes à propos des *bois* de haute futaie, bien
qu'elles ne s'appliquent pas précisément aux *arbres* de haute futaie
et ne soient pas conçues au point de vue qui nous occupe actuelle-
lement. Voir, Coutume de Sens, art. 153; Coutume d'Auxerre,
art. 267..... etc.

« qui pousse très-vite et que l'on coupe souvent, » est considéré, dans beaucoup de communes, comme arbre à basse tige, et planté à 50 cent. de la limite (1). A Tonnerre, on ne considère pas comme arbres à haute tige le marsault, le *quenoux*, le sureau (2).

Nous avons dit que l'art. 671 était dans nos pays la règle générale, en ce qui concerne la plantation des arbres à haute tige. Ce n'est pas cependant qu'elle règne sans partage. On y déroge parfois pour la plantation d'arbres qui atteignent des dimensions considérables, comme le noyer, qu'on ne plante qu'à trois mètres de la limite (3). Ailleurs, on se borne à réclamer l'adoption de la même règle : elle n'est pas encore consacrée par l'usage (4).

Les dérogations les plus importantes, celles qu'on remarque presque partout, sont les suivantes. On n'observe pas la distance légale :

1° Quand on plante bois contre bois. Chacun plante à sa fantaisie, de manière à ce que les deux taillis se confondent.

2° Quand les propriétés sont séparées par un cours d'eau, et que l'un et l'autre des riverains plante sur sa rive les essences accoutumées, telles que le saule, l'aune, etc. (5).

(1) Procès-verbal du 10 juin 1855.
(2) Procès-verbal du 28 janvier 1858.
(3) Canton de Guillon.
(4) Canton de Chablis.
(5) Un Usage analogue existe à Clamecy. Il a été consacré par

3° Quand les propriétés sont séparées par un mur appartenant à celui qui plante, ou par un mur mitoyen, ou même par un mur appartenant au voisin. Cette règle est surtout établie dans les villes, villages et simples agglomérations d'habitations, où le terrain est très-divisé, et où chacun veut avoir son jardin et le complanter autant que faire se peut. Les mêmes motifs ont consacré le même Usage dans la banlieue de Paris, ainsi qu'il résulte d'un arrêt de la Cour royale du 2 décembre 1820. (Sirey, 1821, 2, 227).

Soit que les treilles et espaliers ne soient pas considérés comme arbres à haute tige, soit que pour elles on déroge à l'art. 671, presque nulle part on ne les assujettit à la distance de deux mètres.

Une autre exception qui, sans doute, a été beaucoup plus générale, persiste encore dans deux cantons du département, à l'extrémité sud-ouest et à l'extrémité sudest, Bléneau et Quarré-les-Tombes. Les arbres de futaie taillés ou non en étrognes se plantent dans les haies limitrophes, à cinquante centimètres du voisin, sans fossé. Dans d'autres cantons, les vieilles haies ont été plantées d'après cette règle, et l'on ne doit pas l'oublier pour fixer d'après leurs plants les limites litigieuses : mais, depuis longues années, on est revenu à une saine application du

arrêt de la Cour de Bourges du 29 mai 1834, et de la Cour de cassation du 31 mars 1835. — Voir Dalloz, v° Servitude, n° 644.

Code. Enfin, il existe une espèce de droit intermédiaire et transactionnel, d'après lequel on tolère dans les haies, à cinquante centimètres de la limite, des essences à haute tige, pourvu qu'elles soient toujours maintenues à la hauteur réglementaire de la haie. (Voyez Brienon, Joigny). C'est encore là une tolérance fâcheuse et que rien ne légitime, sinon l'Usage reconnu. Tôt ou tard, l'intérêt éclairé de la culture ramènera toutes les contrées du département sous l'empire des prescriptions légales.

Nous n'aurions presque rien à observer sur la plantation des arbustes ou arbres à basse tige, sans les vignes et sans les oseraies. En dehors de ces deux plantes, on se conforme à l'art. 671 ; il n'y a de dérogation que pour le cas où les propriétés étant séparées par un mur l'inobservation des distances est sans inconvénient.

Tantôt les osiers se plantent, comme les arbres ordinaires, à 0 mèt. 50 de l'héritage voisin ; tantôt à une distance plus considérable (1 mèt. 66 à Héry, canton de Seignelay), parce que leurs branches et leurs racines s'étendent au loin ; tantôt on les assimile à la vigne (Saint-Julien-du-Sault) ; tantôt, enfin, et sans qu'il soit possible d'expliquer pourquoi, on les plante presque à la limite 0 mèt. 15, *la largeur d'un sabot* (Quarré-les-Tombes). Du reste, la plantation des oseraies n'est pas très-répandue et ne remonte pas à une époque très-ancienne. Il faut espérer que les cultivateurs adopteront facilement une règle fixe et raisonnable.

Au contraire, la plantation des vignes, quoiqu'elles se cultivent toutes à basse tige et à peu près de la même façon, est soumise aux coutumes les plus invétérées, les plus diverses, et parfois les plus bizarres. Non-seulement le mode adopté varie de canton à canton, mais souvent de commune à commune; on signale même une commune, celle de Chevannes, qui jadis suivait l'Usage de la commune d'Auxerre, et qui maintenant se conforme à l'Usage de Monéteau, en sorte qu'il y a, sur son finage, un droit nouveau et un droit ancien. Dans une foule de localités, la distance observée en plantant n'est pas la même à droite et à gauche de la pièce complantée, ou, en d'autres termes, *à l'endroit* et *à l'envers*. Les règles qui s'appliquent à ces deux côtés ne sont pas non plus celles qui régissent la plantation aux deux extrémités de la pièce. De là nécessité de distinguer l'*Ourdon*, le *Déperchement*, la *Tête* et le *Dégorgis*. (Voir, pour ces divers termes, les Usages locaux du canton d'Auxerre).

Quelques-unes de ces étranges coutumes s'expliquent par l'état ancien des choses. Autrefois, les finages propices à la culture de la vigne étaient exclusivement vignobles. Les vignes se touchaient les unes les autres, et nos ancêtres, préoccupés du désir de ne perdre aucune parcelle d'un terrain précieux, plantaient de manière à ce que partout les treilles conservassent une distance uniforme, soit qu'elles appartinssent au même propriétaire, soit qu'elles appartinssent à divers. Ainsi, d'un côté, l'on plantait à sa limite (Usage d'Auxerre), et, de l'autre, à 0 mèt. 825, parce que les treilles sont toujours séparées entre elles par une distance de 0 mèt. 825. Dans d'autres pays on eût réparti cette dernière distance iné-galement à droite et à gauche de la pièce : par exemple, on eût laissé 0 mèt. 225 à droite et 0 mèt. 60 à gauche, de façon à obtenir le même résultat par des moyens dif-férents. Les vignes se confondaient alors, et la limite n'était révélée que par des indices très-vagues, tirés de la disposition des treilles limitrophes.

Mais aujourd'hui les céréales et les prairies artificielles se sont glissées dans les vignobles les plus vantés, et les vignes, à leur tour, en dépit d'anciennes prohibitions, descendant des montagnes, ont envahi les plaines. On les trouve sans cesse mélangées aux terres arables, et par-fois contigues aux prés. L'ancien Usage, appliqué dans des circonstances aussi différentes, n'a plus aucune raison d'être. Comment tolérer que la dernière treille d'une vigne soit plantée à la limite même ou à quelques centi-mètres de la terre voisine ? Comment le propriétaire de cette terre pourra-t-il la labourer dans toute son étendue?

Dans plusieurs localités, on semble n'avoir pas tenu à ce que les treilles limitrophes fussent séparées par un intervalle égal à celui qui existe entre les treilles d'une même propriété. Alors, il était naturel de les espacer davantage, pour marquer par un signe apparent la limite des héritages contigus, pour éviter des rapprochements

4

fâcheux, pour faciliter la desserte des uns et des autres. C'est parfois le contraire qui existe. A Chablis, par exemple, on plante à 0 mèt. 25 de la limite, soit d'un côté, soit de l'autre, de telle sorte que l'espace limitrophe n'a en tout que 0 mèt. 50, tandis que les treilles d'une même vigne sont à 0 mèt. 66 ou 0 mèt. 83 (1). On fait pis dans plusieurs cantons du Tonnerrois, et notamment dans celui de Tonnerre, où l'on plante invariablement à 0 mèt. 17 de la limite, quoique les treilles de l'intérieur soient à 0 mèt. 70.

Tout le monde est d'accord sur le vice de pareils Usages. Pas une Commission cantonale n'a osé les préconiser ou les défendre, et plusieurs les ont attaqués avec une juste énergie. D'ailleurs, le remède est bien simple. Certaines communes (2) plantent la vigne conformément à l'art. 671, c'est-à-dire, à 0 mèt. 50 de toutes

---

(1) Cet Usage est d'autant plus étrange que les ceps de vigne ne sont pas relevés en un seul faisceau, maintenu par un seul échalas, comme à Auxerre. On les divise en autant de membres que le comporte la vigueur du cep. Chacun des membres est écarté de son voisin et penché le plus près de terre possible ; et, à chaque membre, on adapte un échalas. De là vient qu'aux limites des vignes existe une confusion vraiment inextricable.

(2) Dans le canton de Ligny, Rouvray, Venouse, Villeneuve-Saint-Salves ; plusieurs communes du canton de Toucy ; toutes celles des cantons de Bléneau, Cérisiers, Villeneuve-l'Archevêque. Dans les cantons d'Avallon, Guillon, L'Isle-sur-Serein, on se conforme à la loi dès qu'on plante vigne contre terre ; c'est un premier pas de fait vers une règle uniforme et raisonnable.

limites. Ce procédé fait disparaître les inconvénients que nous signalions plus haut, et nous ne savons pas qu'il ait jamais soulevé de la part des cultivateurs la moindre réclamation.

Les dispositions de la loi ne s'appliquent qu'aux arbres de haute et de basse tige, mais non pas aux plantes, qui ne sauraient être rangées dans aucune de ces catégories. Cependant l'Usage pourrait fixer les distances à garder pour la culture des plantes, comme pour la plantation des arbres ou arbustes. A Appoigny, où la culture maraichère se développe dans de vastes proportions, on a coutume de planter les asperges, comme la vigne, à 0 mèt. 412 de la limite quelle qu'elle soit. A Pont-sur-Yonne, les pommes de terre et les colzas ne peuvent se planter à une distance moindre que 0 mèt. 12 de l'héritage voisin. Telles sont les seules règles constantes et reconnues qui nous soient signalées dans ce genre.

EXTRAIT DES PROCÈS-VERBAUX DES COMMISSIONS CANTONALES.

ARRONDISSEMENT D'AUXERRE.

Auxerre (*est* et *ouest*). — Pour la plantation des arbres à haute tige, l'usage est conforme aux prescriptions de l'art. 671

du Code Napoléon. On plante à 2 mètres de l'héritage voisin, quelle que soit l'essence des arbres plantés, et quand même les deux propriétés seraient séparées par un mur. (Voyez cependant ce qui sera dit plus bas au sujet des plantations effectuées dans les jardins).

Il y a grande tolérance pour les plantations de bois blanc faites sur les rives d'un cours d'eau séparatif. Cette tolérance n'a pas lieu pour les simples fossés, et, dans tous les cas, elle ne présente point le caractère d'un Usage ayant force de loi.

Les plantations de bois-taillis, riveraines de champs, vignes ou prés, sont soumises à la règle commune ; mais les *pleins bois* limitrophes se touchent.

Les arbres d'agrément à haute tige, lorsqu'il n'existe pas de mur séparatif, doivent comme tous autres être plantés à la distance légale. Au contraire, dans la ville et ses faubourgs, dans les villages et même dans les groupes d'habitations, lorsqu'il existe un mur séparatif, qu'il soit mitoyen ou propriété exclusive de l'un des voisins, il y a tolérance universelle, et l'on peut même dire Usage reconnu, pour s'affranchir de la distance obligatoire dans la plantation des arbres d'agrément. Mais une haie n'est jamais, comme un mur séparatif, une raison admise pour s'en dispenser.

On peut appuyer directement les treilles et les espaliers contre un mur mitoyen. Cet usage est constant.

Les arbres à basse tige se plantent toujours à 0 mèt. 50 de la limite, sans aucune exception. Il en est de même pour les haies, qu'elles soient ou non accompagnées de fossés. La nature du plant n'apporte aucune modification à la règle. On n'interdit pas, comme en certains lieux, la formation de haies avec des plants qui tracent ; mais, dans les arpentages, on ne regarde comme repère certain que les plants ne traçant pas. Le voisin peut, du reste, faire arracher tout arbre à haute tige, même tenu en forme d'étêton, et qui, planté dans les haies, n'est pas à la distance légale. (Voyez en outre ce qui sera dit sur la hauteur réglementaire des haies séparatives, à la Section VI).

Les haies sèches sont établies à la limite même de la propriété, et les nœuds des attaches sont tournés du côté du propriétaire à qui appartient la haie. De même pour les clôtures avec lisses.

Les vignes, sur le finage d'Auxerre, ont, en général, leurs treilles séparées entre elles par une distance de 0 mèt. 825. A l'endroit, on plante la première treille à 0 mèt. 825 de l'héritage voisin, quelle que soit la nature de cet héritage ou son mode de culture. A l'envers, on plante à sa limite même, en tournant la crosse de son côté. On donne à ces deux aspects le nom d'*ourdon* et de *déperchement*. Ajoutons, pour distinguer l'un de l'autre, que la direction est généralement d'orient en occident, quelquefois du nord au midi.

A Perrigny, Saint-Georges et Vaux, même Usage pour la plantation des vignes qu'à Auxerre.

A Augy, Champs, Saint-Bris, même Usage, sinon que la distance entre les treilles n'est que de 0 mèt 758. Ainsi, on plante à l'endroit à 0 mèt. 758 du voisin, et, à l'envers, on plante à sa limite.

A Vallan, même Usage, sinon que la distance entre les treilles et celle observée vis-à-vis du voisin à l'endroit ne sont que de 0 mèt. 728.

Monéteau, Villefargeau, Quennes et Venoy espacent leurs treilles comme Auxerre, c'est-à-dire de 0 mèt. 825. Mais l'Usage est différent, quant aux distances à observer vis-à-vis des voisins. A l'endroit, la plantation se fait à 0 mèt. 66 de la limite, et du côté opposé à 0 mèt. 16.

A Chevannes, les vieilles vignes sont plantées conformément à l'usage d'Auxerre. Pour les nouvelles plantations, on suit l'Usage de Monéteau.

Enfin, Appoigny et Charbuy plantent, à l'endroit comme à l'envers, à 0 mèt. 412 de l'héritage voisin.

Toutes les règles ci-dessus ne s'appliquent qu'à la longueur des vignes. Aux deux extrémités, dans le sens de la largeur, on laisse ordinairement, quand on plante, d'un bout une *tête*, de l'autre un *dégorgis*. Ces deux espaces, d'abord laissés libres, finissent eux-mêmes par être plantés. Toutefois, les derniers ceps, ou la treille de clôture, doivent être à 0 mèt. 50 du voisin.

On suit à Appoigny, pour la plantation des asperges, les mêmes règles que pour celle des vignes.

Chablis. — On ne signale, dans ce canton, aucun Usage contraire à la loi, pour les plantations d'arbres à haute ou basse tige, quelle que soit l'essence ou quelles que soient aussi les conditions spéciales dans lesquelles la plantation s'effectue. Seulement, dans la commune de Beines, les propriétaires riverains du ruisseau de Pazy plantent sur le bord, quelque faible que soit la largeur. (Voir aussi pour les osiers ce qui sera dit plus bas).

Les haies d'aubépines et autres arbustes analogues se plantent, sans exception, à 0 mèt. 50 de l'héritage voisin, et à 2 mèt. si elles contiennent des arbres de haute tige, futaies ou étrognes.

La plantation de la vigne est soumise à des règles particulières et qui varient de commune à commune. Voici d'abord celles qui s'observent pour la plantation des treilles limitrophes, dans le sens de la longueur.

A Aigremont, Lichères et Saint-Cyr-les-Colons, la vigne

se plante d'un côté à 0 mèt. 50 de l'héritage voisin , et de l'autre à 0 mèt. 16 2/3 ; de sorte que, dans les climats généralement plantés en vigne, il existe entre toutes les treilles limitrophes un sentier large de 0 mèt. 66 2/3. C'est à peu de chose près l'espace qui sépare aussi les treilles d'une même vigne.

A Chitry, on laisse d'un côté 0 mèt. 611 1/9 , et de l'autre 0 mèt. 138 8/9, de sorte qu'entre deux vignes appartenant à des propriétaires différents l'espace séparatif est invariablement de 0 mèt. 75; et cet espace intermédiaire doit être entièrement cultivé par le propriétaire de la zône la plus large, c'est-à-dire des 0 mèt. 611, tant que les deux héritages contigus sont en vigne.

A Chablis et dans les autres communes du canton, on plante la vigne à 0 mèt. 25 de la limite , soit d'un côté, soit de l'autre; de telle façon que le sentier qui sépare les deux treilles limitrophes est de 0 mèt. 50, tandis que l'espace réservé entre les treilles d'une même vigne varie de 0 mèt. 66 2/3 à 0 mèt. 83 1/3.

Quant aux deux extrémités des vignes, dans le sens de la largeur, il n'y a point de règle fixe pour planter les deux treilles limitrophes, ou, en termes du pays, la *première* et la *dernière route*. La distance gardée est toujours suffisamment grande et varie de 1 à 2 mètres, parce qu'au bout de la vigne, en haut, au-dessus des premiers ceps, se place l'amas de terre destiné à remplacer celle que la culture entraîne plus bas : on appelle cet amas *terrée* ou *chevet*. A l'extrémité opposée se trouve la *dégorge* où s'amasse, au contraire, la terre que la culture et les eaux font descendre, et qu'on remonte ensuite à la hotte.

Celui qui arrache sa vigne a le droit d'emblaver son héritage jusqu'à sa limite extrême, quelque rapprochée que soit cette limite de la première treille du voisin.

Les osiers se plantent, à Chemilly, à 1 mètre de l'héritage voisin ; à Chablis, bien souvent à 1 mètre, quelquefois à la même distance que la vigne, c'est-à-dire à 0 mèt. 25 ; à Chitry, comme la vigne, à 0 mèt. 611 1/9 d'un côté, à 0 mèt. 138 8/9 de l'autre. Mais la culture de l'osier étant d'importation récente dans le canton, la Commission cantonale n'a pas cru voir dans des habitudes récentes et peu nombreuses un Usage reconnu ni ayant force de loi.

Coulanges-la-Vineuse. — On observe les distances prescrites par la loi pour la plantation des arbres à haute et basse tige. Il n'y a qu'une exception à cette règle pour le cas où les propriétés voisines sont séparées par un petit cours d'eau ; alors chaque propriétaire plante sur sa rive.

Les haies vives se plantent toujours à 0 mèt. 50, même quand elles contiennent du plant d'essences à haute tige ; mais le voisin a le droit de faire tenir ces dernières à la même hauteur que le reste de la haie, c'est-à-dire à 1 mèt. 33. (Voir Section VI). Le propriétaire qui veut se clore par une haie sèche l'établit à sa limite.

Il n'y a qu'un mode suivi pour la plantation de la vigne dans tout le canton de Coulanges-la-Vineuse. A l'un des aspects, on plante en limite ; à l'autre, on plante à 0 mèt. 80 du voisin. Comme les treilles d'une même vigne sont elles-mêmes espacées de 0 mèt. 80, il en résulte que tous les climats vignobles sont plantés régulièrement et uniformément, quand même ils appartiennent à une foule de propriétaires. Le même Usage est observé en dehors des climats vignobles, dans des vignes contiguës à des terres emblavées, et ce malgré la gêne imposée au propriétaire de l'héritage voisin, situé du côté où l'on plante en limite.

Coulanges-sur-Yonne. — On observe les distances
légales pour la plantation des arbres de haute tige, excepté
quand les propriétés voisines sont séparées par un petit
cours d'eau ; dans ce dernier cas, il n'y a pas de distance
obligatoire, chacun plante sur sa rive. Dans les bourgs ou
villages, et quand les propriétés contigues sont séparées
par un mur quelconque, il n'y a pas non plus de distance
fixe.

On appuie les espaliers et les treilles contre le mur limitrophe, qu'il soit mitoyen ou même qu'il appartienne au
voisin.

Les arbres à basse tige se plantent conformément à la
loi.

Les haies vives, composées d'aubépines ou arbustes analogues, se plantent *debout* à 0 mèt. 50 du voisin, et couchées
avec fossé, à 1 mèt. 16. Quand elles contiennent des arbres
de haute tige, elles doivent être à 2 mètres. A Étais, l'on
admet les fruitiers à haute tige dans les haies composées
d'aubépines ou autres arbustes, et plantées à 0 mèt. 50.

Les haies sèches sont établies à la limite, avec les
nœuds des attaches tournées du côté du propriétaire de la
haie.

A Trucy-sur-Yonne, Fontenay, Mailly-le-Château et Merry-
sur-Yonne, on laisse, en plantant les vignes, 0 mèt. 165 à
droite, 0 mèt. 57 à gauche (1) dans le sens de la longueur.
Dans les autres communes du canton, on plante à 0 mèt. 412
du voisin, quel que soit l'aspect. Il n'y a pas d'Usage fixe
pour la distance à conserver en haut et en bas de la
vigne.

(1) Ou, en d'autres termes, 6 pouces à droite et 22 pouces à
gauche.

Courson.—On plante, en général, les arbres de haute tige, quelle qu'en soit l'essence, à 2 mètres de l'héritage voisin. Cependant le saule, le marsault et le verne se plantent, sur le bord des cours d'eau séparatifs, sans distance obligatoire. Quand les propriétés contigues sont séparées par un mur, dans l'intérieur des bourgs et villages, on plante aussi les arbres d'agrément sans observer la distance légale. On appuie les treilles ou espaliers contre le mur limitrophe, qu'il soit ou non mitoyen.

Les haies vives se plantent à 0 mèt. 50 du voisin, lorsqu'elles sont debout, et à 1 mèt. 15 lorsqu'elles sont sur jet de fossé. Autrefois, les haies ainsi plantées contenaient toute espèce d'essences et même des arbres à haute tige, futaies ou étrognes; mais depuis longtemps on ne tolère plus les arbres de ce genre à une distance moindre que la distance où ils doivent être plantés légalement.

Les haies sèches sont établies à la limite, avec la ligature des attaches du côté du propriétaire de la haie.

Pour la plantation des vignes, l'Usage est de laisser d'un côté, en général à droite en montant, 0 mèt. 16 à 0 mèt. 17; et, de l'autre côté à gauche, 0 mèt. 60.

Ligny-le-Châtel. — Il n'y a, dans le canton, aucun Usage dérogeant à l'art. 671, si ce n'est en ce qui touche à la plantation des vignes. Voici quelles sont les distances observées dans cette plantation :

Bleigny-le-Carreau, 0 mèt. 33 d'un côté, 0 mèt. 50 de l'autre.

La Chapelle-Vaupelletaigne, Lignorelles, Maligny, Villy, 0 mèt. 25 des deux côtés.

Ligny-le-Châtel, Méré, Pontigny, Varennes, 0 mèt. 165 d'un côté, 0 mèt. 66 de l'autre.

Montigny-le-Roi, 0 mèt. 33 d'un côté, 0 mèt. 50 de l'autre.

Rouvray, Venouse, Villeneuve-Saint-Salves, 0 mèt. 50 des deux côtés.

Dans les communes où la distance n'est pas égale aux deux aspects, l'espace le plus considérable, appelé l'*ourdon*, est toujours laissé du côté du midi ou du côté qui s'en rapproche le plus.

Saint-Florentin. — On se conforme à l'art. 471 , sauf les exceptions ci-après :

Quand on plante taillis contre taillis, la plantation peut être effectuée à 1 mètre seulement du voisin.

On n'observe aucune distance pour la plantation des treilles ou espaliers placés le long d'un mur séparatif, qu'il appartienne à celui qui plante, qu'il soit mitoyen, ou même qu'il appartienne au voisin.

Les espaliers qui ne sont pas placés le long d'un mur séparatif doivent être à 2 mètres de l'héritage voisin, comme les arbres à haute tige , à moins qu'ils ne soient maintenus à une hauteur maximum de 1 mèt. 33.

Lorsqu'il existe un mur séparatif on n'observe aucune distance pour la plantation des arbres à basse tige.

Les osiers se plantent à 1 mètre de la limite : de même pour les saules tronçonnés à 0 mèt. 50 de hauteur.

Les haies vives (elles se composent toutes d'aubépines ou autres arbustes analogues) se plantent à 0 mèt. 50 du voisin; les haies sèches à la limite, mais, bien entendu, leur épaisseur est prise sur le terrain de celui qui les établit.

La vigne se plante à une distance uniforme de 0 mèt. 39, à compter de l'héritage voisin. Dans la commune de Saint-Florentin , quand il existe des treilles mitoyennes , chacun des co-propriétaires jouit d'une moitié en longueur, de sorte que la jouissance est divise, bien que la propriété reste commune.

Saint-Sauveur. — Pour la plantation des arbres à haute tige on suit rigoureusement les prescriptions légales. Toutefois, quand on plante taillis contre taillis, on n'observe aucune distance.

Les treilles et espaliers se placent à 0 mèt. 50 de l'héritage voisin, s'il n'y a pas de mur séparatif. S'il existe un mur, on les plante le long du mur; et même, si le mur est mitoyen, on peut sceller dans ce mur les appuis usités en pareil cas. Si le mur appartient au voisin, le propriétaire de l'espalier ou de la treille doit se contenter de les y appuyer, sans rien enfoncer dans le mur.

Pour les arbres à basse tige, on observe les distances légales.

Les haies vives se plantent à 0 mèt. 50 de l'héritage voisin, sans fossé; ou avec fossé, tantôt à 1 mèt. 17, tantôt à 1 mèt. 33, selon l'humidité du sol. Si elles contiennent des arbres de futaie ou étrognes, elles doivent être à 2 mètres de la limite.

Seignelay. — Pour les arbres à haute tige, quelle qu'en soit l'essence, observation de la distance légale; à moins que les propriétés contigues ne soient séparées par un mur mitoyen ou appartenant à celui qui plante : dans ces deux derniers cas, on n'observe aucune distance.

Lorsque les héritages sont séparés par un cours d'eau ayant 2 mètres de largeur ou plus, chacun plante sur sa rive. S'il s'agit d'un simple fossé ou d'un cours d'eau de moindre dimension, on observe l'art. 671.

Les treilles et les espaliers se plantent le long d'un mur

mitoyen ou d'un mur appartenant à celui qui plante, sans observation de distance. On peut même les appuyer contre le mur.

Dans la commune d'Héry, les osiers se placent à 1 mèt. 66 de la limite.

Dans toutes les communes du canton, la vigne se plante à 0 mèt. 41 de l'héritage voisin, le pied du cep tourné à l'aspect du midi.

Sauf ces deux exceptions, l'art. 671 s'applique à la plantation des arbres à basse tige, comme à celle des arbres à haute tige.

Toucy. — Les arbres à haute tige se plantent à la distance légale. Cependant, si les propriétés sont séparées par un mur, surtout dans l'intérieur des villages, on tolère une moindre distance.

Quand deux voisins plantent ou sèment du bois taillis, ils ne laissent à leur limite aucun espace fixe. Celui qui plante seul laisse 0 mèt. 50 à compter de l'héritage voisin.

On plante les treilles et espaliers, le long d'un mur séparatif, sans observer de distance, même quand le mur appartient au voisin, mais sans pouvoir fixer dans ce mur aucun appui.

Les arbres à basse tige sont plantés à la distance légale, sauf le cas d'un mur séparatif, mitoyen ou non.

Les haies vives, même contenant des arbres à haute tige, se plantent à 0 mèt. 50 de la limite, quand il n'y a pas de fossé. Lorsqu'il y a un fossé, la plantation s'effectue à 1 mèt. 165.

Les haies sèches à la limite. Les lisses se tournent du côté du propriétaire qui se clôt.

Dans quelques communes la vigne se plante à 0 mèt. 44

du voisin ; dans les autres communes du canton, à 0 mèt.
50 cent.

Vermenton. — On se conforme aux prescriptions de la
loi. Cependant on plante bois contre bois sans observer aucune distance. Le long d'un mur mitoyen, les treilles ou
espaliers se placent à 0 mèt. 05 du mur seulement.

Pour la plantation des vignes, la distance à observer
vis-à-vis du voisin est : du côté du midi et du couchant, les
quatre cinquièmes de la largeur d'une treille, et le cinquième
seulement aux deux côtés opposés.

ARRONDISSEMENT D'AVALLON.

Avallon. — On ne signale dans ce canton que deux dérogations à la loi.

Quand les propriétés sont séparées par un mur mitoyen,
on peut planter des espaliers et des treilles le long de ce mur
et les y appuyer.

Lorsqu'on plante vigne contre vigne, on laisse d'un côté
0 mèt. 50 et de l'autre 0 mèt. 16, de manière qu'il y ait toujours 0 mèt. 66 entre les deux dernières treilles de chaque
propriété voisine. Mais, si l'on plante une vigne à côté d'un
champ, on laisse uniformément 0 mèt. 50.

Guillon. — On se conforme à la loi pour la plantation
des arbres à haute et basse tige.

Cependant les noyers ne se plantent qu'à trois mètres de
l'héritage voisin.

Lorsque les saules ou peupliers sont plantés sur le bord
d'un fossé ou cours d'eau commun, on n'observe pas la distance légale.

On plante aussi les espaliers et les treilles le long du mur séparatif, sans observation de distance.

Quand on plante vigne contre terres, on laisse 0 mèt. 50 de toutes parts ; vigne contre vignes, on laisse 0 mèt. 50 à droite en montant, et 0 mèt. 17 à gauche.

L'Isle-sur-le-Serein. — On observe l'art. 671, sauf les exceptions suivantes :

Le long d'un cours d'eau, chaque riverain plante sur le bord, sans garder la distance légale.

Les espaliers, quand il existe un mur séparatif, se plantent à 0 mèt. 10 de ce mur ; lorsqu'il n'y en a pas, à 0 mèt. 50 de la limite.

Dans une côte, les vignes se plantent à 0 mèt. 17 d'un côté, et 0 mèt. 33 de l'autre. Dans une plaine, on laisse 0 mèt. 50 de toutes parts.

Quarré-les-Tombes. — Voici les seules dérogations à la loi qu'on signale dans ce canton :

Le long des fossés ou cours d'eau séparatifs on n'observe aucune distance.

Les espaliers et treilles se plantent le long du mur séparatif, sans observation de distance, et, s'il n'y a pas de mur, à 0 mèt. 50 du voisin.

Pour la plantation des osiers, on ne laisse à la limite que la largeur d'un sabot, ou 0 mèt. 15 environ.

Les haies, plantées sans fossé, même quand elles contiennent des arbres à haute tiges, sont établies à 0 mèt. 50 de la ligne séparative ; celles plantées avec fossé, à un mètre.

Vézelay. — Il y avait jadis une foule d'Usages divers dans l'étendue de ce canton. Mais, depuis la promulgation du

Code Napoléon, on se conforme aux prescriptions de l'art. 671, sauf une seule exception relative à la vigne.

La vigne, en effet, se plante d'un côté à 0 mèt. 17 de la limite, et de l'autre à 0 mèt. 50.

ARRONDISSEMENT DE JOIGNY.

Aillant-sur-Tholon. — On plante les vignes à 0 mèt. 42 de la limite, quelle que soit la nature de l'héritage voisin. Du reste, on se conforme strictement aux prescriptions de l'art. 671.

Bléneau. — L'art. 671 est observé, sauf ce qui va être dit quant aux espaliers ou treilles et quant aux haies.

Chaque propriétaire voisin peut appliquer respectivement des espaliers ou treilles contre le mur séparatif, s'il est mitoyen. Dans le cas contraire, le propriétaire exclusif du mur a seul ce droit, de son côté, bien entendu.

Les haies droites ou sans fossé se plantent à 0 mèt. 50 de l'héritage contigu, même lorsqu'elles renferment des arbres à haute tige, étêtons ou autres. Lorsqu'on veut se clore par une haie et par un fossé, il est d'usage de donner à ce fossé 1 mèt. 33 de gueule, ou, en d'autres termes, de largeur à son ouverture; on laisse un espace de 0 mèt. 16 2/3 entre la ligne extérieure de la gueule et l'héritage voisin : enfin, on plante la haie sur le rejet du fossé, lequel rejet est placé du côté de celui qui plante. Ce dernier mode de clôture est généralement usité pour les propriétés rurales. Les haies droites sont plus spécialement employées pour limiter ou clore les jardins, vergers, chènevières, aisances, etc....., dans l'intérieur des bourgs, villages, hameaux, ou à la proximité des groupes d'habitation.

Les vignes, considérées comme arbustes ou arbres à basse tige, se plantent, conformément à la loi, à 0 mèt. 50 de la limite.

Brienon. — Les arbres à haute tige, quelle que soit leur essence, doivent être plantés à 2 mètres de l'héritage voisin. Cependant, si l'on plante ou sème bois contre bois, on n'observe pas de distance. On n'en observe pas non plus quand les propriétés contiguës sont séparées par un mur mitoyen, appartenant à celui qui plante, ou appartenant à son voisin.

Quand il n'y a pas de mur séparatif, les espaliers ou treilles se placent à 0 mèt. 40 de la limite.

Les arbres à basse tige sont plantés à la distance légale, c'est-à-dire à 0 mèt. 50; les osiers, à 0 mèt. 40 seulement.

Les haies vives à une distance minimum de 0 mèt. 50. On y tolère des plants d'essences à haute tige, pourvu qu'ils soient maintenus à la hauteur de la haie proprement dite.

Les vignes se plantent à 0 mèt. 40 de l'héritage voisin, quelle que soit la nature de celui-ci, et quel que soit le mode de plantation.

Cerisiers. — Observation presque complète de l'art. 671. Seulement, lorsqu'il existe un mur mitoyen ou appartenant à celui qui plante, les treilles et espaliers peuvent y être adossés; lorsque le mur appartient au voisin, on laisse une distance de 0 mèt. 50.

Les haies vives à 0 mèt. 50 de la limite. On n'admet pas qu'on puisse y planter des arbres de haute tige sans les reculer à 2 mètres.

La vigne à 0 mèt. 50 de la ligne séparative.

Charny. — Une seule exception aux règles de l'art. 671. Quand il existe un mur séparatif, mitoyen ou appartenant à celui qui plante, on adosse les treilles ou espaliers au mur lui-même ; sinon l'on observe la distance légale.

Joigny. — On se conforme aux dispositions du code, sauf les cas ci-après :

Quand on sème ou plante bois contre bois, on n'observe aucune distance.

De même pour les treilles ou espaliers, quand il y a mur séparatif, mitoyen ou non ; seulement, on ne peut les attacher au mur qui dépend exclusivement de la propriété voisine.

Les haies vives se plantent à 0 mèt. 50 de la limite. On y tolère des essences à haute tige, pourvu qu'elles soient maintenues à la hauteur ordinaire de la haie.

Les vignes se plantent à 0 mèt. 41 de l'héritage voisin, quelle que soit sa nature.

Saint-Fargeau. — Application de l'art. 671, quant à la plantation des arbres à haute tige.

Lorsque le mur séparatif est mitoyen, chaque propriétaire a droit d'y appuyer des treilles ou espaliers. Lorsque le mur n'est pas mitoyen, le voisin non propriétaire doit se conformer aux règles générales.

Les arbres à basse tige se plantent à 1 mèt. 50 de la limite.

Les haies vives à 0 mèt. 50 ; on n'y tolère pas d'arbres à haute tige, ou bien elles doivent être reculées à 2 mètres de la ligne séparative.

Saint-Julien-du-Sault. — On suit l'article 671 pour la

plantation des arbres à haute et basse tige, sauf quelques rares exceptions.

Ainsi, l'on n'observe aucune distance pour la plantation des treilles et espaliers, s'il y a mur séparatif, mitoyen ou non. Mais, dans le cas où ce mur appartient à un seul propriétaire, le voisin n'a pas droit d'y attacher ses plantes.

On n'observe non plus aucune distance pour la plantation des arbres à basse tige, quand il existe une haie ou un mur séparatif, mitoyen ou non.

En plein champ, les osiers doivent être à 0 mèt. 40 de la ligne séparative.

Les haies vives, sans arbres à haute tige, à 0 mèt. 50; avec arbres, à 2 mètres.

Les vignes, à 0 mèt. 40 de l'héritage voisin, quelle que soit sa nature.

Villeneuve-sur-Yonne. — Application de l'art. 671. Les espaliers ou treilles, considérés comme arbres à basse tige, se placent à 0 mèt. 50 de la ligne séparative, sans exception. Les vignes se plantent à 0 mèt. 42 de la limite, dans toutes les communes du canton, excepté celle de Dixmont où l'on plante à 0 mèt. 40; ces deux distances sont invariables.

ARRONDISSEMENT DE SENS.

Sens *(nord)*. — On se conforme en général à l'art. 671. Le dernier procès-verbal de la commission cantonale, en date du 20 octobre 1857, ne signale que deux dérogations constantes et pouvant être admises comme Usage reconnu.

Quand il y a mur séparatif, les treilles et espaliers se plantent sans observation de distance. Si le mur est mitoyen, on peut les y appuyer directement, et même les y assujettir au moyen de crochets scellés dans la maçonnerie. Si le mur appartient au voisin, il faut y adosser des poteaux, sur lesquels vient ensuite s'appuyer l'arbuste ou le treillage.

Les vignes se plantent à 0 mèt. 33 de l'héritage voisin, sans distinction.

La Commission, dans son premier procès-verbal du 10 juin 1855, signalait encore deux autres Usages :

Autrefois, les haies de sureaux se plaçaient à la limite même de l'héritage. (Cette coutume a sans doute disparu).

La loi n'ayant point indiqué positivement et nominativement les espèces d'arbres qui doivent être considérés comme arbres à haute tige, dans beaucoup de communes du canton, l'acacia qui pousse très-vite, que l'on coupe souvent, et qu'on emploie comme moyen de clôture, est rangé dans la catégorie des arbres à basse tige; on le plante à 0 mèt. 50. (Nous ne savons pourquoi cet Usage ne se trouve plus reproduit dans le procès-verbal de 1857, et nous l'indiquons nous-mêmes sous toutes réserves).

Sens (*sud*). — Même chose que dans le canton nord. On se conforme en général à l'art. 671. Cependant, les treilles ou espaliers, quand il y a mur séparatif, se plantent sans observation de distance. (Voir ci-dessus quant à la faculté de les appuyer).

Les vignes se plantent à 0 mèt. 33 de l'héritage voisin.

On doit ajouter que, dans l'intérieur de la ville, les arbres à haute tige sont plantés dans les jardins à des distances moindres que la distance légale. Mais, dans les faubourgs et villages, on revient à l'application de la loi.

Chéroy. — Aucun Usage constant, ayant force de loi. On se conforme à l'art. 671.

Pont-sur-Yonne. — Application presque constante de l'art. 671. Cependant, les treilles ou espaliers se plantent au pied du mur séparatif, sans observation de distance. Les vignes à 0 mèt. 33 de l'héritage voisin, dans tous les cas.

L'Usage a fixé des distances spéciales pour certaines plantes. Ainsi, les pommes de terre ne peuvent se planter qu'à 0 mèt. 12 de la ligne séparative; de même pour les pieds de colza.

Sergines. — La plupart des Usages contraires à l'art. 671 ont disparu. On signale encore les suivants :

Si les propriétés sont séparées par un mur mitoyen ou appartenant à celui qui plante, on n'observe aucune distance pour la plantation des espèces à haute tige, et à condition que l'arbre ne dépasse jamais la hauteur du mur; cette règle est suivie dans les campagnes comme dans les bourgs et villages, et inversement.

Lorsqu'il existe un cours d'eau séparatif, quelle qu'en soit la largeur, chacun plante à un mètre de sa rive.

Les espaliers et treilles se plantent le long des murs mitoyens ou appartenant à celui qui plante. Autrement, à 0 mèt. 50 de la limite.

De même, pour les arbres à basse tige, on n'observe aucune distance, s'il y a mur séparatif mitoyen ou appartenant à celui qui plante. Sinon, l'on se conforme à la loi.

Dans tout le canton, et dans tous les cas, la vigne se plante à 0 mèt. 40 de l'héritage voisin.

Villeneuve-l'Archevêque. — Les anciens Usages locaux tendent à disparaître ; on se conforme à l'art. 671 même pour la plantation des vignes, qui se fait à 0 mèt. 50 de l'héritage voisin.

Cependant, les espaliers ou treilles se plantent au pied même du mur séparatif. On peut les accrocher au mur mitoyen.

ARRONDISSEMENT DE TONNERRE.

Ancy-le-Franc. — On se conforme à l'art. 671, sauf en ce qui concerne la plantation des vignes.

Les vignes se plantent dans quelques communes à 0 mèt. 17 de la ligne séparative, dans d'autres, à 0 mèt. 25, dans d'autres, à 0 mèt. 50 d'un côté et 0 mèt. 17 de l'autre.

Cruzy. — Application de l'art. 671. Cependant les treilles et espaliers se plantent à 0 mèt. 50 de l'héritage voisin, et, s'il y a mur séparatif, sans observation de distance. Les vignes se plantent, sans distinction, à 0 mèt. 17 de la limite.

Flogny. — Pas d'Usage reconnu en dehors de la loi. Toutefois, on y déroge pour la plantation des vignes, qui n'est pas uniforme dans le canton. Dans quelques communes, on laisse à la limite une distance de 0 mèt. 38, dans d'autres, 0 mèt. 33, dans d'autres enfin, 0 mèt. 165 seulement.

Noyers. — Application de la loi. Cependant, quand il s'agit de vignes, on plante à 0 mèt. 16 de la limite à droite en montant, et à 0 mèt. 50 à gauche.

Tonnerre. — On ne signale, comme dérogeant à la loi, que les Usages suivants :

Ne sont pas considérés comme arbres à haute tige, le marsault, le quenoux, le sureau.

Les vignes se plantent à 0 mèt. 17 de l'héritage voisin, dans le sens de la longueur des treilles, et à un mètre, à chaque bout. La distance entre chaque treille est de 0 mèt. 70.

SECTION V.

CONSTRUCTIONS ET EXTRACTIONS SUSCEPTIBLES PAR LEUR NATURE DE NUIRE AU VOISIN.

Article 674 du C. N.
Article 81 de la loi du 21 avril 1810.

---

§ 1er. — CONSTRUCTIONS SUSCEPTIBLES DE NUIRE AU VOISIN.

L'art. 674 du Code Napoléon se réfère aux règlements et Usages locaux. A la différence de l'art. 671, il ne pose aucune règle qui doive suppléer au silence ou aux lacunes de ces Usages. Tout au plus il indique par quel principe d'équité doivent se régler les relations de voisinage : *liberté pour l'un à condition de ne pas nuire à l'autre.* Si donc les Usages et les règlements locaux étaient muets comme la loi nouvelle, c'est encore à ce principe

équitable, formulé par l'art. 1382 du Code, et rappelé
par l'art. 674 *in fine*, qu'il faudrait demander la solution
des difficultés soulevées. Mais, pour guider les juges, et
surtout pour éviter les procès, la formule générale de
l'art. 1382 est bien vague. Il ne me suffit pas de savoir
que j'ai des obligations à remplir vis-à-vis de mon voisin,
il faut que je sache en quoi consistent ces obligations, et
par quel procédé légal je suis sûr de les remplir. Aussi
paraît-il regrettable que les législateurs n'aient pas réglé
d'une façon plus précise une matière qui le comportait
assurément.

Les Coutumes leur en avaient donné l'exemple. Il en
est peu qui se taisent sur les précautions à prendre
vis-à-vis du voisin dans les constructions ou les entre-
prises qui peuvent lui nuire. Nous croyons utile de
transcrire ci-dessous les dispositions de celles qui régissaient jadis le département de l'Yonne, en y ajoutant un
extrait de la Coutume de Paris, si fréquemment invoquée
pour compléter les autres.

Coutume d'Auxerre. — Art. 110. — On ne peut faire
chambres quoyes, latrines, cloacques ne fossez de cuisine,
auprès du mur de son voisin, ou du moitoyen, s'il n'y a
espoisseur d'un pied et demy outre ledit mur moitoyen.

Art. 111. — En mur moitoyen, le premier qui assied
ses cheminées ne peut estre contraint par l'autre les oster
ne reculer. Pourveu que le premier assiégeant laisse la

moitié du mur, et une chantille (1) pour contrefeu de son côté.

COUTUME DE MONTARGIS. — Chap. X. — Art. 5. — En mur moitoyen, le premier qui assiet ses cheminées, l'autre ne les lui peut faire oster ne reculer, en laissant la moitié du mur et une chantille pour contrefeu; mais au regard des lancières et jambes de cheminées et simaises, il peut percer ledit mur tout outre, et y asseoir les lancières et simaises à fleur dudit mur.

Art. 6. — Aucun ne peut et n'est licite faire chambres aisées nommées fosses armes, ou latrines, ou fosses de cuisine pour tenir eaue de maison, auprès d'un mur d'autruy ou moitoyen qu'on ne laisse franc ledit mur. Et avec ce faire le mur et puys desdites fosses couées, au danger de celui qui fait ledit puys, de pied et demi d'espesseur du moins, ou autre, selon le rapport des jurés où il sera.

COUTUME DU NIVERNAIS. — Chap. X. — Art. 11. — Entre un four et le mur commun ou d'autruy, doit avoir demy pied d'espace vuide pour éviter le danger du feu ou chaleur.

Art. 12. — Si un des personniers du mur commun a de son côté la terre plus haute que l'autre, il est tenu de faire

---

(1) Voici la définition du mot *chantille*, telle qu'on la trouve dans le *Répertoire de Jurisprudence* de Merlin (4ᵉ édition) :

« *Chantille*. — Quelques Coutumes donnent ce nom aux contre-« murs de tuilots que l'on doit faire aux âtres des cheminées contre « les murs mitoyens. »

A Auxerre, on entend par chantille un contre-mur de briques sur plat élevé dans la cheminée *de fond en faite*.

contre-mur commun de ce costé de la hauteur desdites terres.

Art. 13. — On ne peut faire retraict ou latrine contre mur d'autruy ou contre mur commun, sans y faire contre-mur de chaux et sable d'un pied d'espaiz.

COUTUME DE PARIS. — Art. 188. — Qui fait estable contre un mur mitoyen, il doit faire contre-mur de huit poulces d'époisseur, de hauteur jusques au rez de la mangeoire.

Art. 189. — Qui veut faire cheminées et atres contre le mur mitoyen doit faire contre-mur de thuilots ou autre chose suffisante de demi-pied d'espoisseur.

Art. 190. — Qui veut faire forge, four et fourneau contre le mur mitoyen, doit laisser demy-pied de vuide et intervalle entre deux du mur du four ou forge : et doit être ledit mur d'un pied d'espoisseur.

Art. 191. — Qui veut faire aisances de privez ou puits contre un mur mitoyen, il doit faire contre-mur d'un pied d'espoisseur. Et où il y a de chascun côté puits, ou bien puits d'un costé et aisances de l'autre, suffit qu'il y ait quatre pieds de maçonnerie d'espoisseur entre deux, comprenant les espoisseurs des murs d'une part et d'autre. Mais entre deux puits suffisent trois pieds pour le moins.

Art. 192. — Celui qui a place, jardin ou lieu vuide qui joint immédiatement au mur d'autruy ou à mur mitoyen et y veut faire labourer et fumer, il est tenu faire contre-mur d'un pied d'espoisseur.

Art. 217. — Nul ne peut faire fosses à eaux et cloacques s'il n'y a six pieds de distance en tout sens des murs appartenant au voisin ou mitoyen.

COUTUME DE SENS. — Art. 106. — On ne peut faire four

en son héritage contre l'héritage de son voisin, s'il n'y a distance ou muraille d'un pied et demy d'espesseur entre deux.

Art. 107. — On ne peut faire chambres quoyes contre l'héritage de son voisin sans faire mur d'un pied et demy d'espesseur entre deux.

Coutume de Troyes. — Art. 64. — On ne peut faire four en son héritage, contre le four ou mur de son voisin, s'il n'y a pied et demy d'espesseur entre deux ; et pareillement on ne peut faire chambres aisées, contre son voisin, s'il n'y a pied et demy d'espesseur.

On voit que, d'après la législation coutumière, les précautions imposées vis-à-vis du voisin sont de deux natures : elles consistent, tantôt dans l'observation d'une distance, à peu près comme en matière de plantation, tantôt dans la construction d'ouvrages protecteurs. Presque jamais cette distance ou ces ouvrages ne sont laissés à l'appréciation des hommes ou même des juges, sauf quelques cas fort rares. (Voir ci-dessus, *Coutume de Montargis,* art. 6, *in fine*). Tout est prévu et réglé à l'avance, de manière à éviter les accidents, et surtout de façon à prévenir les litiges. Lorsque la Coutume locale était incomplète, on y suppléait par l'application de la Coutume de Paris, rédigée sur ce point avec un soin extrême. Tel était le régime sous lequel vivaient nos pères, voyons maintenant ce que l'usage en a conservé parmi nous.

Un arrondissement tout entier, celui d'Avallon, dont le territoire était jadis soumis à plusieurs coutumes différentes, n'en a retenu aucune disposition. On se contente d'observer le principe général et vague de l'art. 1382 : chacun construit à sa guise, à la seule condition de ne pas nuire au voisin, et nous devons ajouter que cet état de choses ne semble pas soulever de graves réclamations.

Au contraire, l'arrondissement de Tonnerre presque tout entier est, comme avant 1789, sous l'empire des anciennes coutumes. On applique, comme jadis, suivant les communes, la Coutume de Sens ou la Coutume de Troyes, et, dans le silence de ces deux textes, la Coutume de Paris, ou même directement et uniquement cette dernière.

Dans les autres arrondissements, tantôt on suit la législation coutumière, tantôt des Usages spéciaux et dont l'origine ne saurait être indiquée, tantôt, enfin, le principe général de l'art. 1382 sans règle précise. De ces trois systèmes, le dernier semble prédominer, d'où nous pourrions conclure qu'en cette matière, comme à propos de plantations, les vieux Usages, les anciens règlements tombent peu à peu en désuétude. Si l'art. 674 avait, comme l'art. 671, formulé subsidiairement une règle nouvelle, nous ne doutons pas qu'elle aurait déjà triomphé sur une foule de points. L'unité de législation est dans les mœurs de nos pays.

Ici se présente une difficulté sur laquelle nous croyons utile de donner quelques explications. Nous venons de transcrire ci-dessus les art. 110 et 111 de la Coutume d'Auxerre, et l'on verra, par les procès-verbaux des Commissions cantonales, que les dispositions de cette Coutume sont encore suivies comme loi dans plusieurs localités. A ne consulter que l'art. 674 du Code Napoléon, cela est parfaitement régulier, puisque les rédacteurs du Code ont renvoyé aux Coutumes pour les précautions à prendre dans toutes les constructions susceptibles de nuire au voisin. Mais, d'un autre côté, comment concilier l'art. 111 précité, lequel permet au premier assiégeant d'entamer la moitié du mur mitoyen pour y asseoir ses cheminées, avec l'art. 662 du Code qui défend de pratiquer dans le mur mitoyen un enfoncement quelconque? Faut-il, en vertu de l'art. 674, faire prévaloir l'art. 111 de la Coutume d'Auxerre? Faut-il, en vertu de l'art. 662, le considérer comme abrogé?

Quelques auteurs admettent que la disposition de l'art. 674 est une disposition générale applicable à la majorité des cas : mais que, dans le cas particulier prévu par l'art. 662, c'est à ce dernier qu'il faut se référer. Dans leur système, l'art. 111 de la Coutume d'Auxerre serait positivement abrogé, et l'on devrait en revenir à l'application pure et simple de la Coutume de Paris, toujours invoquée dans l'Auxerrois pour suppléer aux lacunes de la législation locale. En d'autres termes, on ne pourrait plus établir de cheminées dans l'épaisseur du mur mitoyen, mais seulement les adosser au mur mitoyen, en prenant les précautions indiquées par l'art. 189 de la Coutume de Paris.

Est-ce bien de cette façon que l'Usage de nos contrées a concilié les art. 674 et 662 ? Ne trouvant à cet égard aucun renseignement positif dans les procès-verbaux des commissions cantonales, j'ai eu recours à la vieille expérience de M. Leclerc, juge de paix du canton ouest d'Auxerre, et membre de la commission centrale. M. Leclerc m'affirme que jamais il n'a vu contester au co-propriétaire d'un mur mitoyen le droit d'y pratiquer une cheminée, dans les termes et sous les conditions de l'art. 111 de là Coutume d'Auxerre. Quelles que soient les objections de la théorie, la pratique n'hésite pas à considérer cet article comme ayant force obligatoire. On remarquera d'ailleurs que l'interdiction formulée par l'art. 662 du Code Napoléon n'est pas absolue : le co-propriétaire d'un mur mitoyen, au refus de l'autre co-propriétaire, peut solliciter une expertise, et pratiquer dans le mur les travaux que les experts jugeront n'être pas nuisibles au voisin. Chez nous, l'expertise est faite d'avance. La Coutume déclare que si la moitié du mur reste intacte, et si la cheminée est garnie d'une chantille, le voisin n'a pas sujet de plainte. On peut, en outre, soutenir que c'est l'art. 662 qui est général, et qui s'occupe, pour les défendre, de tous les enfoncements pratiqués dans le mur par le caprice d'un co-propriétaire. En matière de cheminées, l'art. 674 est spécial, formel, et il se réfère, sans distinction, aux Usages locaux. En résumé, le droit serait ici d'accord avec le fait. D'après l'un comme d'après l'autre, il y aurait lieu d'appliquer, dans nos pays, l'art. 111 de la Coutume d'Auxerre.

Autre difficulté. Lorsque le mur mitoyen consiste en un pan de bois dont les intervalles sont remplis par de la mauvaise maçonnerie, ou, pour employer une expression locale, lorsque le mur est construit en *marelles,* comment le premier assiégeant usera-t-il du bénéfice de ce même article 111? La nature de la construction ne permet pas, bien entendu, d'entamer la moitié du mur pour y placer une cheminée. Que faire alors? Un Usage constant à Auxerre permet au premier assiégeant de remplacer à ses frais le mur en *marelles* par un mur en maçonnerie, et ce, dans toute la largeur que doit occuper la cheminée, plus 0 mèt. 33 de chaque côté des chambranles. Il établit ensuite sa cheminée dans la portion de mur ainsi reconstituée, en se conformant aux règles ordinaires. Tels sont, du moins, les renseignements dignes de confiance que nous avons recueillis sur ce point, en dehors des constatations faites par les Commissions cantonales.

§ 2. — EXTRACTIONS OU FOUILLES SUSCEPTIBLES DE NUIRE AU VOISIN.

L'art. 81 de la loi de 1810 relative aux mines, carrières et autres excavations, a été rédigé dans le même esprit que l'art. 674 du Code Napoléon. Le législateur s'en est référé aux règlements et Usages locaux, sans formuler aucune règle nouvelle qui pût suppléer au silence des Usages. Cela est d'autant plus fâcheux que les Coutumes étaient muettes sur ce point. Aussi, dans la plupart de nos cantons, on n'a d'autre guide que l'art. 1382. Chacun agit à son gré, sauf à réparer tardivement le dommage qu'il a causé par son imprudence. De là de nombreuses réclamations consignées dans les procès-verbaux des Commissions cantonales.

On trouvera pourtant, dans quelques-uns de ces procès-verbaux, des exemples de réglementation, qui varient nécessairement d'après les lieux et la nature du sol dans lequel s'opère la fouille. En général, les précautions requises sont de deux natures : un franc-bord doit être laissé entre la ligne séparative et celle où commence la creusée ; puis cette creusée doit être faite en talus, non pas à pic. Quelquefois on maintient la paroi mise à nu par des planches, des étais ou des piliers de soutènement. (Voir les procès-verbaux de Coulanges-la-Vineuse, Saint-

6

Sauveur, Seignelay, Toucy, Charny, Saint-Julien-du-Sault, Villeneuve-sur-Yonne, Pont, et Cruzy-le-Châtel).

Nous espérons qu'un jour le législateur posera sur ce point quelques règles générales et simples, de nature à prévenir les accidents, sans entraver la liberté de l'industrie, et sans porter une atteinte fâcheuse au droit du propriétaire. Mais nous nous hâtons de déclarer que nous regretterions de voir le gouvernement prendre pour modèle, en pareil cas, le décret du 16 septembre 1857, applicable aux carrières du département de la Sarthe. Il nous semble que ce serait là tomber d'un excès dans un autre, exagérer la réglementation, multiplier sans nécessité des formalités inutiles, et, sous prétexte que ceux qui fouillent le sol abusent aujourd'hui de la liberté qu'ils en ont, les soumettre trop rigoureusement au contrôle, à l'omnipotence, je dirais presque au caprice de l'administration.

EXTRAIT DES PROCÈS-VERBAUX DES COMMISSIONS CANTONALES.

ARRONDISSEMENT D'AUXERRE.

Auxerre (*est* et *ouest*). — La Coutume et l'Usage sont également muets sur les précautions à prendre vis-à-vis du voisin, dans la construction des puits.

D'après l'art. 110 de la Coutume (v. ci-dessus), pour les quoyes, latrines, cloaques, fossés de cuisine, il faut un contre-mur de 0 mèt. 50. Quelques commentateurs soutiennent que le contre-mur devrait être de 1 mèt. 33, conformément à l'art. 191 de la Coutume de Paris, dans le cas où le voisin possède un puits adossé au mur mitoyen (1). Mais la Commission cantonale ne constate pas, en fait, l'application de cette doctrine.

L'article 111 de la Coutume d'Auxerre autorise à occuper la moitié du mur mitoyen pour l'établissement d'une cheminée, avec une chantille pour contre-feu. Près d'un mur appartenant au voisin, ce même article exige un contre-mur de 0 mèt. 16 (2).

La Coutume garde le silence sur la construction des forges et fourneaux. On suit, à cet égard, l'article 190 de la Coutume de Paris qui veut que le mur de la forge ou des fourneaux ait 0 mèt. 33 et soit établi à 0 mèt. 16 du voisin.

Pour les fours, l'article 109 de la Coutume d'Auxerre exige qu'il y ait entr'eux et le mur du voisin, ou le mur mitoyen, un contre-mur de 0 mèt. 66 d'épaisseur. Il était jadis permis, et cette tolérance existe encore, de remplacer, conformément aux Coutumes voisines, le contre-mur de 0 mèt. 66 par un vide égal. Ce vide s'appelle le *tour du chat*.

(1) Voir le Commentaire d'Edme Billon sur l'art. CX. Paris, 1693, in-4º, p. 227.

(2) M. Leclerc, juge de paix du canton ouest d'Auxerre, nous communique, à ce sujet, la note suivante :

« Il y a une erreur de rédaction dans le procès-verbal des cantons est et ouest d'Auxerre : l'article 111 ne parle pas de la cheminée faite près du mur appartenant à autrui. A cet égard, c'est l'art. 189 de la Coutume de Paris que nous suivions et que nous suivons encore. »

L'Usage exige un contre-mur de 0 mèt. 16 dans la construction des écuries, bergeries, toits à porcs, magasins de sel, dépôts de matières corrosives.

Nous avons vu plus haut qu'un vrai cloaque nécessitait le contre-mur de 0 mèt. 50 dont parle l'art. 110 de la Coutume. Pour les trous à fumier, l'Usage admet un contre-mur de 0 mèt. 16.

Aucune habitude constante pour l'établissement des mares.

Tous les contre-murs dont il est question précédemment doivent être faits à chaux et à sable. Il est évident que l'emploi du ciment romain serait admis comme plus avantageux et plus sûr.

Il n'existe dans les deux cantons aucun Usage relatif aux carrières, sablières, etc. Celui qui fait ces sortes de creusées est responsable de tous les dommages que son imprudence peut causer, s'il s'approche trop du voisin.

Chablis. — On a laissé tomber en désuétude les prescriptions des Coutumes qui jadis régissaient le canton. Si parfois le voisin exige un contre-mur, l'épaisseur en est réglée suivant les circonstances, sans règle fixe.

Coulanges-la-Vineuse. — Dans ce canton, comme dans celui de Chablis, on semble avoir abandonné les règles fixes formulées par la législation coutumière. L'Usage a seulement consacré, dans les divers cas, jadis prévus par les Coutumes, la construction d'un contre-mur d'une épaisseur suffisante pour garantir la propriété voisine d'infiltrations malsaines et d'accidents résultant soit de l'envahissement des eaux, soit de la communication du feu.

Pour les carrières, sablières et autres creusées, à ciel ouvert ou souterraines, l'Usage est de laisser une distance de 1 mèt. 33 à partir de l'héritage voisin. En outre, on applique de longues planches contre la partie de terrain mise à découvert par l'extraction, et on les maintient au moyen d'étais.

Coulanges-sur-Yonne. — L'Usage exige :

1º Pour la construction des puits, un contre-mur de 1 mètre.

2º Pour celle des fosses d'aisances, un contre-mur de 0 mèt. 50.

3º Pour celle des âtres ou cheminées, si on les élève dans l'épaisseur d'un mur mitoyen, une chantille pour contrefeu; si on les adosse au mur du voisin, un contre-mur de 0 mèt. 16.

4º Pour les forges et fourneaux, un intervalle vide de 0 mèt. 16, et un mur de 0 mèt. 33.

5º Pour les fours, un contre-mur ou un vide de 0 mèt. 66.

6º Pour les étables, bergeries, toits à porcs, magasins de sel, etc, un contre-mur de 0 mèt. 33.

7º pour le creusement des cloaques, un contre-mur de 0 mèt. 50.

8º Pour celui des trous à fumier, un contre-mur de 0 mèt. 33.

Pas d'Usage pour le creusement des mares, carrières, sablières, etc.

Les contre-murs exigés doivent être construits à chaux et sable, ou avec ciment romain (1).

_____

(1) En comparant ces diverses règles avec celles usitées dans les cantons est et ouest d'Auxerre, on observe une grande analogie.

Courson. — La Commission cantonale ne signale aucun Usage (1).

Ligny-le-Châtel. — Pas d'Usage reconnu (2).

Saint-Florentin. — L'Usage ne prescrit aucune précaution particulière dans les divers cas indiqués par l'art. 674 du c. n.

Cependant, on suit encore l'art. 69 de la Coutume de Troyes, dans la construction des fours et fosses d'aisance; c'est-à-dire qu'on établit du côté du voisin un contre-mur de 0 mèt. 50; ce contre-mur doit être bâti en grès et ciment.

Saint-Sauveur. — L'Usage admet la nécessité d'un contre-mur ou d'une distance pour les deux cas prévus par l'art. 674; mais il n'y a pas de règle fixe, sauf ce qui va être dit ci-dessous. Les parties se mettent d'accord, ou le juge statue suivant les circonstances.

Quand on creuse à ciel ouvert une carrière, une marnière, une sablière, etc., on laisse, à compter de l'héritage voisin, un mètre de terrain intact par chaque mètre de profondeur, sans autre précaution.

Pour les carrières, marnières, etc., creusées en puits et galeries souterraines, pas de règle générale. Les galeries souterraines peuvent s'étendre jusqu'à la rencontre de la ligne séparative des héritages.

---

(1) Elle renvoie *aux prescriptions de la loi.* Mais qu'entendre par ces mots? La loi moderne est muette. Faut-il donc s'en référer aux Coutumes? Alors il était bon de constater qu'elles sont toujours en vigueur dans le canton.

(2) La Commission cantonale dit : *Pas d'Usage dérogeant aux lois.* Nous ferons, à cet égard, la même remarque que ci-dessus.

Seignelay. — L'Usage exige :

1º Pour la construction des puits et fosses d'aisance, un contre-mur de 0 mèt. 33.

2º Pour celle des cheminées adossées au mur mitoyen, un contre-mur de 0 mèt. 08.

3º Pour celle des forges, fourneaux et fours, un contre-mur de 0 mèt. 33, plus un vide de 0 mèt. 16, appelé le *tour du chat*.

4º Pour celle des écuries, bergeries, etc., un contre-mur de 0 mèt. 33.

5º Pour celle des mares, cloaques, trous à fumier, également un contre-mur de 0 mèt. 33.

En creusant des carrières, sablières, etc., à ciel ouvert (il n'en existe pas d'autres dans le canton), on doit laisser du côté du voisin une distance de 0 mèt. 33, et donner au talus une inclinaison suffisante pour soutenir la berge.

Toucy. — Pas d'Usage pour la construction ou le creusement des puits.

Pour la construction d'une fosse d'aisance, on exige un contre-mur de 0 mèt. 50 en bons matériaux ; pour celle des âtres, forges, fourneaux, un espace vide de 0 mèt. 11 ; pour les fours, de 0 mèt. 165 ; enfin, pour la construction des étables, toits à porcs, etc., un contre-mur de 0 mèt. 50.

Dans le creusement des mares, cloaques, trous à fumier, on est astreint à laisser la même distance du côté du voisin que pour les fossés ordinaires, c'est-à-dire une semelle, ou franc-bord, égale au tiers de la profondeur, et de plus un talus de 45 degrés.

De même pour les carrières, marnières, ocrières, etc., on doit laisser une largeur égale au tiers de la creusée, plus un talus de 45 degrés.

Lorsque les extractions se font par galeries souterraines, il n'y a plus de règle fixe. Les galeries souterraines ou chambres peuvent s'étendre jusqu'à la limite.

Vermenton. — Lorsque l'on creuse un puits près du voisin, l'Usage exige seulement que l'on maintienne son terrain par des planches et des arcs-boutants durant la creusée, ensuite par une maçonnerie suffisante.

L'Usage exige encore, dans les cas prévus par l'art. 674 :

1° Pour la construction des fosses d'aisance, un contre-mur de 0 mèt. 50.

2° Pour celle des fours et fourneaux, un contre-mur de 0 mèt. 66.

3° Pour le creusement des mares, cloaques, trous à fumier, un contre-mur de 0 mèt. 50.

Quant aux carrières et autres extractions il n'existe pas de règle fixe. Il suffit que l'on soutienne convenablement le terrain du voisin.

ARRONDISSEMENT D'AVALLON.

Avallon. — Pas d'Usage spécial. Lorsque la nécessité d'un contre-mur est reconnue, on lui donne ordinairement 0 mèt. 50; mais·cette épaisseur peut être modifiée suivant les espèces.

Guillon. — Il n'y a pas de règles fixées par l'Usage. Seulement, le propriétaire qui construit ou fait des fouilles doit prendre les mesures nécessaires pour ne pas nuire au voisin.

L'Isle-sur-Serein. — Comme à Guillon. On ne signale que deux règles précises :

1º Celui qui établit une fosse d'aisance près du voisin doit empêcher les infiltrations par un contre-mur imperméable.

2º On doit laisser un espace vide de 0 mèt. 10 entre le four que l'on construit et le mur du voisin.

Quarré-les-Tombes. — Pas d'Usage constant.

Vézelay. — On se contente d'appliquer, suivant les cas, la nature des constructions et celle du sol, le principe équitable, mais vague, de l'art. 1382 du C. N.

Quand un contre-mur est nécessaire, on le bâtit de chaux et de sable, sur une épaisseur de 0 mèt. 25.

ARRONDISSEMENT DE JOIGNY.

Aillant-sur-Tholon. — Pas d'Usage.

Bléneau. — Pas d'Usage.

Brienon. — Aucune précaution spéciale n'est exigée; il suffit de ne pas nuire au voisin. Cependant, le propriétaire qui veut établir une fosse d'aisance, des fours, âtres ou forges, et des toits à porcs à proximité du voisin, est tenu de construire un contre-mur séparatif.

Cerisiers. — Comme à Brienon, il suffit de ne pas nuire au voisin. Nécessité d'un contre-mur imperméable au cas d'établissement d'une fosse d'aisance. Un simple contre-mur en cas de construction d'âtres, forges et fourneaux ; d'établissement de magasins de sels ou d'amas de matières corrosives ; de creusement de mares et cloaques.

Pas de précaution spéciale pour l'ouverture de carrières ou marnières ; mais on réclame une règle fixe, qui proportionne la distance, vis-à-vis du voisin, à la profondeur des fouilles, et détermine l'inclinaison des talus.

Charny. — Quand on creuse un puits, si le trou est garni de maçonnerie, on n'exige ni distance à garder vis-à-vis du voisin, ni contre-mur. Si, au contraire, le puits n'est pas maçonné, on doit laisser, à partir de la propriété voisine, une distance égale à la moitié de la profondeur, sans que cette distance puisse excéder deux mètres.

Pour les fosses d'aisance, pas de distance à garder, contre-mur en ciment.

Pour les âtres, forges et fourneaux, contre-mur et distance de 0 mèt. 33, appelée *tour du chat*.

Pour les étables, etc., contre-mur sans distance.

Pour les magasins de sel, ou amas de matières corrosives, contre-mur sans distance.

Pour les mares, cloaques, etc., distance égale à la moitié de la profondeur.

Pour les carrières, marnières et autres fouilles, au moins six mètres de distance, sans autre précaution à l'égard du voisin.

Joigny. — Pas d'Usage. On admet seulement la nécessité d'un contre-mur, au cas de construction d'une fosse d'aisance, d'âtres, foyers et fourneaux ; d'étables, écuries, etc.; de magasins de sels et d'amas de matières corrosives.

Saint-Julien-du-Sault. — On ne peut creuser un puits qu'à 0 mèt. 50 du voisin.

Pour l'établissement d'une fosse d'aisance, on exige un contre-mur de 0 mèt. 50; de même pour les âtres, foyers et fourneaux.

Les marnières, carrières, sablières et autres fouilles doivent être à deux mètres de la propriété voisine.

Pas d'autre Usage spécial.

Saint-Fargeau. — Les seules précautions à prendre, vis-à-vis du voisin pour la construction d'un puits ou d'une fosse d'aisance consistent à faire un contre-mur de 0 mèt. 49 5/6 d'épaisseur.

Pour les âtres, forges et fourneaux, on exige également un contre-mur dont l'épaisseur est, pour les âtres, de 0 mèt. 16 depuis la base jusqu'au manteau de la cheminée; pour les forges, fours et fourneaux, de 0 mèt. 33, plus un intervalle libre de 0 mèt. 165, appelé le *tour du chat*.

Pas d'autre règle précise.

Villeneuve-sur-Yonne. — On s'en tient au principe général : ne pas nuire au voisin; principe qu'on applique suivant la circonstance.

Un seul cas est réglementé. On ne peut ouvrir des carrières, à pierre, marne, sable, etc., qu'à 0 mèt. 50 du voisin.

ARRONDISSEMENT DE SENS.

Chéroy. — On ne signale aucun Usage.

Pont-sur-Yonne. — On ne peut creuser un puits qu'à 0 mèt. 50 de l'héritage voisin.

Les fosses d'aisance doivent être séparées dudit héritage par un contre-mur de 0 mèt. 50 ; les âtres des cheminées par une épaisseur de brique ; pour les forges et les fours, on laisse en outre un espace vide de 0 mèt. 15, appelé *tour du chat*.

Pas de règle pour les étables, écuries, etc.; on bâtit à sa limite.

Pas de règle non plus pour les magasins de sels ou amas de matières corrosives ; il n'en existe point dans le canton.

Pour les mares, cloaques, trous à fumier, betoires, on exige un contre-mur de 0 mèt. 50.

Rigoureusement, celui qui fait une fouille à ciel ouvert près de l'héritage voisin devrait laisser un intervalle égal à la moitié de la profondeur de la fouille. Mais, pour les carrières à pierre, marne et glaise, une tolérance presque générale permet de ne laisser que 0 mèt. 33.

Les fouilles opérées par puits et galeries doivent toujours être à 0 mèt. 50 du voisin.

Aucune autre précaution n'est exigée pour le soutènement des terres où s'opère la fouille. Cependant, quand on extrait de la craie, des piliers sont laissés de place en place, outre l'intervalle requis ; ces piliers ont en moyenne deux mètres carrés.

Sens (*nord*). — Les dispositions coutumières sont tombées en désuétude. Chacun agit comme il veut, pourvu qu'il ne nuise pas au voisin.

Sens (*sud*). — Même régime. On signale cependant pour les fours, forges et fourneaux, l'usage du *tour du chat*, sans préciser.

Sergines. — La cheminée d'un puits ne peut être ouverte à une distance moindre que 0 mèt. 33 de la propriété voisine. La portion supérieure de cette cheminée est ensuite élargie de 0 mèt. 33, et cet excédant de largeur est remplacé par un mur circulaire en bonne maçonnerie, avec parement intérieur, depuis le tuf jusqu'au niveau du sol.

Les cheminées ne peuvent être qu'adossées au mur mitoyen et non pratiquées dans son épaisseur. Le fond de l'âtre doit être préservé par une plaque de fonte ou un contre-mur en briques de 0 mèt. 11.

Pour les forges (1) il est d'Usage constant de laisser entre le massif de la forge et le mur mitoyen un intervalle de 0 mèt. 50 au moins, ainsi que le prescrivait la Coutume de Sens. Cet intervalle vide, appelé *tour du chat*, doit exister depuis le sol jusqu'au faîte de la cheminée.

Aucun Usage constant pour l'établissement d'étables, bergeries, etc.

L'Usage interdit le dépôt de matières corrosives à une distance moindre que 0 mèt. 50, soit du mur mitoyen, soit du mur d'autrui.

Aucune règle pour le creusement des mares, trous à fumier, carrières, marnières, etc. Il suffit de ne pas nuire au voisin.

Villeneuve-l'Archevêque. — Le seul Usage constant est d'exiger un contre-mur de 0 mèt. 50 pour les puits, les fosses d'aisance, les âtres, forges et fourneaux, les mares, cloaques, trous à fumier et betoires.

Pas d'autre règle précise.

---

(1) Pour les fours, la Commission cantonale s'exprime ainsi dans son premier procès-verbal (16 juin 1855) : *Ils sont très-rarement adossés à des murs mitoyens, et il n'a pu être, à leur égard, recueilli aucun Usage constant.*

ARRONDISSEMENT DE TONNERRE.

Ancy-le-Franc. — Pour les constructions susceptibles de nuire par leur nature au voisin on s'en réfère aux dispositions de la Coutume de Sens (1). Pour les fouilles, carrières, etc., ni règlement, ni Usage ; on émet le vœu que cet état fâcheux, et qui produit des accidents nombreux, ne tarde pas à cesser (2).

Cruzy-le-Châtel. — L'Usage ne détermine pas de distance à observer pour le creusement des puits ; il suffit de ne pas nuire au voisin.

Aucune règle pour l'établissement des fosses d'aisance (3).

Pour les âtres, on exige un contre-mur de 0 mèt. 17, ou une plaque en fonte avec intervalle de 0 mèt. 05 rempli de mortier.

Pour le creusement de mares, cloaques, trous à fumier, on est obligé de laisser un franc-bord qui varie de 0 mèt. 33 à 1 mètre, suivant le sol. Le dépôt de fumier près d'un mur nécessite un contre-mur de 0 mèt. 17.

Il doit être laissé entre une carrière et le fonds voisin une distance de un mètre (4).

(1) Voir premier procès-verbal de la Commission (22 mai 1855).

(2) Voir *eodem*.

(3) La Commission cantonale affirme (procès-verbal du 26 juin 1855) qu'*il n'y a pas de fosses d'aisances dans le canton, ou fort peu*.

(4) La Commission ajoutait, dans son procès-verbal du 26 juin 1855 : « *Les minières sont ouvertes jusqu'au point extrême des héritages ; après les fouilles, les lieux sont immédiatement rétablis dans leur état primitif.* » — Cette constatation ne se retrouve plus dans le procès-verbal du 7 novembre 1857.

Flogny. — Pas d'Usage reconnu. On se reporte quelquefois aux dispositions de la Coutume de Troyes.

Noyers. — Dans les communes du canton appartenant jadis à la Bourgogne, on suit les dispositions de la Coutume de Paris, parce que la Coutume de Bourgogne ne contenait aucune disposition sur la matière. Dans d'autres communes, telles que Nitry, Poilly, Sainte-Vertu, Moulins, on suit la Coutume de Sens (1).

Tonnerre. — On se conforme à la Coutume de Sens, et dans les cas qu'elle ne prévoit pas, à la Coutume de Paris.

---

(1) Nous empruntons cette réponse au procès-verbal du 18 juin 1855.— Elle nous semble plus large et plus complète que celle consignée dans le procès-verbal du 24 novembre 1857.

SECTION VI.

USAGES COMPLÉTANT LES DISPOSITIONS DU CODE NAPOLÉON
QUANT AUX RELATIONS ENTRE PROPRIÉTAIRES VOISINS.

Cpr. Articles 653-673 du C. N.

———

Nous nous sommes occupé jusqu'ici d'Usages locaux formellement consacrés par le Code. Voici d'autres Usages qui n'ont pas reçu la même consécration, et qui ne sont pas moins respectés dans la plupart de nos contrées. Ils ont trait, comme les précédents, aux difficultés que soulèvent les relations de voisinage.

Mais, dira-t-on, se peut-il qu'une habitude plus ou moins invétérée dans un pays devienne obligatoire pour tous les habitants, et usurpe la place d'une véritable loi, sans que le législateur l'ait permis? Quand les rédacteurs du Code n'ont pas fait la moindre allusion à des

Usages qu'ils devaient connaître, n'est-ce pas la meilleure preuve qu'ils avaient l'intention de les abroger (1)?

Observons d'abord que les rédacteurs du Code n'ont
pas eu la prétention de tout savoir et de tout réglementer.
Pour employer leurs propres expressions, ils ont pensé
qu'en une foule de cas *la vraie prévoyance consistait à
sentir qu'ils ne pouvaient tout prévoir.* Ils étaient d'ailleurs persuadés que le rôle du législateur est de procéder par indications générales sur les points les plus
saillants *pour abandonner ensuite les détails aux convenances de l'habitude.* Il ne faut donc pas donner à leur
silence plus de portée qu'il en a. Dans l'art. 651, ils se
sont contentés d'énoncer que les propriétaires voisins
étaient assujettis, les uns vis-à-vis des autres, à de nombreuses obligations. Dans l'art. 652, ils en ont signalé
quelques-unes ; mais ils se sont bien gardés de les signaler
limitativement et d'exclure, parmi les obligations dont
ils ne parlaient pas, celles qu'une longue expérience
pouvait avoir consacrées. Ajoutons, et tel est le système
de la Cour de Cassation dans des arrêts que nous aurons
bientôt occasion de citer, que l'art. 544 subordonne le

---

(1) Si l'on nous reproche d'aborder ici des questions de droit qui
semblent étrangères à l'objet spécial du présent rapport, nous ré-
pondrons que nous y avons été entraîné par le désir bien naturel
d'expliquer pourquoi toute une catégorie d'Usages non consacrés
par le Code a été comprise dans le formulaire de la Commission
centrale, et assimilée aux Usages locaux ayant force de loi.

droit de propriété à l'observation de tous les règlements
locaux, non abrogés par une disposition spéciale du Code,
et non contraires à son esprit, quelle que soit du reste
leur nature, règlements d'administration ou de police,
règlements écrits ou conservés par la seule tradition. La
Cour suprême en a conclu que certains Usages relatifs
au voisinage pouvaient être considérés comme légalement
obligatoires. Ce qui est vrai pour ceux-là est aussi vrai
pour tous ceux que nous allons étudier. Et nous les étu-
dierons d'autant plus volontiers qu'ils sont très-utiles
pour réglementer les relations si souvent troublées du
voisinage. Qu'ils soient ou non consacrés par le Code,
ils servent à combler une lacune regrettable de nos lois
actuelles. Telle est, sans doute, leur principale raison
d'être. Telle est la cause de leur persistance effective,
malgré les discussions théoriques auxquelles ils peuvent donner lieu.

§ 1er. — DES PRÉCAUTIONS A OBSERVER POUR L'ÉGOUT
DES TOITS.

En principe, tout propriétaire a droit d'utiliser complètement sa propriété, et, par conséquent, de bâtir à son
extrême limite. Forcer les constructeurs, tantôt pour une
raison, tantôt pour une autre, à s'éloigner de la ligne
pésarative, ce serait apporter une entrave fâcheuse à

l'exercice d'un droit respectable. Ce serait même, en certains cas, compromettre l'intérêt public. Plusieurs Commissions cantonales se sont plaintes de ce qu'il existe, dans les villages, une foule d'espaces réservés au-delà des bâtiments limitrophes par ceux qui construisent près de la limite de leur propriété. Ces espaces forment des ruelles, ou plutôt des impasses, qui deviennent un réceptacle d'ordures. C'est pis qu'un terrain perdu : c'est un foyer d'infection, ou, au moins, une occasion de malpropreté.

Mais le droit qu'a tout propriétaire de bâtir à sa limite est nécessairement restreint par le droit identique du propriétaire voisin. Ainsi, le constructeur ne peut dépasser la ligne séparative en aucun point, ni au niveau du sol, ni par des saillies pratiquées au-dessus, ni même par des échenets volants adaptés à sa construction. Il ne peut pas davantage grever la propriété voisine d'une servitude gênante en versant sur elle les eaux de son toit. Si l'art. 681 a cru nécessaire de s'expliquer sur ce point, qui n'est pourtant qu'une conséquence rigoureuse des principes généraux, c'est qu'autrefois certaines Coutumes n'avaient pas craint d'y déroger. La Coutume de Sens, notamment, portait, article 105 : « Quand égout « chet sur l'héritage d'autrui, en terre vaine, celui qui « a ledit égout ne peut être contraint de l'oter. » De là, sans doute, des difficultés et des inconvénients que les rédacteurs du Code ont voulu faire cesser, et, pour y parvenir, ils n'ont pas cru suffisant de supprimer le droit

d'égoût dans l'énumération des servitudes légales de
l'art. 652. Ils en ont fait l'objet d'une disposition formelle ; nouvelle preuve qu'ils ne considéraient pas
l'art. 652 comme strictement limitatif.

Jusque-là rien n'est abandonné à l'influence des Usages
locaux (1). Mais leur pouvoir et leur utilité vont bientôt
reparaître. Comment, en effet, concilier l'art. 681 avec le
droit qu'a tout propriétaire d'utiliser complètement sa
propriété ? Celui qui veut construire à sa limite et ne pas
verser ses eaux sur l'héritage voisin sera le plus souvent
contraint de reculer sa construction. Devra-t-il encore
retenir ses eaux par des échenets volants, pour les ramener sur son propre terrain ou sur la voie publique ?
Aura-t-il, en construisant, la faculté de les laisser tomber
sur une bande de terre réservée entre sa construction et
la propriété voisine ? Dans ce dernier cas, n'est-il pas
nécessaire de fixer à l'avance la largeur de la bande réservée, en sorte que le voisin puisse arrêter, dès le début,
une entreprise contraire à ses intérêts, et ne soit pas
obligé d'attendre qu'il y ait préjudice pour invoquer
tardivement les dispositions de l'art. 1382 ? L'Usage a
répondu, dans nos pays, à toutes ces questions embar-

---

(1) C'est donc surabondamment qu'ont été posées dans le formulaire de la Commission centrale les premières questions du
présent chapitre. La réponse des Commissions cantonales devait
être et est partout la même, c'est-à-dire conforme aux principes
que nous venons d'exposer.

rassantes, et nos populations, reconnaissant que la solution usuelle satisfaisait aux besoins les plus essentiels, lui
ont donné, par leur assentiment, la force d'une loi écrite.

Presque partout le propriétaire qui laisse tomber ses
eaux le long de la ligne séparative est obligé de réserver,
entre sa construction et sa limite, un intervalle préfixe,
imposé à tous, et qui reste au-delà du mur de clôture
comme un appendice nécessaire. Tantôt la largeur de cet
espace est proportionnelle à la saillie du toit d'où tombent les eaux, par exemple, double de la saillie. Tantôt
il est invariable et fixé à un mètre ou cinquante centimètres. Dans ce dernier système, certaines Commissions
cantonales semblent indiquer que la distance se calcule
à compter du mur de clôture. Mais, s'il en était ainsi,
il faudrait empêcher que le constructeur ne développât
outre mesure la saillie de son toit : sans quoi le recul
obligatoire deviendrait parfaitement inutile. C'est ce
qu'on fait à Chablis où la Commission cantonale déclare
que l'espace réservé doit être de 0 mèt. 50 à partir du
mur, *pourvu que le chaperon n'excède pas 0 mèt. 25.*
Le plus simple est de compter l'espace à partir de la
saillie du toit (1).

Dans quelques cantons, on adopte une règle encore

(1) Dans les pays où on admet le recul obligatoire, tout propriétaire est présumé posséder, au-delà du mur limitrophe, un
espace de terrain égal à celui qu'il aurait dû réserver en construisant. On appelle quelquefois ce terrain *un tour d'échelle,* mais il

plus sûre. Le propriétaire qui bâtit à sa limite est obligé
de retenir ses eaux par des échenets volants et de les
ramener chez lui. C'est là une restriction complète à
l'omnipotence du propriétaire, mais une restriction sans
inconvénient grave pour lui et très-profitable au voisin.
Elle entraîne à construire aussi près que possible de la
ligne séparative. Elle a enfin l'avantage de convenir à
tous les pays, et peut être convertie en règle générale et
absolue. Tandis que l'obligation de réserver un espace
pour l'égout des eaux, et surtout la détermination de cet
espace, dépend de la nature du sol, de sa perméabilité,
du danger plus ou moins grand des infiltrations. Avec ce
dernier système, il faut une règle pour chaque pays, ce
que nous considérons comme un abus.

§ 2. — DU TOUR D'ÉCHELLE.

Quel que soit le régime adopté, que les bâtiments s'élèvent à l'extrême limite ou qu'ils en soient légèrement
éloignés, la faculté de les réparer demeure toujours un

n'a pas la même origine que le tour d'échelle proprement dit, et
n'est pas susceptible des mêmes distinctions. Il appartient toujours,
en pleine propriété, à celui dont il reçoit les eaux, tandis que nous
aurons à distinguer le tour d'échelle *propriété*, et le tour d'échelle
servitude. Voir ci-dessous.

objet de litige. Pour récrépir la base des murs séparatifs, le passage sur la propriété voisine est indispensable. Il faudra même souvent établir dans cette propriété des échafaudages pour atteindre les portions supérieures de la maçonnerie et les toits. Si, néanmoins, le voisin est autorisé à refuser l'accès chez lui, voilà les constructions limitrophes condamnées à périr de vétusté, et le droit de bâtir en limite, plus dangereux que profitable, sera bientôt abandonné par les constructeurs prudents (1).

Jadis on parait à cet inconvénient grâce au *droit de tour d'échelle* dans les pays coutumiers, et grâce *au droit d'investison* dans les pays de droit écrit.

Pour ne parler que du premier, le seul qui intéresse nos contrées, le *droit de tour d'échelle* présentait, suivant les localités, des caractères bien distincts. Tantôt il résultait de la loi ou d'un Usage constant : c'était une espèce de servitude légale en vertu de laquelle tout propriétaire devait *prêter patience et passage* (2) à son voisin pour la réparation des bâtiments limitrophes. Tantôt les Coutumes et les Usages ne consacraient point l'existence nécessaire, absolue, du tour d'échelle : il ne pouvait alors résulter que d'une convention expresse ou d'un titre formel. Là, encore, ne s'arrêtaient pas les différences et

---

(1) N'oublions pas que le droit de bâtir en limite, sauf au voisin à rendre plus tard le mur séparatif mitoyen, est un droit précieux dans les villages. (Voir ce qui a été dit précédemment).

(2) Coutume de Melun, art. 204.

les distinctions. Le droit concédé par les titres pouvait n'être qu'un simple droit de passage chez le voisin à l'effet de réparer, une servitude conventionnelle au profi des bâtiments sur l'héritage contigu. Quelquefois il se rapprochait du droit d'investison (1), et constituait une véritable propriété, accessoire des constructions limitrophes : dans ce cas, on remarquait au-delà des constructions une bande de terrain appartenant au même maître, permettant de les réparer sans nuire au voisin, et restant, le plus souvent, inculte ou *incultivable.*

En résumé, l'on distinguait le *tour d'échelle servitude légale ;* le *tour d'échelle servitude conventionnelle ;* et le *tour d'échelle propriété.* Les anciens jurisconsultes nous ont transmis sur ces droits divers et analogues des explications qu'on peut consulter avec fruit. Quant au Code Napoléon, nous avons déjà dit qu'il avait gardé le silence sur la matière qui nous occupe. De là, une foule de problèmes à résoudre.

1° En l'absence de titres et de conventions, le propriétaire de bâtiments limitrophes a-t-il le droit de passer chez le voisin pour les réparer? En d'autres

(1) L'*Investison* suppose qu'à l'origine le propriétaire des bâtiments n'a pas construit à sa limite, et qu'il s'est reculé sur son propre terrain, pour avoir partout un libre accès. On sait, d'ailleurs, que les lois romaines obligeaient les constructeurs d'agir ainsi, et que leurs dispositions à cet égard se perpétuèrent d'abord en Gaule, puis dans certaines provinces de la France. (Voyez Rép. de Merlin, v⁰ˢ *Investison* et *Tour d'échelle*).

termes, le droit de tour d'échelle servitude légale existait-il jadis dans nos pays? S'est-il conservé dans les habitudes? Comment s'exerce-t-il? Avec ou sans indemnité?

2° Quand il y a titre, et que le titre mentionne seulement l'existence du droit, sans autre indication, faut-il admettre qu'il s'agisse du tour d'échelle propriété? Quelle en est alors l'étendue, la largeur? Ou bien le titre a-t-il voulu parler simplement d'une servitude conventionnelle conférant le droit de passer sur la propriété voisine sans payer aucune indemnité?

Avant d'examiner les réponses que les Commissions cantonales ont faites à ces nombreuses questions, nous devons faire observer que, suivant la plupart des auteurs, le droit de tour d'échelle n'existe plus, sous l'empire du Code, à l'état de servitude légale. Si les limites et l'objet de ce rapport le comportaient, nous essaierions de combattre une opinion qui n'est appuyée d'aucune raison décisive (1). Nous nous bornerons à rappeler les réflexions générales par lesquelles nous avons ouvert le

---

(1) On a prétendu que les rédacteurs du Code s'étaient expliqués formellement sur ce point, et l'on cite entre autres le rapport du tribun Gillet. Nous l'avons lu attentivement sans y voir rien de semblable. D'ailleurs, ceux qui ont pris la peine de formuler l'art. 681 pour abroger une disposition exceptionnelle de la Coutume de Sens auraient eu soin, s'ils l'avaient voulu, de supprimer, par un texte positif, un droit aussi généralement en usage que celui de tour d'échelle.

présent chapitre. Elles s'appliquent aussi bien à l'Usage du tour d'échelle qu'à tous les Usages analogues. En théorie, le tour d'échelle servitude légale est un moyen équitable de conserver les droits des propriétaires voisins. Il permet à l'un d'utiliser, sans imprudence, son immeuble jusqu'à l'extrême limite, et n'impose à l'autre qu'une incommodité passagère, dont il peut, du reste, être indemnisé, comme celui qui souffre le passage par suite d'enclave. D'un autre côté, si le propriétaire de la construction a droit de passer chez le voisin pour réparer son mur, le voisin n'a-t-il pas, en échange, le droit d'acquérir la mitoyenneté et de reculer ainsi sa limite jusqu'à l'axe dudit mur ? Ainsi la servitude légale de tour d'échelle est largement compensée par la faculté d'exiger une indemnité et d'acquérir la mitoyenneté du mur séparatif (1).

Sortons maintenant des questions de théorie ou de jurisprudence : consultons les Usages locaux. Ils sont positifs. Dans la majeure partie des cantons du département, le droit de passer chez le voisin pour les réparations existe à l'état de servitude constante, appartenant à tous, et mitigée seulement par l'obligation de payer une

(1) Les auteurs qui n'admettent pas la servitude légale de tour d'échelle sont eux-mêmes obligés d'y suppléer par un droit analogue qu'ils font dériver de l'enclave. (Voir Dalloz, vº *Servitude*, nº 810). A quoi bon de telles subtilités, et ne suffisent-elles pas pour faire répudier la doctrine de ceux qui y ont recours ?

légère somme à chaque fait de passage (1). La mention
d'un droit spécial de tour d'échelle, dans les titres, ne
sert alors qu'à donner au propriétaire des bâtiments limitrophes le droit de passer sans indemnité, ou bien elle
entraîne à son profit la propriété d'un certain espace de
terrain au-delà des constructions. Mais tout propriétaire,
qu'il ait ou non des titres, passe en payant. Sur ce point,
les Commissions cantonales ont répondu avec une net-
teté qui ne laisse prise à aucun doute, et pas une d'elles
n'a formulé de plaintes contre cet état de choses (2).

Elles ont été moins explicites sur l'interprétation qu'il
fallait donner aux titres mentionnant, sans aucun détail,
l'existence d'un tour d'échelle. Entend-on, par ces mots,
une servitude conventionnelle ou une vraie propriété ?
C'est là une difficulté qui se présente souvent, et qui
méritait des investigations sérieuses. Pour être juste, il
faut reconnaître que le formulaire de la Commission centrale manquait lui-même de précision sur ce point. Tou-

---

(1) Dans ce cas, on observera l'analogie qui existe entre la servitude légale de tour d'échelle et celle de passage par suite
d'enclave.

(2) Quelques-unes se sont bornées à émettre le vœu que le tour
d'échelle propriété, ou simplement l'espace réservé pour l'égoût
des eaux, ne fussent pas un obstacle à l'acquisition de la mitoyenneté du mur séparatif. Comme nous l'avons déjà dit et répété,
elles font ressortir les inconvénients qui résulteraient du terrain
perdu et de la création dans les villages d'une foule d'impasses
malsaines. La jurisprudence a donné à ce vœu une légitime satis-
faction.

tefois, on a posé aux Commissions cantonales la question de savoir quel est le mode de jouissance du terrain sur lequel s'exerce le tour d'échelle. Cela conduit indirectement à la solution du problème.

Là où le tour d'échelle est cultivé, ou simplement utilisé par le propriétaire du bâtiment contigu, c'est qu'il possède le terrain, c'est qu'il est propriétaire du sol, nécessaire aux réparations. C'est que le tour d'échelle propriété a prévalu dans le pays, et, conformément à l'art. 1159 du Code Napoléon, il faut interpréter dans ce sens tous les contrats qui mentionnent l'existence d'un tour d'échelle quelconque. Si, au contraire, le voisin cultive jusqu'au pied du mur, c'est qu'il reste jusque-là propriétaire exclusif du terrain, c'est qu'il s'agit d'une simple servitude de tour d'échelle. Il y a des cantons où l'Usage est constant, facile à reconnaître. On arrive sans peine à savoir comment les anciens propriétaires ont réglé entre eux leurs relations de voisinage, et, par conséquent, quelle règle on doit adopter pour l'avenir. Dans d'autres lieux, il n'existe pas d'Usage certain sur le caractère du tour d'échelle ou sur la jouissance du terrain nécessaire aux réparations. Le juge est alors réduit à consulter l'état matériel des lieux en litige, les faits de possession, les divers documents de la cause qui lui est soumise ; à peu près comme dans les cas où les titres mentionnent l'existence d'un passage et qu'il faut déterminer s'il s'agit de la propriété d'un terrain propre à

passer ou seulement du droit de passer sur le terrain
d'autrui. Pour ce qui est du tour d'échelle, nous conseil-
lerons encore de consulter les Usages des localités voisines. Dans le doute, il est manifeste que le droit de
tour d'échelle servitude, plus généralement répandu et
usité, doit être aussi plus facilement consacré par les
magistrats que le tour d'échelle propriété. Au reste,
les tours d'échelle donnent lieu, dans le pratique, à
une foule de difficultés qu'il est impossible de prévoir
et surtout d'envisager toutes dans un travail comme le
nôtre. Nous nous bornerons à consigner les observations
qu'ont fait naître dans notre esprit les constatations des
Commissions cantonales, et nous laissons à de plus habiles
le soin d'élucider complètement une matière aussi délicate.

§ 3. — DES FOSSÉS SÉPARATIFS.

Le Code Napoléon n'a imposé aucune obligation à qui
veut clore sa propriété par un fossé. Quelques théori-
ciens seraient tentés d'en conclure que les fossés séparatifs peuvent être établis à la limite extrême d'un héritage,
et sous la seule condition de réparer le dommage que le
voisin viendrait à éprouver, en cas d'éboulement de sa
terre. Mais un pareil système aurait de graves inconvénients, aussi bien pour celui qui creuse le fossé que pour

le propriétaire limitrophe. Il aboutirait à de nombreux litiges, et, par suite, à des frais hors de proportion avec les intérêts engagés dans le débat. C'est ici, comme toujours, le cas de prévenir le mal, au lieu de se borner à une tardive répression. Aussi, dans presque toutes les provinces de France, des anciens règlements ou Usages locaux obligeaient ceux qui creusaient un fossé séparatif à des mesures de précaution vis-à-vis du voisin. En général, il était tenu de laisser entre sa limite et la gueule du fossé un espace suffisant pour le soutien des terres. Dans le ressort de la Coutume de Paris (1), cet espace était d'un pied, ou 0 mèt. 33 ; de même en Bourgogne (2). En Normandie, d'après le règlement du 17 août 1751, art. 13, elle était de deux pieds si le fonds voisin était arable, et de un pied et demi dans les autres fonds : dans les pays de droit écrit, la distance devait être égale à la profondeur du fossé (3).

La Cour de cassation a décidé que ces divers Usages et autres analogues, quoique n'étant pas rappelés par le Code Napoléon, sont encore obligatoires. « Ils naissent,

(1) Voir les Commentaires de la Coutume.

(2) Voir arrêt de la Cour de Dijon du 22 juillet 1856. S.-V, 36, 2, 587.

(3) S'il faut en croire Samuel Petit (*Leges Atticæ*, p. 155), et Jean Potter (*Antiquities of Græce*, t. 1, p. 155), cette dernière règle serait empruntée aux lois d'Athènes, et, l'on peut dire, renouvelée des Grecs.

« a-t-elle dit (1), des rapports naturels du voisinage, et,
« loin d'être contraires aux dispositions de la loi nou-
« velle, ils se concilient parfaitement avec la définition
« qu'elle a donnée du droit de propriété (art. 544). » Si
donc un propriétaire creuse un fossé séparatif, sans se
conformer aux Usages locaux, il cause un trouble aux
droits du voisin, trouble qui suffit pour autoriser la
complainte possessoire, ou même, après l'année, une
action pétitoire.

Une conséquence nécessaire de ce principe est que le
propriétaire d'un fossé séparatif soit réputé également
propriétaire du soutien fixé par les Usages locaux. On
doit admettre qu'à l'origine lui ou ses auteurs se sont
conformés auxdits Usages, et qu'ils ont laissé en deçà
de leur limite l'espace obligatoire. Il y a ainsi double
utilité à recueillir et à connaître les règles établies dans
chaque pays.

Chez nous, l'Usage de laisser un espace entre la limite
séparative et la gueule du fossé est presque universel :
souvent même on impose à celui qui veut se clore la condition de ménager un talus dans sa creusée, pour rendre
l'éboulement plus improbable encore. L'espace réservé
porte des noms divers : *échelage, franc-bord, pied sur
bord,* ou simplement *pied bord, nourri du fossé ;* enfin,

(1) Voir, entre autres, Arrêts de Cassation du 11 avril 1848,
S.-V, 48, 1, 395, et du 3 juillet 1849, S.-V, 49, 1, 624.

dans l'Auxerrois, *semelle,* expression à laquelle correspond celle de *sabotée,* usitée dans la Puisaye où jadis on portait plus de sabots que de souliers (1).

Il y a pourtant quelques rares exceptions à la règle générale. A Charny, dans les prés et dans les bois, on creuse les fossés séparatifs à l'extrême limite. De même à Cérisiers, dans tous les héritages. De même encore dans quelques communes du canton de Villeneuve-l'Archevêque. Quant à la largeur du soutien, il varie suivant les localités, et probablement d'après la nature plus ou moins ferme du sol. Tantôt elle est préfixe, tantôt elle est proportionnelle à la profondeur du fossé. Nous renvoyons, pour les détails, aux extraits des procès-verbaux de chaque Commission cantonale.

§ 4. — DES MARQUES DE MITOYENNETÉ.

L'Usage n'admet guère, dans le département de l'Yonne, d'autres marques de non-mitoyenneté des murs ou des fossés, que celles indiquées dans les art. 654, 667 et 668 du Code Napoléon. On en trouvera pourtant quelques-unes relatées ci-dessous, et qui peuvent être

(1) V. Usages du canton de Bléneau. — A Chéroy, la *semelle* ou *sabotée* s'appelle le *pas du cheval.*

prises en considération, car les articles du Code ne sont pas rédigés limitativement.

En ce qui concerne les haies, il n'en est pas ainsi. L'art. 670 semble n'admettre, pour détruire la présomption légale de mitoyenneté, que les titres, la possession et l'état de clôture d'un seul héritage. Est-ce là un vice de rédaction? Ou bien les législateurs ont-ils voulu supprimer une foule de règles, plus ou moins confuses, qui jadis encombraient cette matière? Nous n'entreprendrons pas de discuter cette question délicate et peu importante. Nous nous bornerons à signaler un principe, souvent consacré par l'Usage, et consigné dans plusieurs procès-verbaux des Commissions cantonales, à savoir, *que les haies plantées le long d'un fossé dépendent de l'héritage auquel elles sont immédiatement contiguës.* Ce principe est parfaitement conforme au texte et à l'esprit de la loi, quelle que soit, du reste, la portée que l'on donne à l'art. 670. En effet, il ne s'agit pas ici d'une marque de non-mitoyenneté relative aux haies, et non comprise dans l'énumération du Code. Seulement, on suppose que toute haie plantée le long d'un fossé a été, comme il arrive toujours, plantée sur le rejet, et, comme le rejet appartient à celui du côté duquel il se trouve, la haie doit suivre le sort du rejet. C'est une application indirecte de l'art. 668. Ajoutons que c'est là une application commode et utile. Le rejet d'un fossé s'affaisse et la trace en disparaît bientôt. Les vestiges d'un fossé subsistent

8

longtemps, et la haie qui le borde est encore plus visible.
Or, en adoptant le principe formulé ci-dessus, on déduit
du fossé à qui appartient la haie, et inversement l'existence de la haie montre à qui appartient le fossé. Dans
certains cantons on va plus loin. Quand il n'y a plus trace
de fossé, si les plants de la haie sont inclinés, on en con-
clut qu'à l'origine elle a été plantée sur.rejet, et partant
qu'elle n'est pas mitoyenne. Car la haie mitoyenne se
plante droit et sans fossé : au contraire, le propriétaire
qui veut se constituer une clôture exclusive creuse
d'abord un fossé à la distance légale, rejette les terres de
son côté, et dispose les plants de sa haie sous la terre
rejetée, en inclinant les racines vers son héritage, et en
tournant les tiges du côté du fossé vers l'héritage voisin.
On peut ainsi se dispenser de rechercher s'il y a eu creusée
et rejet. Quand le fossé est comblé, quand le rejet est
effondré, l'inclinaison des plants suffit à trancher le débat,
et la haie appartient au propriétaire vers le terrain duquel se dirigent les racines. Dans la pratique de nos pays,
ce procédé fort simple est très-usité et ne soulève aucune
protestation.

§ 5. — DU DROIT DE CHUTE ET DU DROIT DE PENTE.

Nous arrivons maintenant à une série de Coutumes
singulières, comprises sous les noms de *droit de chute* et

droit de pente. Elles sont en pleine vigueur dans plusieurs localités du département. Aussi, les Commissions cantonales nous ont transmis à leur égard des renseignements fort précis que nous essaierons de résumer. En vertu de l'art. 672, celui sur la propriété duquel avancent les branches des arbres du voisin peut contraindre ce dernier à les couper. Supposons un propriétaire qui ne se prévale pas de l'art. 672, et supposons que les branches qui s'avancent sur son héritage soient celles d'un arbre fruitier quelconque. Alors se présentent les droits de *pente* et de *chute*.

On appelle droit de *chute* le droit que peut avoir le voisin de recueillir les fruits tombés sur son terrain, des branches qui s'y avancent. On appelle droit de *pente* le droit, pour ce même voisin, de recueillir les fruits sur les branches qui débordent jusqu'à concurrence de la ligne séparative (1). Le droit de pente, comme le droit de chute, sont des droits annuels, si l'on peut s'exprimer ainsi ; c'est-à-dire que la récolte finie, les fruits détachés ou ramassés, le voisin peut revenir à l'application rigoureuse de l'art. 672, et faire couper les branches qui débordent. De même, le propriétaire de l'arbre peut les couper volontairement pour se soustraire au partage de la récolte suivante.

(1) On confond souvent ces deux droits sous la même dénomination de *droit de chute de l'arbre*.

Le droit de chute de l'arbre est très-répandu dans nos cantons. Son exercice ne soulève pas de difficultés. Le voisin ramasse ce qui tombe chez lui, quand et comme il veut, à titre de compensation du dommage que lui causent les branches. Le droit de pente est moins général et plus difficile à régler dans son exercice. Quand le voisin cueillera-t-il ? Comment fixera-t-on la ligne précise où il doit s'arrêter ? On devine que ce singulier partage de récolte suscite de nombreux débats. Pour les faire cesser, ou pour les amoindrir, diverses règles ont été posées, que nous avons soigneusement extraites des procès-verbaux de chaque canton. Il en est une qui nous a frappé. A Tonnerre, quand un noyer déborde sur l'héritage voisin, le propriétaire ne peut cueillir les noix qui croissent au-dessus de cet héritage ; il faut qu'il les abatte, et ce qui tombe chez le voisin est ramassé par ce dernier. Pour simplifier les choses, on a ramené l'exercice du droit de pente à se confondre avec celui du droit de chute.

Diverses localités suivent des prescriptions bien différentes. Les fruits de l'arbre, considérés comme une dépendance de l'arbre lui-même, ne cessent d'appartenir au propriétaire (art. 546 du Code Napoléon). Pour les ramasser ou les cueillir, il peut même pénétrer chez le voisin, sauf indemnité, s'il y a lieu. Le voisin n'a d'autre ressource que d'invoquer l'art. 672 pour se débarrasser d'une servitude gênante. Ce système, de beaucoup le plus simple, ne suffit-il pas à la protection de tous les droits, et surtout n'est-il pas plus conforme aux dispositions du Code Napoléon?

§ 6. — DE LA HAUTEUR DES HAIES SÉPARATIVES.

Un dernier Usage est signalé par les Commissions cantonales. Il consiste à maintenir les haies séparatives à une hauteur fixe, de façon à ce qu'elles ne causent pas trop de dommages autour d'elles. Cette hauteur réglementaire varie de 1 mèt. à 1 mèt. 66, suivant les cantons. Rien n'est plus juste et plus sage, et nous ne doutons pas que là où pareille Coutume n'existe point encore elle ne s'établisse peu à peu. Nous en trouvons la preuve dans ce qui se passe à Bléneau. Les haies séparatives *entre héritages ruraux* ne sont pas réglementées, parce que le sol des héritages ruraux n'a pas acquis, jusqu'à ce jour, une grande valeur : mais, *entre jardins,* quand le sol est plus précieux, la hauteur des haies séparatives ne peut excéder 1 mèt. 20 ou 1 mèt. 50. Il est évident que si la culture parvient à améliorer les héritages ruraux, et s'ils acquièrent à leur tour une grande valeur, on ne tardera pas à les protéger, comme les jardins, contre la fàcheuse influence de haies démesurées.

Ceci est une nouvelle preuve de ce que nous avancions

au début. Les rédacteurs du Code n'ont pu tout prévoir, et ils ont négligé plusieurs détails auxquels l'Usage a heureusement pourvu. Peut-être, aujourd'hui, les législateurs français, mieux éclairés sur les difficultés qui peuvent naître du voisinage, voudront-ils combler des lacunes regrettables. S'il y a des points qui échappent à une réglementation uniforme, il en est beaucoup d'autres qu'on peut soumettre sans inconvénient à la même loi dans tous les pays.

EXTRAIT DES PROCÈS-VERBAUX DES COMMISSIONS CANTONALES.

ARRONDISSEMENT D'AUXERRE.

Auxerre (*est* et *ouest*). — Soit qu'il s'agisse d'un simple mur de clôture, soit qu'il s'agisse d'un mur faisant partie d'un bâtiment, tout propriétaire peut bâtir à sa limite. Mais, s'il veut diriger les eaux du toit du côté du voisin, il doit laisser un terrain suffisant pour les recevoir. Un Usage assez généralement reconnu fixe la largeur de ce terrain au double de la saillie du toit, pourvu que le sol soit de nature à absorber les eaux et ne les rejette pas sur l'héritage contigu.

Lorsque les titres mentionnent au-delà d'une propriété l'existence d'un terrain en dépendant sous le nom de *tour d'échelle*, et n'en indiquent pas la largeur, elle est fixée par l'Usage à un mètre. Aucun Usage d'ailleurs ne détermine le mode de jouissance de cet espace.

On n'admet pas à Auxerre la servitude légale de tour d'échelle pour réparer les bâtiments construits à la limite d'un héritage. On ne reconnaît que le tour d'échelle *propriété*, ou le tour d'échelle *servitude conventionnelle*. Celui qui n'a ni l'un ni l'autre, s'il n'obtient pas la tolérance du voisin est contraint de réparer à l'aide d'échafauds volants. Il y a cependant des exemples de décisions judiciaires qui ont forcé le voisin à livrer le passage moyennant indemnité (1).

Quand un propriétaire veut établir un fossé le long de l'héritage voisin, si c'est un fossé ordinaire de 1 mèt. 33 d'ouverture avec talus réduisant sa largeur de moitié au fonds de la cuvette, il faut laisser, du côté de la limite, 0 mèt. 33 de soutien dans les terrains mouvants, et 0 mèt. 16 dans les terrains compactes. S'il s'agit de fossés plus considérables, il faut laisser pour soutien la moitié de la profondeur. Ce soutien s'appelle vulgairement *semelle* du fossé.

L'Usage n'admet pas d'autres marques de non-mitoyenneté que celles indiquées par l'art. 633 pour les murs, et 666 pour les fossés. Cependant, lorsqu'un fossé règne sur toute la longueur d'un héritage, auquel aboutissent plusieurs par-

(1) Comment cela serait-il possible, si l'on n'avait jamais admis à Auxerre la servitude légale de tour d'échelle, le droit pour tous de passer chez le voisin, sauf à lui payer indemnité? Il y a contradiction entre ce dernier fait et la première phrase de l'alinéa. Néanmoins, nous avons conservé la réponse de la Commission cantonale, sans y rien changer, à titre de document. A nos yeux, il en est d'Auxerre comme de presque tout le département : on y admet, d'une manière plus ou moins formelle, la servitude légale de tour d'échelle.

celles limitrophes, ce fossé, bien qu'il n'apparaisse aucune trace de rejet, est réputé dépendre de l'héritage qu'il longe entièrement.

Autrefois, il existait une foule d'Usages relativement à la mitoyenneté des haies, et non prévus par l'art. 670. La haie située entre un jardin et un héritage quelconque était, à défaut de titre, considérée comme dépendance du jardin ; entre une vigne, et tout autre héritage qu'un jardin, comme dépendance de la vigne ; entre un pré et une terre, comme dépendance du pré. Mais ces Usages sont tombés en désuétude et l'on n'admet plus que les signes relatés dans l'art. 670 ; sauf pourtant le cas analogue à celui que nous avons cité plus haut, c'est-à-dire le cas où la discussion s'engage entre le propriétaire d'un héritage longé en totalité par une haie et le propriétaire d'une parcelle aboutissante.

Le voisin n'acquiert la propriété des fruits tombés sur son terrain au-delà de la haie ou du mur que dans les communes de Saint-Bris, Champs, Augy, Vaux, Quennes et Venoy.

Dans aucune commune, le voisin, qui a bien le droit de faire couper les branches s'étendant sur son terrain, n'a celui d'en détacher les fruits. Cependant, M. le maire de Champs allègue que, dans sa commune, le voisin peut récolter ces fruits en prévenant le propriétaire de l'arbre pour qu'il surveille la cueillette.

Pas de règle quant à l'entretien de la haie ou du fossé mitoyens.

Les haies séparatives doivent, en tous cas, être tenues à la hauteur de 1 mèt. 33, sans compter la pousse de l'année. A Appoigny, la hauteur réglementaire n'est que d'un mètre.

La culture doit s'arrêter à 0 mèt. 25 du pied de la haie mitoyenne.

Chablis. — Le propriétaire qui veut bâtir sur son propre terrain et diriger les eaux de son côté peut bâtir à sa limite. S'il veut, au contraire, diriger les eaux du côté du voisin, il ne peut bâtir qu'à 0 mèt 50, et encore pourvu que le chaperon de son toit n'excède pas 0 mèt. 25; sinon, la distance conservée doit être double de l'excédant du chaperon.

Pas d'Usage relatif au tour d'échelle.

Pour réparer les bâtiments ou murs construits à la limite, on passe chez le voisin. Il y a tolérance générale.

Dans toutes les communes du canton, celui qui creuse un fossé séparatif est tenu de laisser au-delà une berge, *ou pied-sur-bord,* ou, par abréviation vulgaire, un *pied-bord,* avec talus, pour le soutien de l'héritage voisin. Le principe est constant; mais il n'y a pas uniformité pour la largeur de la berge et l'inclinaison du talus. A Saint-Cyr-les-Colons, la berge doit être d'une largeur égale à la moitié de la profondeur du fossé, et le talus avoir une inclinaison de 45 degrès. La même règle est adoptée à Chablis sans être générale. A Préhy, on creuse les fossés d'après les mesures admises par l'administration forestière. Partout ailleurs la largeur de la berge et l'inclinaison du talus varient au gré des propriétaires (1).

Il est d'usage de creuser au bas de chaque pièce de vigne un espace plus ou moins grand pour en reporter la terre au sommet, afin de remplacer celle que la culture et les eaux font descendre continuellement. Cette creusée ou fossé s'appelle *dégorge.* On n'exige point pour ce fossé les conditions requises pour les fossés ordinaires; il suffit de l'établir de façon à ne pas dégrader le sol voisin. D'ailleurs, la profon-

---

(1) La Commission cantonale exprime le vœu que la règle suivie à Saint-Cyr-les-Colons soit générale comme étant la meilleure.

deur qu'on lui donne n'est que temporaire, et ne tarde pas à être comblée par les terres qui descendent.

Il n'y a pas d'autres marques de non-mitoyenneté que celles admises par les art. 653, 666, 670.

On appelle *chute de l'arbre* le droit pour le propriétaire de l'héritage sur lequel pendent les branches d'un arbre fruitier appartenant au voisin, à quelque distance que ce soit, de profiter des fruits produits par la portion de branchage qui dépasse la limite. Ce droit est généralement reconnu dans le canton; mais il n'y a point de règle fixe pour la récolte et le partage des fruits : les deux voisins s'arrangent entr'eux. Néanmoins, cet Usage n'impose aucune servitude ni à l'un ni à l'autre; il n'a trait qu'à la récolte pendante. La récolte faite, l'un peut exiger pour l'avenir que les branches soient rasées à sa limite, et l'autre peut les raser volontairement pour se soustraire au partage de la récolte sui-vante.

Si le voisin a droit de récolter les fruits pendant au-dessus de son héritage, il semble qu'*à fortiori* il puisse recueillir ceux qui y tombent (1).

La tonsure des haies mitoyennes et le curage des fossés se font à frais communs. La hauteur des haies n'est pas réglementée, pas plus que la distance à laquelle la culture doit s'écarter de la haie mitoyenne.

Coulanges-la-Vineuse. — Le propriétaire qui bâtit sur son propre terrain un mur sans saillie ni égout d'eau extérieurs peut bâtir à sa limite; mais il doit laisser un intervalle de 0 mèt. 33, soit qu'il laisse tomber les eaux

----

(1) La Commission cantonale déclare cependant qu'il n'existe aucun Usage à ce propos. Est-ce possible?

du côté du voisin, soit qu'il place de ce côté des tuyaux de conduite ou échenets pour les ramener chez lui (1).

L'Usage fixe à un mètre la largeur du *tour d'échelle* mentionné par les titres sans indication précise. Le voisin n'a aucun droit à la jouissance de cet espace.

Quand un mur est bâti à la limite, on le répare avec une permission du voisin que celui-ci refuse rarement. Il n'y a pas d'exemple d'action introduite pour obtenir des dommages-intérêts en ce cas.

Quand on creuse un fossé séparatif, l'Usage est de laisser un soutien ou une *semelle* de un mètre.

Il n'y a pas de marques de non-mitoyenneté signalées en dehors de celles que le code a recueillies.

Il est d'Usage de partager avec le voisin les fruits tombés sur son héritage, ou produits par les branches qui débordent ; mais cet Usage donne lieu à de nombreuses difficultés.

Pas d'Usage spécial pour l'entretien des haies et des fossés mitoyens.

La hauteur des haies séparatives n'est pas réglementée ; tout est laissé à l'appréciation du magistrat local.

Chaque co-propriétaire arrête sa culture à 0 mèt. 66 de la haie mitoyenne.

Coulanges-sur-Yonne. — Celui qui veut bâtir sur son propre terrain bâtit à sa limite ; mais, s'il dirige ses eaux

_____

(1) S'il laisse tomber les eaux, l'espace de 0 mèt. 33 doit être évidemment calculé au-delà de la saillie du toit, d'où tombent ces eaux : sans cela le voisin serait bien mal protégé. Si le constructeur retient les eaux par des échenets, pourquoi est-il obligé de laisser un espace inutile entre ces échenets et la ligne séparative ?

du côté du voisin, il doit laisser un espace double de la saillie de son toit, et encore il est responsable du dommage qu'il vient à causer.

Le tour d'échelle propriété est fixé par l'Usage à un mètre.

Celui qui a construit à sa limite répare en passant chez le voisin, et en payant à celui-ci une petite indemnité.

Quand on creuse un fossé séparatif, on doit laisser à sa limite un intervalle égal au quart de l'ouverture du fossé, le fonds de la cuvette ayant en largeur le tiers de celle de l'ouverture. Cet intervalle est nommé semelle ou soutien.

Pas d'autres marques de non-mitoyenneté que celles indiquées par le code.

Les fruits tombés chez le voisin lui appartiennent.

Il en est de même pour les fruits à cueillir sur les branches qui débordent, excepté à Etais où le propriétaire de l'arbre et le voisin partagent la récolte de ces fruits.

La hauteur des haies séparatives est fixée à à 1 mèt. 33 et à 1 mèt. 16 (1).

Chacun des co-propriétaires de la haie mitoyenne doit arrêter sa culture à 0 mèt. 25. A Etais, il.n'y a pas de distance obligatoire.

Courson. — Celui qui bâtit sur son propre sol peut construire à sa limite tout mur droit, sans couronnement ni saillie. S'il y a saillie de tablettes ou de tuiles, on doit se retirer de tout l'espace que couvre ladite saillie, et en outre de l'espace que domine l'échenet destiné à recueillir les eaux.

(1) Dans quel cas 1 mèt. 33, et dans quel cas 1 mèt. 16 ? La Commission ne le dit pas. Plusieurs autres ont laissé subsister la même incertitude.

Il n'y a pas d'Usage pour le cas où le constructeur voudrait diriger les eaux du côté du voisin, sans les recueillir par des échenets.

Le tour d'échelle, constitué par titres et non limité par eux, a, dans l'Usage, deux mètres de largeur.

Celui qui veut réparer le mur bâti à sa propre limite, et qui n'obtient pas la tolérance du voisin, est obligé de se servir d'échafauds volants.

Les fossés séparatifs doivent avoir une semelle de 0 mèt. 165 (1).

La haie séparative plantée sur fossé est réputée appartenir à l'héritage qu'elle touche immédiatement. Lorsque le fossé a disparu, on en retrouve facilement la trace par l'examen des détritus qui l'ont comblé. On peut encore deviner son existence à l'inclinaison des plants, qui alors ne sont pas droits, mais inclinés du côté du voisin.

Le voisin peut ramasser les fruits qui tombent sur son terrain, il ne peut ni les cueillir ni les abattre.

La hauteur des haies séparatives varie de 1 mèt. 33 à 1 mèt. 66.

Ligny-le-Châtel. — Pas d'Usage constant pour les distances à garder dans la construction des murs.

La largeur du tour d'échelle établi par titres est de 1 mètre.

Pour les bâtiments construits en limite, les toits se réparent à l'aide d'échelles volantes; les murs non mitoyens, en indemnisant le voisin.

Celui qui creuse un fossé séparatif doit laisser un espace

(1) La Commission cantonale assure qu'il n'y en a pas de mitoyen. On préfère, dit-elle, faire un double fossé.

égal à la moitié de la profondeur, et ménager un talus de 45 degrés. Cet espace se nomme *échelage, bord,* soutien.

Pas d'Usage caractérisé relativement au droit de chute d'arbre. Quelquefois les fruits sont abandonnés comme compensation du préjudice causé par les branches.

La hauteur des haies séparatives est réglée à 1 mètre ou 1 mèt. 33.

Saint-Florentin. — On peut bâtir à sa limite; mais, s'il y a saillie, on doit laisser une distance égale à ladite saillie (1).

Le tour d'échelle, établi par titres et vulgairement nommé échelage, est réputé d'une largeur de 1 mèt. 33.

Pour les fossés séparatifs, les règles adoptées sont les suivantes : franc-bord de 0 mèt. 33, ouverture de 1 mèt. 33, profondeur de 0 mèt. 66, et largeur au fonds de 0 mèt. 16.

Le voisin a droit aux fruits qui tombent ou pendent sur son terrain.

La hauteur des haies séparatives est fixée à 1 mèt. 33.

On ne cultive que jusqu'à 0 mèt. 50 du pied de la haie mitoyenne.

Saint-Sauveur. — Pas d'Uusage fixe et bien net sur les points indiqués par les premières questions du programme.

Celui qui veut réparer un mur construit à la limite doit indemniser le voisin chez lequel il passe.

Les fossés séparatifs doivent avoir une semelle de 0 mèt. 16 à 0 mèt. 17.

Pour les haies, l'inclinaison des plants est une marque de non-mitoyenneté; car la haie mitoyenne est plantée droite,

(1) **Quid pour les eaux déversées sur l'héritage voisin ?**

et la haie non-mitoyenne est inclinée, les racines tournées du côté du propriétaire qui la plante.

La hauteur des haies séparatives n'est pas réglée.

On s'arrête pour la culture à 0 mètre 33 du pied de la haie mitoyenne.

Seignelay. — Lorsqu'un propriétaire veut construire le long d'un héritage voisin, l'Usage ne lui impose aucune distance à observer, pourvu que ses constructions, y compris leurs saillies, ne dépassent jamais sa limite. Il peut aussi diriger ses eaux du côté du voisin, pourvu qu'il les recueille dans un échenet, et toujours que cet échenet ne dépasse pas la ligne séparative. S'il veut, au contraire, laisser tomber les eaux sur le sol attenant à l'héritage voisin, il ne doit construire qu'à 1 mètre de cet héritage.

Le tour d'échelle établi par titres, sans indication précise, est réputé, par l'Usage, avoir une largeur d'un mètre. Le propriétaire clôt habituellement ce terrain laissé inculte.

Les murs construits sur la limite sont réparés en passant dans la propriété voisine, et moyennant une indemnité fixée, soit à l'amiable, soit par experts.

Celui qui creuse un fossé séparatif doit laisser au-delà une distance égale à la moitié de la profondeur. Cette distance se nomme *soutènement* ou *nourri* du fossé.

Le voisin recueille les fruits sur les branches qui débordent de son côté, ou fait réduire les branches.

Les haies mitoyennes doivent être taillées, chaque année, en février ou mars. Chacun taille de son côté.

Les haies séparatives doivent être tenues à une hauteur de 1 mètre ou 1 mètre 33.

Toucy. — Mêmes règles qu'à Seignelay pour les constructions faites à la ligne séparative. Seulement, le propriétaire qui veut laisser ses eaux tomber du côté du voisin n'est tenu qu'à laisser un intervalle de 0 mèt. 50 pour la chute et l'écoulement.

L'Usage fixe à 1 mètre la largeur du tour d'échelle constitué par titres; c'est le propriétaire voisin qui jouit de ce terrain.

Le propriétaire de clôtures ou bâtiments élevés sur la ligne séparative a le droit de pénétrer chez le voisin pour les réparer, toutefois, en payant une indemnité convenable.

Dans les terres, la semelle obligatoire des fossés séparatifs est de 0 mèt. 165, leur largeur habituellement de 1 mètre, et leur profondeur de 0 mèt. 50. Dans les prés, la largeur est, en général, de 1 mèt. 33, et la semelle fixée par l'Usage à 0 mèt. 22.

Quand les plants de la haie sont couchés, il y a présomption qu'elle n'est pas mitoyenne et qu'elle a été plantée sur fossé.

Les fruits tombés chez le voisin ou pendant aux branches qui débordent continuent d'appartenir au propriétaire de l'arbre. Ce dernier, pour les recueillir, peut pénétrer dans l'héritage contigu, sauf indemnité s'il y a lieu.

L'Usage ne fixe pas la hauteur des haies séparatives; seulement, on doit les émonder tous les cinq à six ans.

Les co-propriétaires cultivent aussi près que possible de la haie mitoyenne.

Vermenton. — Pour les constructions, même Usage exactement qu'à Seignelay; de même pour le tour d'échelle résultant des titres; de même pour le droit de réparer les constructions élevées sur la ligne séparative.

La semelle des fossés séparatifs doit avoir 0 mèt. 50.

Le voisin a le droit de ramasser les fruits tombés dans son champ, ou même de cueillir ceux qui pendent au-dessus ; mais, avant de les cueillir, il doit prévenir le propriétaire de l'arbre.

Les haies mitoyennes doivent être coupées tous les ans ; les fossés mitoyens curés tous les trois ans, à frais communs, bien entendu.

La hauteur réglementaire des haies séparatives est de un mètre.

ARRONDISSEMENT D'AVALLON.

Avallon. — On ne signale aucun Usage précis et constant en réponse aux premières questions du programme.

Le droit de chute d'arbre est constant et reconnu à propos des noyers. Les noix appartiennent au voisin comme compensation du préjudice que lui causent les branches en couvrant son héritage. Pour les autres arbres à fruits, l'Usage est beaucoup moins formel.

Guillon. — Le propriétaire qui ne laisse pas les eaux de ses constructions s'écouler sur le sol limitrophe peut bâtir à sa limite. Dans le cas contraire, il doit laisser un intervalle de 0 mèt. 50.

Pour réparer les bâtiments élevés sur la ligne séparative, on passe chez le voisin, mais en payant le dommage, s'il y en a.

On donne ordinairement aux fossés un mètre de largeur à la gueule, 0 mèt. 33 au fonds, et 0 mèt. 66 de profondeur. Quand ils sont destinés à séparer deux héritages, on laisse un espace de 0 mèt. 17 entre la creusée et le terrain du voisin, et cet espace prend le nom de *banque, revers, soutien*.

Outre les marques de mitoyenneté ou de non-mitoyenneté relevées par le code, on signale ici les suivantes :

1º Pour les murs, les enfoncememens ou boîtes, s'il en existe des deux côtés, font présumer la mitoyenneté ; s'il n'en existe que d'un côté seulement, les enfoncemens ou boîtes indiquent que le mur appartient exclusivement au propriétaire du terrain situé de ce côté.

2º L'existence d'un fossé au-delà de la haie prouve qu'elle n'est pas mitoyenne.

Les fruits tombés chez le voisin lui appartiennent.

Quant aux fruits pendant aux branches qui débordent, le propriétaire de l'arbre récolte tout ce qu'il peut atteindre sans entrer dans la propriété voisine ; sauf, bien entendu, le droit du voisin de faire couper les branches au raz de la limite.

Les haies séparatives doivent être maintenues à une hauteur de 1 mètre à 1 mèt. 33.

En général, chaque co-propriétaire cultive jusqu'à 0 mèt. 50 de la haie mitoyenne, mais il n'y a pas Usage constant sur ce point.

L'Isle-sur-Serein. — Le propriétaire qui ne laisse pas les eaux de ses constructions s'écouler sur le sol limitrophe peut bâtir à sa limite. Sinon, il doit laisser un intervalle de 0 mèt. 50.

Le tour d'échelle établi par titres, sans autre indication, est limité par l'Usage à 1 mètre ; c'est ordinairement le voisin qui en jouit.

Le propriétaire du mur ou du bâtiment construit à la limite ne peut les réparer qu'avec le consentement du voisin. Il est sans droit pour contraindre ce dernier.

On donne 0 mèt. 17 de soutien aux fossés séparatifs, 1 mètre de largeur à la gueule, 0 mèt. 33 au fonds, et 0 mèt. 83 de profondeur.

Les fruits tombés chez le voisin, ou pendant aux branches qui débordent sur son héritage, lui appartiennent.

Quarré-les-Tombes. — Pour les constructions et l'égout des eaux, même système qu'à Guillon et à L'Isle.

Pas d'Usage fixe relativement au tour d'échelle, et au droit de réparer les murs bâtis à la limite.

On donne 0 mèt. 20 de soutien au fossé séparatif, qui doit, de plus, être creusé en talus.

Les fruits tombés chez le voisin, ou qui pendent aux branches sur son héritage, lui appartiennent. Il peut les recueillir.

Vézelay. — On construit à sa limite toutes les fois que les eaux ne sont pas déversées sur le sol limitrophe. Sinon, l'on doit laisser une distance égale au double de la saillie du toit ou de la gouttière d'où tombent les eaux.

Le tour d'échelle, établi par titres et non limité, est réputé avoir un mètre de largeur.

Pour réparer les murs construits à la limite, on passe chez le voisin à charge d'indemnité.

Quand on creuse un fossé séparatif, on laisse un franc-bord suffisant pour soutenir les terres. Mais aucun Usage formel et constant n'en règle les dimensions.

Lorsqu'un mur séparatif soutient les terres d'un héritage il est considéré comme non-mitoyen, et propriété exclusive de celui dont il soutient les terres. Ordinairement les murs de ce genre n'ont qu'un seul parement.

Lorsqu'une haie vive a été plantée verticalement, elle est

considérée comme mitoyenne. Lorsqu'elle a été couchée dans le sol, elle est présumée plantée sur le rejet d'un fossé, et appartenir exclusivement au propriétaire du terrain du côté duquel se trouvent les racines. Ces présomptions sont plus particulièrement applicables aux anciennes haies.

Le droit de chute de l'arbre s'exerce ordinairement, soit à propos des fruits tombés, soit même à propos des fruits pendants. Mais l'Usage n'a pas force de loi.

ARRONDISSEMENT DE JOIGNY.

Aillant-sur-Tholon. — On bâtit à sa limite, à moins qu'on ne veuille déverser les eaux sur le terrain limitrophe, auquel cas on doit conserver une distance de 0 mèt. 50.

Le tour d'échelle, établi par titres, est limité par l'Usage à deux mètres.

On laisse pour soutien aux fossés séparatifs un espace, nommé *échelage*, qui varie de 0 mèt. 165 à 0 mèt. 50, suivant la profondeur du fossé.

La hauteur des haies séparatives est fixée à 1 mètre pour les haies vives, et 1 mèt. 33 pour les haies sèches.

Bléneau. — On bâtit à sa limite, et si l'on veut déverser les eaux sur le terrain limitrophe, on se recule de façon à ce qu'elles ne tombent pas sur l'héritage voisin, sans qu'il y ait de distance préfixe.

Dans le canton de Bléneau, le tour d'échelle n'est jamais établi à l'état de propriété, mais de servitude conventionnelle. Il est limité par l'Usage à deux mètres. Celui qui le possède s'en sert pour réparer son bâtiment sans indemnité, et le propriétaire du sol conserve la jouissance, avec la seule restriction de tolérer le dommage fait lors des réparations.

Celui qui a des bâtiments construits à la ligne séparative, sans tour d'échelle, peut néanmoins passer chez le voisin pour les réparer, mais sauf indemnité, s'il y a lieu.

Le fossé séparatif doit avoir une semelle ou *sabotée* de 0 mèt. 33.

L'existence d'un fossé le long d'une haie indique que cette haie dépend de l'héritage auquel elle est immédiatement contigüe.

Les fruits de l'arbre, tombés ou pendant sur l'héritage voisin, ne cessent pas d'appartenir au propriétaire de l'arbre.

Entre jardins, la hauteur de la haie séparative est de 1 mèt. 20 à 1 mèt. 50. Entre héritages ruraux, elle n'est pas réglementée.

Chacun des co-propriétaires d'une haie mitoyenne cultive jusqu'à 0 mèt. 50 du pied.

Brienon. — On bâtit à sa limite, s'il n'y a pas égout des eaux. Sinon, l'on se recule, sans que la distance soit expressément fixée par l'Usage.

Le tour d'échelle, mentionné dans les titres, est limité par l'Usage à un mètre.

Celui qui a des constructions élevées à sa limite les répare en passant chez le voisin, sauf indemnité.

On doit laisser au-delà du fossé séparatif un rebord ou franc-bord de 0 mèt. 50.

Le voisin a droit aux fruits tombés dans son champ, et même aux fruits des branches qui débordent. On appelle ce dernier droit *droit de pente*.

Les haies séparatives doivent être tenues à une hauteur de 1 mèt. 33.

Cerisiers. — Chacun bâtit à sa limite avec obligation de retenir les eaux et de les diriger sur son propre terrain.

La largeur du tour d'échelle n'a rien de fixe. Ce droit n'existe pas comme propriété, mais comme servitude, dont on se sert uniquement pour réparer les murs ou les bâtiments élevés sur la ligne séparative. Le propriétaire du sol, grevé de la servitude, conserve toute la jouissance compatible avec elle.

Ceux qui n'ont pas de tour d'échelle établi par titres ne peuvent passer chez le voisin, malgré lui, pour effectuer les réparations nécessaires.

Il n'existe pas d'Usage constant pour le soutien à laisser aux fossés séparatifs. On peut même les creuser à la limite, pourvu que le talus garantisse le terrain contigu contre l'éboulement.

Le propriétaire de l'arbre ne peut ramasser les fruits tombés chez le voisin, que si l'héritage de ce dernier n'est pas clos. Il ne peut cueillir les fruits, qui pendent au-dessus du voisin, qu'en montant sur les branches, et sans pénétrer dans la propriété limitrophe.

Les haies séparatives sont maintenues à 1 mèt. 33 de hauteur.

Charny. — Chacun bâtit à sa limite, pourvu que l'égout des eaux soit recueilli par un échenet, et que la saillie ne dépasse pas la limite.

Le tour d'échelle est limité à un mètre; c'est un simple droit de servitude qui ne s'exerce que pour réparer sans indemnité.

Pas d'Usage constant quant aux réparations hors du cas de tour d'échelle constitué par titres.

La semelle des fossés séparatifs doit être égale à la moitié de la profondeur et jamais moindre de 0 mèt. 33. Dans les prés et les bois, on les creuse à la limite même, sans observation de distance.

L'existence d'un fossé le long d'une haie prouve qu'elle n'est pas mitoyenne ; elle dépend de l'héritage dont elle n'est pas séparée par le fossé.

Les fruits qui tombent ou qui pendent sur le voisin ne cessent pas d'appartenir au propriétaire de l'arbre.

On doit couper les haies séparatives tous les trois ans à 1 mèt. 33 de hauteur.

Chacun des co-propriétaires cultive jusqu'à 0 mèt. 25 de la haie mitoyenne.

Joigny. — Chacun bâtit à sa limite, sans que la distance nécessaire pour l'égout des eaux, quand il y en a, soit fixée d'une manière précise.

Le tour d'échelle est limité à un mètre. Il appartient au propriétaire de la clôture ou de la construction contiguë, comme droit de propriété. Le voisin n'a aucun droit à la jouissance.

Celui qui n'a pas de tour d'échelle pour réparer les constructions bâties à sa limite passe chez le voisin en payant indemnité.

Les fossés séparatifs doivent avoir une semelle de 0 mèt. 33 à 0 mèt. 41, suivant la profondeur.

Les fruits tombés chez le voisin lui appartiennent. Le propriétaire de l'arbre recueille tous ceux qui pendent aux branches et qu'il peut atteindre sans sortir de chez lui ; le reste appartient au voisin.

La hauteur des haies séparatives est fixée à 1 mèt. 33.

Saint-Julien-du-Sault. — Il n'y a pas d'Usage constant pour la manière de construire à la limite de deux héritages.

Le droit de tour d'échelle est fixé à 2 mètres. Le propriétaire de la clôture le laisse ordinairement inculte, mais il y dépose des bois, des matériaux, etc. (1).

Celui qui n'a pas de tour d'échelle passe chez le voisin, après offre d'indemnité.

On doit laisser aux fossés séparatifs une *semelle* ou soutien de 0 mèt. 28 à 0 mèt. 30.

Saint-Fargeau. — Pas de règle fixe pour les constructions en limite.

La largeur du tour d'échelle est d'un mètre ; le droit semble être un droit de propriété et non de simple servitude. En général, le tour d'échelle reste improductif. Quelquefois le voisin est autorisé à en jouir.

Celui qui n'a pas de tour d'échelle passe chez le voisin pour ses réparations, en payant une indemnité, s'il y a lieu.

La semelle des fossés séparatifs varie suivant la largeur du fossé. Elle doit être de 0 mèt. 165, si le fossé est large d'un mètre à la gueule, et de 0 mèt. 21 3/4, si le fossé est large de 1 mèt. 33.

Le propriétaire de l'arbre peut ramasser et recueillir les fruits tombant ou pendant sur l'héritage voisin, sauf à réparer le dommage qu'il peut causer en passant.

Les haies séparatives ne doivent pas dépasser 1 mèt. 33 (2).

_____

(1) Ce qui suffit à prouver que le tour d'échelle existe à l'état de propriété et non de simple servitude.

(2) Est-ce bien exact ? A voir les vastes haies qui sillonnent le canton de Saint-Fargeau, on ne s'en douterait guère. Ou bien il faut admettre que dans le nombre il y en a fort peu qui soient *séparatives*.

Villeneuve-sur-Yonne. — Chacun bâtit à sa limite, sauf à laisser une distance de 0 mèt. 50 pour l'égout des eaux, si on veut les faire tomber sur le terrain limitrophe.

Le tour d'échelle est de 1 mètre. Il constitue un droit de propriété, et celui qui le possède peut en faire ce que bon lui semble.

Celui qui n'a pas de tour d'échelle ne peut passer chez le voisin pour faire ses réparations.

On laisse au-delà du fossé séparatif un échelage de 0 mèt. 50.

Les fruits tombés chez le voisin lui appartiennent, sauf dans les communes de Piffonds et de Bussy, où il est d'Usage que le propriétaire de l'arbre les ramasse.

Ce dernier conserve la récolte des fruits qui pendent aux branches, même au-dessus du sol voisin.

La hauteur des haies séparatives n'est pas limitée par l'Usage.

ARRONDISSEMENT DE SENS.

Chéroy. — On construit à la limite, sauf à laisser 0 mèt. 50 de distance pour l'égout des eaux.

La largeur du tour d'échelle établi par titres est de un mètre.

On laisse pour soutien aux fossés séparatifs un espace de 0 mèt. 50, appelé vulgairement le *pas du cheval.*

Il n'y a pas d'autre Usage signalé par la Commission cantonale.

Pont-sur-Yonne. — On construit à la limite, sauf à laisser pour l'égout des eaux un espace double de la saillie du toit, ordinairement 0 mèt. 50.

Le tour d'échelle constitué par titres est limité par l'Usage à 1 mèt., largeur rigoureusement nécessaire pour dresser une échelle contre les murs. Ce terrain appartient au propriétaire des murs qui le laisse presque toujours en friche. Le voisin ne cultive que jusqu'au tour d'échelle.

Pour la réparation des bâtiments élevés sur la limite, pas d'Usage formel. L'intervention du juge de paix règle les parties entr'elles suivant les circonstances.

Les fossés séparatifs doivent avoir un soutien égal à la moitié de la profondeur; on le nomme *pied sur bord* ou échelage.

Les fruits tombés ou pendant sur l'héritage voisin ne cessent pas d'appartenir au propriétaire de l'arbre.

La hauteur des haies séparatives est fixée à 1 mèt. 15.

Chaque co-propriétaire arrête sa culture à 0 mèt. 50 de la haie mitoyenne.

Sens (*nord*). — Celui qui reçoit l'égout de ses eaux bâtit à sa limite; celui qui veut au contraire les déverser sur le terrain limitrophe est obligé de laisser une distance, que l'Usage ne fixe pas, mais qui suffise à préserver le voisin des infiltrations.

Le tour d'échelle est d'un mètre. Il constitue un droit de propriété; celui qui le possède en use comme bon lui semble.

Pour réparer les bâtiments construits à la limite et sans tour d'échelle, on passe chez le voisin, en lui payant une indemnité, s'il y a lieu.

L'Usage ne fixe pas de règle pour le soutien des fossés séparatifs. Il suffit qu'on ne préjudicie pas au voisin.

Rien de constant pour le droit de chute d'arbre ou de pente.

La hauteur des haies séparatives doit être de 1 mèt. 38.

Sens *(sud)*. — Mêmes Usages qu'à Sens *(nord)*.

Sergines. — On peut bâtir sur la ligne séparative des héritages, lorsqu'il s'agit d'un pignon ou d'un simple mur de clôture, et même de toute espèce de bâtiments, pourvu qu'on ait soin d'établir l'égout de manière à diriger les eaux sur son propre terrain, et à ne point ménager de saillies sur l'héritage voisin. Mais lorsque l'égout des toits est dirigé vers ce dernier, on doit conserver entre la construction et la ligne séparative une distance de 0 mèt. 50.

A défaut d'énonciation spéciale dans les titres, la largeur du tour d'échelle est réputée de 0 mèt. 50. Celui qui le possède en jouit comme bon lui semble; on lui donne dans le canton le nom d'échelage.

Les réparations des murs élevés sur la ligne séparative, sans droit de tour d'échelle, ne peuvent se faire qu'en indemnisant le propriétaire de l'héritage voisin, pour le passage qu'il doit souffrir en ce cas, et le dommage qu'il éprouve.

La propriété dans le canton de Sergines est trop divisée pour qu'il y ait beaucoup de fossés séparatifs. Néanmoins, un Usage constant oblige celui qui veut en creuser un pour se clore, de laisser, entre l'ouverture dudit fossé et l'héritage voisin, une distance de 0 mèt. 33, avec talus du même côté, ayant une base au moins égale à la profondeur. On appelle la distance ainsi ménagée : *échelage du fossé.*

Les fruits tombés sur le champ voisin appartiennent au propriétaire du sol. Les fruits pendant aux branches qui débordent appartiennent au propriétaire de l'arbre; pour les recueillir, il passe chez le voisin, moyennant indemnité, s'il y a lieu.

La hauteur des haies séparatives non-mitoyennes est fixée

à 1 mèt. 33 ; elles doivent être chaque hiver ravalées à cette hauteur. Pour celles qui sont mitoyennes, les co-propriétaires agissent à leur convenance ; mais s'il y a discorde entre eux, on applique la règle relative aux haies non-mitoyennes. Cet Usage est constant, quelle que soit la nature des propriétés contiguës.

Villeneuve-l'Archevêque. — Pour les constructions limitrophes et l'égout des toits, même règle qu'à Sergines (1).

Pas d'Usage relative à la largeur et à la nature du tour d'échelle.

Même Usage qu'à Sergines pour les réparations des murs construits à la limite.

L'Usage à l'égard des fossés séparatifs varie de commune à commune. Dans quelques-unes, il est d'Usage de laisser un soutien de 0 mèt. 33, dans d'autres, 0 mèt. 17. Dans quelques-unes, on creuse à la limite même, en ayant soin de laisser un talus suffisant pour soutenir les terres du voisin. Il y a même des communes où l'on pratique l'un et l'autre Usage ; de là, des discussions trop nombreuses (2).

Le voisin a droit de ramasser les fruits qui tombent sur son champ, mais non de cueillir ou d'abattre ceux qui pendent.

La hauteur des haies séparatives est fixée à 1 mèt. 30.

(1) Cependant, le premier procès-verbal (30 juin 1855) s'exprimait ainsi : « Pour l'égout des toits... il est d'usage général de « laisser un espace de terrain ou échelage de 0 mèt. 50 pour les « couvertures en paille et 0 mèt. 33 pour les couvertures en tuile. « Il est exigé, d'ailleurs, que le terrain laissé par le propriétaire du « toit soit disposé de manière à absorber les eaux qui s'égouttent « et de manière que le voisin n'éprouve aucun préjudice. »

(2) Ceci est emprunté au procès-verbal du 30 juin 1855.

ARRONDISSEMENT DE TONNERRE.

Ancy-le-Franc. — Pas d'Usage reconnu quant aux constructions en limite, à l'égout des toits, au tour d'échelle, etc.

Quand on creuse un fossé séparatif, il est d'Usage de laisser autant de largeur de terrain du côté du voisin que le fossé doit avoir de profondeur, et de ménager du même côté un talus suffisant.

Quelques personnes prétendent que les fruits tombés chez le voisin lui appartiennent; mais ce droit n'est pas constant et reconnu. En général, le propriétaire de l'arbre est considéré comme propriétaire de tous ses fruits (art. 546, c. N.).

Pas d'autre Usage signalé par la Commission cantonale.

Cruzy-le-Châtel. — On bâtit à l'extrême limite, sauf le cas où les eaux doivent s'écouler sur le terrain limitrophe. Dans ce dernier cas, on doit laisser un espace double de la saillie du toit pour l'égout.

Le tour d'échelle est limité à un mètre; il constitue une propriété, dont on dispose comme on veut.

Pour les réparations des bâtiments élevés à l'extrême limite, on passe chez le voisin en l'indemnisant.

On laisse pour soutien aux fossés séparatifs une largeur égale à la moitié de la profondeur.

Flogny. — Pas d'Usage constant pour l'égout des toits. Le tour d'échelle est réputé avoir un mètre de largeur. Rien de constant quant à sa nature et à la jouissance du terrain où il s'opère, pas plus qu'au sujet des réparations à faire aux murs bâtis à l'extrême limite.

On laisse plus ou moins de soutien aux fossés séparatifs suivant la profondeur ; la distance laissée varie de 0 mèt 165 à 0 mèt. 33 ; on l'appelle : *nourriture du fossé.*

Généralement le voisin ramasse les fruits tombés dans son champ et même cueille ceux qui pendent aux branches qui débordent.

Il n'y a pas de hauteur réglementaire pour les haies séparatives. Presque jamais les héritages ne sont clos.

Noyers. — On bâtit à la limite, et s'il y a égout des toits, on laisse 0 mèt. 50 d'intervalle.

Pas d'Usage relatif au tour d'échelle.

On répare les murs construits à la limite en passant sur le fonds du voisin, sauf indemnité.

On laisse aux fossés séparatifs un soutien de largeur égale à la profondeur du fossé.

Les fruits tombés chez le voisin lui appartiennent. Dans la plupart des communes, il a même le droit de cueillir ceux qui pendent au-dessus de son champ.

La hauteur des haies est fixée à 1 mèt. 33.

Tonnerre. — Pour les constructions et l'égout des toits, même Usage qu'à Noyers.

Le tour d'échelle est limité à un mètre ; pas d'autre Usage quant à sa nature.

Le propriétaire des murs construits à la limite n'a pas le droit de passer chez le voisin pour les réparer.

On laisse aux fossés séparatifs un *plat-bord* ou une *semelle* de largeur égale à la profondeur du fossé.

Les fruits tombés chez le voisin lui appartiennent. Il profite également de ceux qui pendent au-dessus de son terrain, après la cueillette que le propriétaire de l'arbre fait d'abord de son côté ; quant aux noix spécialement, le propriétaire abat tout ce qui est sur l'arbre, et le voisin ramasse ce qui tombe chez lui.

Les haies séparatives doivent être maintenues à une hauteur de 1 mèt. 33.

USAGES RELATIFS AU LOUAGE DES CHOSES.

A. — DURÉE DES BAUX. — ENTRÉE EN JOUISSANCE.

DÉLAIS DES CONGÉS.

Articles 1736, 1738, 1757, 1758, 1759, 1774 et 1776 du C. N.

———

La combinaison des art. 1736, 1738, 1757 et 1758 du Code Napoléon permet de poser, en matière de baux à loyer, les principes suivants :

1° La durée des baux à loyer, faits sans écrit, est déterminée par l'usage des lieux. La loi n'a réglé que la durée des locations de meubles, et encore indirectement ; ou celle d'appartements meublés, dans certains cas prévus. (Art. 1757 et 1758).

2° Quand la tacite réconduction s'opère (nous verrons plus tard dans quelles circonstances), elle est soumise aux mêmes règles que les baux verbaux. (Art. 1738).

Par conséquent, sa durée, comme celle des baux faits sans écrit, est déterminée par l'Usage.

3° Le délai pour donner et recevoir congé, soit au cas d'un bail verbal primitif, soit au cas de tacite réconduction, est également abandonné par la loi aux convenances locales (1736).

Telles sont les dispositions du Code. Voyons maintenant comment l'Usage les a complétées.

Dans le département de l'Yonne, l'Usage a fait prévaloir presque partout la même règle, à savoir que les baux à loyer, non constatés par écrit, durent un an. *La clef emporte un an de jouissance.* On ne trouve guère de dérogation à cette règle que dans les cantons de Sens et de Sergines. A Sens, les baux verbaux de maisons n'ont pour durée que l'un des quatre termes indiqués dans l'art. 257 de la Coutume (1). A Sergines, on applique à tous les baux à loyer la présomption que l'art. 1758 du Code Napoléon n'applique qu'aux appartements meublés. Peut-être est-ce là ce qu'il y a de plus sage ; car les raisons qui ont inspiré l'art. 1758 pour une catégorie de baux s'étendent aux baux de toute espèce. Pour les uns comme pour les autres, rien n'est plus simple et plus raisonnable que de prendre le mode de stipulation du prix pour base de la durée. Vous louez à tant par an :

(1) « Louage de maisons, rentes foncières et volages, se payent « à quatre termes : Noël, Pâques, Saint-Jean et Saint-Remy, s'il « n'y a convenance au contraire. » Coutume de Sens, art. 257.

le bail doit durer une année : à tant par semestre, il durera six mois. Un pareil système a de plus l'avantage de s'adapter à tous les pays, et par conséquent il pourrait faire disparaître la diversité regrettable des Coutumes locales.

Quant aux congés, leur délai varie beaucoup. On pourra s'en convaincre en parcourant les extraits des procès-verbaux reproduits ci-dessous. Sans pousser à l'excès l'amour des réglementations uniformes, on doit souhaiter qu'un état de choses, si divers et si confus, ne tarde pas à subir d'heureuses modifications.

Si le délai des congés varie, la forme est presque partout la même. Ils se donnent par huissier comme déclaration extra-judiciaire. Dans certains cantons, pour les locations peu importantes, on admet les congés verbaux donnés en présence de témoins. Dans d'autres, les parties comparaissent devant le juge de paix sur simple avertissement, et là, sans frais, se donnent et reçoivent congé. A Saint-Fargeau, ce dernier usage est si répandu, que le magistrat tient un registre *ad hoc* pour constater les congés donnés et reçus devant lui. Nous signalons volontiers à l'attention ce mode expéditif et peu coûteux. Non-seulement il satisfait au vœu de la loi, mais en amenant les parties devant un juge conciliateur, il fait naître l'occasion de régler à l'amiable, et même de prévenir les difficultés qui surgissent en pareil cas.

Bien entendu, si le bailleur et le locataire sont majeurs,

ils peuvent procéder encore plus simplement, en s'aver-
tissant par lettre suivie d'un accusé de réception.

Quant à la durée de la tacite réconduction et aux
congés qu'elle entraîne, l'Usage applique exactement les
mêmes règles que celles qui régissent les baux verbaux.
Ce qui est dit pour les uns est dit également pour l'autre.
Nous l'observons ici une fois pour toutes, sans avoir
besoin de le répéter dans les extraits de procès-verbaux
que nous donnerons plus loin. Si néanmoins nous ren-
contrions quelque part une différence exceptionnelle,
nous ne manquerions pas de la relever (1).

En matière de baux à ferme, les rédacteurs du Code
ne se sont pas référés à l'Usage. Ils ont posé des règles
fixes qu'ils ont cru suffisantes pour éviter tout embarras.
Ces règles, qui s'appliquent facilement aux immeubles produisant une véritable récolte, comme les vignes
et les prés, sont au contraire inapplicables lorsqu'il s'agit
d'immeubles ne produisant à vrai dire aucune récolte,
comme les pâtures, les bruyères, etc... Comment aussi
peut-on appliquer l'art. 1774 aux locations verbales de
bois? Il est vrai que de pareilles locations ne se font
guère verbalement. Mais les baux d'oseraies ou d'aulnaies
se font souvent sans écrit: quelle en sera la durée d'après
le Code? L'art. 1774 ne saurait fournir une réponse à

---

(1) Voir notamment les règles suivies dans le canton de Sergines.

cette question , et l'on est obligé de revenir aux Usages locaux pour trancher la difficulté.

Lorsqu'au lieu d'un seul immeuble il s'agit d'un corps de domaine, la loi a déclaré que la durée du bail verbal dépendrait de l'assolement. Ici encore bien des questions embarrassantes. Supposons un corps de domaine dont les terres ne soient pas soumises à un assolement régulier ; l'art. 1774 ne trouve plus son application. Pour y suppléer, la première pensée qui se présente à l'esprit est de rechercher l'assolement consacré par l'Usage dans le pays, et de le prendre pour base de la durée du bail verbal, comme on eût dû faire de l'assolement particulier des terres affermées, s'il y en avait eu. Mais voila que, dans certains cantons, il n'y a plus du tout d'assolement régulier. Partout où l'agriculture se perfectionne, l'emploi des luzernes et sainfoins, la propagation des plantes sarclées, la suppression des jachères, bouleversent les anciennes coutumes et leur substituent les assolements les plus variables. Aussi les Commissions cantonales déclarent qu'on ne sait plus comment appliquer aux corps de domaine les règles formulées par l'art. 1774, ni même comment combiner ces règles avec l'usage des lieux. La Commission cantonale de Ligny caractérise hardiment la situation en déclarant que l'art. 1774 est *suranné*.

Dans d'autres cantons, un fait bizarre se produit. L'ancien assolement était triennal : blé, avoine ou orge, sombres, et ainsi de suite. Les baux écrits étaient alors pour trois, six ou neuf années, et les locations verbales étaient présumées faites pour trois ans. Aujourd'hui, l'assolement s'est modifié, il est devenu quatriennal : blé, avoine, trèfle, sombres. Néanmoins, la routine est telle en France que l'on continue de faire les baux écrits pour trois, six ou neuf ans, comme si rien n'était modifié dans les habitudes agricoles. C'est aussi l'ancien système qui, par un usage plus ou moins légal, régit les locations faites verbalement ; et, malgré qu'une exploitation soit divisée en quatre soles, si elle est louée sans écrit, le fermier n'en doit jouir que trois ans. Plusieurs Commissions cantonales affirment que cet usage est formel et constant. Nous pouvons ajouter qu'il a été sanctionné par des décisions judiciaires ; car la question se présente souvent, sinon à propos de locations verbales proprement dites, au moins à propos de tacites réconductions (1).

Nous hésitons à croire que les art. 1774 et 1776 autorisent un pareil système. Les législateurs ont admis une présomption qui, dans les cas prévus par eux, doit prévaloir sur les caprices de l'Usage. Là où un assolement régulier existe, c'est cet assolement qui fixe la durée des baux verbaux et des tacites réconductions. Peu importe que les baux écrits soient généralement conçus d'après

---

(1) En effet, l'on remarquera que l'art. 1776 assimile la tacite réconduction des immeubles ruraux aux baux verbaux de ces mêmes immeubles faits sans écrit. Nous pourrions donc répéter ici ce que nous disions au sujet des baux à loyer. Voir ci-dessus.

d'autres principes en contradiction avec l'état actuel des choses. D'autant plus qu'en négligeant les indications de la loi on arrive à des résultats plus ou moins fâcheux. Le fermier verbal d'un domaine soumis à l'assolement quatriennal, à moins de changer les soles établies, ce qui lui est défendu, ne récoltera de blé que dans les trois quarts de ce domaine, pendant les trois années auxquelles on prétend réduire la durée de la location. Il y aura forcément un quart des immeubles loués dans lequel il n'aura pas le temps de faire la récolte la plus importante dont ils sont susceptibles.

Ces courtes réflexions suffiront pour montrer combien la matière qui nous occupe présente de problèmes à résoudre. L'apathie des gens de la campagne ou le désir d'éviter les frais d'un acte rend les locations verbales plus nombreuses qu'on ne serait tenté de le croire. Les mêmes causes multiplient encore davantage les tacites réconductions. Si, pour régler les unes et les autres, les dispositions actuelles de la loi sont incomplètes ou surannées, si les Usages locaux sont variables ou contraires à l'esprit du Code, il est indispensable que de nouvelles dispositions législatives interviennent le plus tôt possible.

Serait-il impraticable de proscrire, d'une manière absolue, les locations verbales d'immeubles (1), et d'éta-

---

(1) Que de procès on éviterait en déclarant aussi que les ventes immobilières ne deviennent parfaites qu'après avoir été rédigées par écrit. Les tribunaux sont appelés sans cesse à juger les de-

blir que la durée des tacites réconductions doit être absolument la même que celle des baux écrits, à l'expiration desquels elles viennent à se produire? Nous émettons cette pensée sans avoir la prétention de la recommander aux législateurs futurs. Mais nous insistons pour qu'on sorte de la confusion, et pour qu'on en sorte au plus vite.

EXTRAIT DES PROCÈS-VERBAUX DES COMMISSIONS CANTONALES.

ARRONDISSEMENT D'AUXERRE.

Auxerre (*est* et *ouest*). — Pour les maisons d'habitation, avec ou sans dépendances, dans la ville ou dans les communes rurales, de même aussi pour les portions de maison, le bail verbal est réputé fait pour an. La combinaison des art. 135 et 149 de la Coutume d'Auxerre ferait supposer que jadis la durée du bail verbal était limitée à six mois. Mais l'Usage

mandes introduites par de prétendus vendeurs, qui se fondent sur l'art. 1583, et s'efforcent de convertir en vente parfaite des pourparlers plus ou moins sérieux. Dans nos mœurs, une vente de quelque importance, une vente d'immeubles n'est définitive qu'après la signature des parties contractantes. Pourquoi la loi ne se conforme-t-elle pas aux mœurs ? Chacun y trouverait son profit, excepté les hommes d'affaires.

actuel avait prévalu longtemps avant la promulgation du Code, et, depuis, il règne sans aucune espèce de contestation possible.

Pas d'Usage relatif au bail verbal des usines, etc.

Pas davantage pour le bail verbal des objets mobiliers, sinon que lorsqu'on loue un cheval à la journée et qu'on le ramène chez le loueur après minuit, on doit payer deux journées de location.

La durée présumée des baux, relatifs aux appartements meublés, ou chambres garnies, est d'un mois.

Le bail verbal des terres labourables, dit l'art. 1774, est censé fait pour autant d'années qu'il y a de soles. Mais il arrive fréquemment que les pièces de médiocre étendue ne sont pas régulièrement assolées, et même que la culture des domaines ou labourages n'est pas assujettie à des règles fixes. Jadis on présumait que la durée du bail était alors de trois ans. En effet, la culture la plus habituelle consistait dans un assolement triennal, gros grains, menus grains, sombre, ainsi de suite. De là vient que tous les baux écrits se faisaient et se font encore pour trois, six ou neuf années. A l'expiration du bail verbal, la tacite réconduction entraînait une nouvelle triennalité. Aujourd'hui, la culture des plantes artificielles, des pommes de terre, des betteraves, etc., a profondément modifié la culture de nos pays, et par suite l'assolement usuel des terres. L'ancienne règle ne peut plus s'appliquer, et aucune règle nouvelle ne s'est encore établie d'une manière constante.

Le bail verbal des bruyères, des jardins potagers, etc., est censé fait pour un an.

L'époque de l'entrée en jouissance des preneurs n'a jamais été bien fixée par l'Usage que pour les labourages et corps de fermes. Autrefois, la coutume la plus générale était que le fermier entrât aux sombres ; il trouvait dans la terre les gros grains semés à l'automne précédent, et qu'il ne récoltait pas. Il débutait par semer les *mars*, et n'avait pour sa première année que les prés et les menus grains. Inversement, il récoltait une année de gros grains après sa sortie de la ferme. Quelquefois, l'entrée en jouissance était à la Saint-Georges (23 avril). Le fermier entrant ne récoltait alors que les prés pour sa première année. De nos jours, la variété des cultures et l'instabilité des assolements font qu'il n'y a plus de règle fixe.

La Coutume d'Auxerre ne parle de congés que dans son larticle 149, et seulement pour les baux de bâtiments. Le délai qu'elle fixe est de quinze jours. Mais, avant même l'abrogation du droit coutumier, cette disposition n'était suivie que pour les baux n'excédant pas cent francs. L'Usage était et est encore aujourd'hui que le congé doit être donné :

Quinze jours avant la fin du bail, si la location n'excède pas cent francs ;

Six semaines, pour les baux de cent à deux cents francs ;

Trois mois, pour les baux excédant deux cents francs.

La règle ne varie pas, quand il s'agit de boutiques louées avec le logement du marchand. Cependant, le tribunal d'Auxerre a déclaré le délai de trois mois insuffisant pour le siége d'un établissement de commerce important ; et, d'un autre côté, le tribunal a négligé de fixer le délai dans lequel le congé devait être donné.

Pour les locations d'appartements meublés ou de chambres garnies, quel que soit le prix du bail, le congé doit être donné quinze jours avant l'expiration du mois de location.

Quant aux biens ruraux, toutes les fois qu'il y a nécessité de donner congé, le délai est de trois mois.

Chablis. — On ne signale que les Usages ci-après :

A Chitry, les congés relatifs aux locations de bâtiments se donnent quinze jours avant la fin de l'année courante (par application de l'art. 149 de la Coutume d'Auxerre).

A Chablis, pour les petites locations, celles de maisons de vignerons par exemple, qui se font sans écrit et sans terme fixe, l'Usage veut que le locataire reste la première année toute entière dans les lieux loués ; ensuite il peut sortir, et réciproquement le bailleur peut l'expulser trois mois après signification de congé (application de l'art. 258 de la Coutume de Sens). Pour les locations plus importantes, le preneur est tenu de finir l'année commencée quelle qu'elle soit, et le congé doit être signifié, soit par lui, soit par le bailleur, trois mois avant la fin de l'année courante.

Coulanges-la-Vineuse. — Le bail verbal de bâtiments ou portions de bâtiments est censé fait pour un an.

Celui d'une usine, tel que moulin à vent ou à eau, celui d'un four à chaux ou à briques, pour trois ans.

Les délais impartis pour les congés varient suivant l'importance des choses louées ; ils n'excèdent pas trois mois et ne sont jamais au-dessous de six semaines.

Pour les petites locations, on admet le congé verbal donné et reçu devant deux témoins.

Pas d'autre Usage constaté.

Coulanges-sur-Yonne. — Le bail verbal de bâtiments ou portions de bâtiments est censé fait pour un an.

Pas d'Usage relatif aux usines ni aux appartements meublés. Jadis les terres non assolées étaient censées louées pour trois ans ; mais l'instabilité de la culture actuelle rend aujourd'hui la question fort difficile à trancher.

Le bail des jardins potagers est présumé d'une année.

L'entrée en jouissance des biens ruraux a lieu d'ordinaire le premier mai.

Le délai pour donner congé est de trois mois dans tous les cas, sans distinction.

Courson. — La durée des baux verbaux est fixée par l'Usage de la manière suivante :

Un an pour les maisons, les prés, les jardins, les chenevières ;

Trois ans pour les terres non assolées régulièrement.

Quant à l'entrée en jouissance pour les maisons, il n'y a rien de fixe ;

Pour les prés, elle a lieu au mois de juin ;

Pour les jardins et chenevières, à la fin de l'hiver ;

Pour les terres, au 1er mai, au moment des sombres, et quelquefois le 1er février, au moment des semailles du printemps.

Les congés doivent se donner trois mois d'avance. Quand il s'agit de locations peu importantes, l'Usage admet les congés verbaux, donnés devant témoins.

Ligny. — La durée du bail verbal de bâtiments ou portions de bâtiments, usines, fours à chaux et à briques, est présumée d'un an.

Les nouveaux modes de culture rendent fort difficile l'application de l'art. 1774. Les terres ne sont plus régulièrement assolées, et, dans le cas de bail verbal, on ne sait comment en fixer la durée.

Pour les terres et domaines, l'entrée en jouissance est à la Saint-Georges (23 avril).

Le délai pour donner congé est toujours de trois mois.

Saint-Florentin. — Le bail verbal des bâtiments ou portions de bâtiments est censé fait pour un an; en d'autres termes, *la clé porte un an de jouissance.*

Même règle pour les jardins.

L'entrée en jouissance des terres labourables a lieu d'ordinaire le 23 avril; celle des jardins, le 1er mars.

Le délai pour donner congé est de six semaines quant aux maisons d'habitation, et de trois mois quant aux boutiques et magasins.

On ne signale pas d'autre Usage.

Saint-Sauveur. — La durée des baux verbaux est de une année, sauf ce qui concerne les terres labourables. Pour ces dernières, le bail dure trois années.

Les termes d'entrée en jouissance sont le 16 mai et le 1er novembre.

Les délais pour donner congé sont en tous cas de trois mois.

Seignelay. — Pour tout ce qui est bâtiment ou portion de bâtiment, la durée du bail verbal est d'un an. Pour les héritages ruraux, il n'y a pas d'Usage fixe. L'entrée en jouissance de ces derniers a lieu d'ordinaire au mois de mars ou d'octobre.

Les délais pour donner congé sont de : trois mois pour les maisons, six mois pour les fermes, et trois mois pour les parcelles isolées.

Toucy. — La durée des baux verbaux est, en général, d'un an, pour les maisons, les portions de maisons, boutiques, etc.; pour les pâtures, bruyères et jardins. Elle est de trois ans pour les terres et propriétés rurales non assolées.

L'entrée en jouissance a lieu au 1er novembre pour les maisons, boutiques, usines, etc.; au 1er novembre et quelquefois au 1er avril pour les terres et les fermes; au 1er mai pour les prés, pâtures, etc.; et au 1er mars pour les jardins.

Le délai pour donner congé est, en général, de trois mois, et de six mois pour les fermes importantes.

Vermenton. — La durée des baux verbaux est d'une année pour les maisons, portions de maisons, usines, boutiques et jardins.

Aucun Usage fixe pour les terres labourables.

L'entrée en jouissance a lieu d'ordinaire au 1er décembre.

Le délai pour donner congé est, en tous cas, de trois mois.

ARRONDISSEMENT D'AVALLON.

Avallon. — La durée présumée des locations verbales est d'une année, en règle générale.

Les chambres garnies se louent au mois.

On ne signale pas d'Usage relatif aux terres labourables, métairies ou fermes.

Rien de fixe quant à l'entrée en jouissance des maisons d'habitation. Pour les fermes, elle a lieu le 23 avril.

Les congés se donnent trois mois avant l'expiration du bail verbal.

Guillon. — Toutes les locations verbales, usitées dans le canton, sont présumées faites pour un an.

Toutefois, les terres labourables, isolées ou réunies en

corps d'exploitation, étant d'ordinaire soumises à l'assolement triennal, sont censées louées pour trois ans.

Les époques ordinaires d'entrée en jouissance sont :

Le 1er mars pour les prés, le 23 avril pour les terres, et le 11 novembre pour les maisons.

Le délai, pour donner congé, est de trois mois, en ce qui concerne les maisons et bâtiments. Pas d'Usage constaté pour les biens ruraux (1).

L'Isle-sur-le-Serein. — Mêmes règles qu'à Guillon sur la durée des locations verbales.

On ne signale qu'une époque fixe d'entrée en jouissance, le 11 novembre pour les maisons.

Le délai pour donner congé est toujours de trois mois.

Quarré-les-Tombes. — Les locations verbales, usitées dans le canton, sont présumées faites pour un an.

La règle s'applique même aux terres labourables isolées.

Pour les terres réunies en corps d'exploitation, la durée du bail verbal est de trois années.

L'entrée en jouissance a lieu le 1er avril pour les biens ruraux, et à toute époque, pour les autres.

Les congés se donnent trois mois avant l'expiration du bail.

Vézelay. — Les locations verbales, usitées dans le canton, sont présumées faites pour un an.

Il n'existe pas d'Usage quant aux immeubles ruraux, formant corps d'exploitation.

---

(1) La Commission cantonale dit même qu'il n'est pas d'usage de donner congé. Est-ce possible ? La loi n'exige-t-elle pas un congé ? Les délais et la forme de ce congé sont seuls abandonnés aux convenances locales.

Les seules époques fixes d'entrée en jouissance sont:

Le 1er mai et le 11 novembre pour les terres labourables;

Le 1er mars ou le 1er avril pour les pâtures, pâturages dans les bois, bruyères, aulnaies, etc.

Les congés se donnent trois mois avant l'expiration du bail.

ARRONDISSEMENT DE JOIGNY.

Aillant-sur-Tholon. — La durée présumée d'un bail verbal est d'une année pour les maisons et portions de maisons, boutiques, usines, fours à chaux ou autres, jardins, prés, pâtures, bruyères et oseraies.

Elle est de trois ans pour les terres labourables, manœuvreries et fermes.

Les époques d'entrée en jouissance sont : le 1er mars et le 1er novembre.

Le délai pour donner congé est de six semaines, quant aux maisons et autres biens loués par année, et de trois mois, quant aux terres, manœuvreries et fermes.

Bléneau. — La durée présumée d'un bail verbal est, en général, d'une année, sauf les exceptions suivantes :

Les boutiques, ateliers ou magasins, ainsi que les usines, sont censés loués pour trois années;

De même pour les manœuvreries et fermes, bien que l'assolement soit presque partout quatriennal.

L'entrée en jouissance a lieu le 1er novembre.

Le délai pour donner congé est de 40 jours, quant aux

locations d'une année, et de six mois quant aux locations de trois ans (1).

Brienon. — La durée présumée des locations verbales est d'un an, sauf les exceptions ci-après :

Les fours à chaux, à briques ou à plâtre, sont censés loués du 1er mars au 1er novembre;

Les terres formant corps de domaine sont présumées louées pour trois ans.

L'entrée en jouissance des biens ruraux a lieu le 25 mars. Rien de fixe pour les autres.

Le délai pour donner congé est de trois mois, sans distinction.

Les congés se donnent le plus souvent par acte extra-judiciaire. Il arrive parfois que les parties comparaissent devant le juge de paix sur simple avertissement, et le congé est donné devant ce magistrat, par déclaration verbale, sans frais.

Cerisiers. — La durée présumée des locations verbales est ordinairement d'un an. On signale une seule exception : pour les fermes ou labourages, la durée présumée est de trois ans.

Le délai pour donner congé est d'un an, quant aux fermes et labourages; de trois mois, quant aux autres locations.

---

(1) On pourrait conclure du procès-verbal de la Commission cantonale, en date du 17 novembre 1858, que l'Usage admet la faculté de donner congé seulement trois mois avant l'expiration du terme pour les manœuvreries et pour les maisons de commerce peu importantes. Mais comment distinguer une manœuvrerie d'une ferme, et, pour les maisons de commerce, comment fixer la limite d'importance au-dessous de laquelle il faudra trois mois, tandis qu'au-dessus l'on exigera six ?

Charny. — La durée présumée des locations verbales est ordinairement d'un an, sauf les cas ci-après :

Quand le locataire d'un bâtiment a reçu du bailleur des bestiaux en cheptel, ce qu'on appelle dans le pays *contrat à garde-bête*, la location est présumée faite pour trois ans.

Ce dernier délai s'applique aussi à la location des terres labourables, manœuvreries et fermes.

L'époque de l'entrée en jouissance est fixée par l'Usage au 1er novembre. Cependant, la jouissance des prés et pâtures commence au 1er mars.

Le délai pour donner congé est de six semaines pour les locations d'un an, de trois mois pour les *contrats à garde-bête*, et de six mois pour les baux de terres labourables.

Joigny. — La durée présumée des locations verbales est d'un an. Néanmoins, les terres labourables réunies en corps de ferme se louent pour trois ans.

Les chambres garnies pour un mois (1).

De même, les meubles se louent généralement au mois.

L'entrée en jouissance des terres, manœuvreries, etc., a lieu le 23 avril. Pour les autres biens soumis à bail, pas d'époque fixe.

Les délais de congé sont ainsi réglés : il faut six semaines pour les locations inférieures à 400 francs ; trois mois pour les locations de 400 fr. à 1,000 francs ; et six mois pour les locations supérieures à 1,000 fr. ; enfin, ce dernier délai s'applique aux baux de maisons entières, de corps de logis et de

_____

(1) Les appartements meublés rentrent dans la catégorie générale des locations d'un an. L'exception ne s'applique qu'aux simples chambres garnies. (V. procès-verbal du 11 janvier 1858).

boutiques ouvrant sur la rue, lors même que le loyer annuel serait inférieur à 1,000 francs.

Saint-Julien-du-Sault. — La règle générale est que les locations verbales sont faites pour un an.

Toutefois, les usines, les fours à chaux et autres, les terres réunies en ferme ou labourage se louent pour trois années.

Les chambres garnies pour un mois.

L'entrée en jouissance a lieu le 11 novembre.

Le délai pour donner congé est de trois mois quant aux locations d'un an, et de six mois quant aux autres.

Saint-Fargeau. — La durée présumée des locations verbales est d'un an, sauf en ce qui touche les manœuvreries et fermes qui se louent pour trois ans.

L'entrée en jouissance a lieu le 1er novembre et le 16 mai.

Les délais de congés sont de six mois pour les fermes, trois mois pour les manœuvreries, et quarante jours pour les autres locations. S'il s'agit de maisons occupées par un fonctionnaire public, tel que commissaire de police, percepteur, juge de paix, le délai est de six mois, pour que le locataire puisse se replacer convenablement (1).

Les congés se donnent par huissier ; ou bien, les preneurs et les bailleurs comparaissant devant le juge de paix, déclarent qu'ils se donnent et reçoivent réciproquement congé. Un registre *ad hoc* est tenu par le magistrat.

_____

(1) Tout le monde a le même intérêt, et, comme les Français sont égaux devant la loi, je doute que les fonctionnaires puissent exiger une protection plus efficace que les autres citoyens, même à Saint-Fargeau, malgré les déclarations de la Commission cantonale.

Villeneuve-sur-Yonne. — Règle générale, les locations verbales sont faites pour un an.

Les fermes se louent pour trois années.

Les appartements meublés au mois; les chambres garnies de même, et parfois au jour.

Il n'y a d'époque fixe d'entrée en jouissance que pour les fermes, c'est la Saint-Georges (23 avril).

Le délai pour donner congé est de trois mois dans toutes les locations verbales, à moins qu'il ne s'agisse d'une location au mois; alors, le délai est de huit jours.

ARRONDISSEMENT DE SENS.

Chéroy. — Aucun Usage n'est signalé.

Pont-sur-Yonne. — En général, les locations verbales usitées dans le canton sont présumées faites pour un an; mais on signale d'assez nombreuses exceptions à cette règle.

Les bâtiments contenant ateliers, boutiques ou magasins; les maisons servant d'auberges; les usines, fourneaux et fours; les terres labourables, isolées ou en corps d'exploitation, se louent pour trois années.

Les chambres garnies se louent au mois (1).

Les époques d'entrée en jouissance sont : pour les fermes, le 1er avril; pour les jardins, la Saint-Martin; pour les tuileries, également la Saint-Martin.

_____

(1) Ceci ne s'applique qu'aux simples chambres : les appartements meublés rentrent dans la règle générale. (V. procès-verbal de la Commission cantonale en date du 5 octobre 1857

Pour les autres locations, pas d'Usage fixe.

Les délais pour donner congé sont de trois mois.

Sens (*nord et sud*). — Les locations verbales de maisons, portions de maisons, chambres, boutiques, caves, granges, etc., sont censées faites par périodes, dont chacune forme à peu près trois mois :

De la Saint-Rémy (1er octobre) à Noël (25 décembre) ;

De Noël à Pâques ;

De Pâques à la Saint-Jean (24 juin) ;

De la Saint-Jean à la Saint-Rémy.

Les tacites réconductions, qui suivent les baux écrits, quelles qu'aient été la durée de ces derniers et l'importance de la location, sont soumises aux mêmes règles.

Les congés se donnent avant la Saint-Remy pour sortir à Noël, avant Noël pour sortir à Pâques, avant Pâques pour sortir à la Saint-Jean, et avant la Saint-Jean pour sortir à la Saint-Remy.

Pour les biens ruraux, la durée présumée des locations verbales est de trois ans. Les congés se donnent trois mois avant l'expiration du bail.

Les terrains propres au jardinage, appelés *courtils*, se louent à l'année. L'époque de l'entrée en jouissance est fixée à la Chandeleur (2 février), et les congés se donnent avant Noël pour la Chandeleur suivante.

Sergines. — En l'absence de bail écrit, la durée de la location est fixée par la stipulation des termes de loyer. Ainsi, la maison est louée pour un an, si le prix du bail a été fixé à une somme annuelle ; pour six mois, si le prix a été fixé à tant par semestre, etc. Mais, lors même que le bail verbal a été fait à l'année, s'il y a tacite réconduction, la prolongation de jouissance ne s'étend jamais que jusqu'au plus prochain des quatre termes fixés par l'Usage, et qui sont : Noël, Pâques, la Saint-Jean (24 juin) et la Saint-Rémy (1er octobre).

Cette règle s'applique dans le canton à toute espèce de bâtiments, quel que soit l'usage auquel on le destine. Il n'y a d'exception que pour les granges, qui sont toujours louées pour une année entière, d'une récolte à l'autre, et à propos desquelles la tacite réconduction s'opère pour un an.

La location des biens ruraux, isolés ou en corps d'exploitation, est présumée faite pour trois ans, bien que, dans un grand nombre de communes du canton, l'introduction des prairies artificielles ait fait abandonner l'assolement triennal (1).

Les époques habituelles d'entrée en jouissance sont :

Pour les bâtiments, le 24 juin ;

Pour les terres labourables, le 23 avril, et, par exception, le 1er mars ou le 11 novembre ;

Pour les vignes, le 2 février ; quelquefois le 1er novembre ;

Pour les prairies artificielles, le 1er juin.

Le délai pour signifier et recevoir congé, quelle que soit la chose louée à laquelle il doive s'appliquer, est toujours de trois mois.

Villeneuve-l'Archevêque. — La règle générale est que les locations sans écrit sont censées faites pour un an.

Toutefois, les petites maisons sans dépendances se louent pour trois mois seulement.

---

(1) Voir procès-verbal de la Commission cantonale en date du 16 juin 1855.

Les appartements meublés pour trois mois aussi ; les chambres garnies pour un mois.

Les fonds ruraux pour trois ans.

Les époques d'entrée en jouissance sont :

Pour les terres labourables et fermes, la Saint-Georges (23 avril) ; pour les maisons ou portions de maisons, Pâques, ou la Saint-Jean, ou la Saint-Rémy, ou Noël.

Le délai pour donner congé, quant aux maisons, est de trois mois. Il n'est pas d'usage de donner congé quant aux biens ruraux.

ARRONDISSEMENT DE TONNERRE.

Ancy-le-Franc. — La durée présumée des locations verbales est d'une année pour les maisons, et de trois ans pour les labourages.

Le délai pour donner et recevoir congé est de trois mois ; ou de six semaines, quand le bail est d'une faible importance.

Cruzy-le-Châtel. — Mêmes règles quant à la durée des locations verbales.

L'entrée en jouissance des héritages ruraux a lieu d'ordinaire le 23 avril.

Le délai pour donner congé est de trois mois.

Flogny. — Mêmes règles quant à la durée des locations verbales qu'à Ancy-le-Franc et à Cruzy.

L'entrée en jouissance des héritages ruraux a lieu le 23 avril ; celle des prés le 1er avril.

Pour les locations des maisons, les congés se donnent

trois mois avant l'expiration du bail. Pour les biens ruraux, on n'est pas dans l'usage de donner congé.

Noyers. — La règle générale est que les baux faits sans écrit sont censés faits pour un an. Les immeubles réunis en corps d'exploitation se louent pour trois ans.

L'entrée en jouissance des terres labourables a lieu le 23 avril.

Les congés, pour les propriétés bâties, se donnent six semaines avant l'expiration du bail (1).

Tonnerre. — La règle générale est que les locations verbales sont faites pour un an.

Les appartements meublés et chambres garnies se louent au mois.

Les terres labourables, isolées ou en corps de ferme, se louent pour trois ans.

L'entrée en jouissance des terres a lieu le 23 avril; celle des prés après la fauchaison.

Le délai des congés est de trois mois pour les baux à loyer, et de six mois pour les baux à ferme.

---

(1) Dans son procès-verbal de 1855, la Commission distinguait les parties du canton, jadis régies par la Coutume de Bourgogne, où le délai est de six semaines, et les parties jadis régies par la Coutume de Sens, où le délai serait encore de trois mois.

SECTION VII.

B. — TACITE RÉCONDUCTION.

Articles 1738, 1759, 1776 du C. N.

_____

La tacite réconduction s'opère, quand il y a continuation de jouissance ou de possession par le locataire ou le fermier, après l'expiration du bail écrit (1). Les articles 1738, 1759, 1776 du Code Napoléon n'entrent dans aucun détail, et, par conséquent, laissent aux juges le soin de décider, d'après les circonstances, s'il y a eu,

(1) Il ne faut pas confondre avec la tacite réconduction proprement dite, qui s'opère, après l'expiration des baux écrits, par une continuation de jouissance, la rénovation des baux verbaux, faute de congé régulier. Dans ce dernier cas, le droit du locataire à jouir pendant une nouvelle période naît avant même que le bail primitif soit expiré, et par cela seul qu'il n'y a pas eu congé dans les délais.

oui ou non, continuation sérieuse de possession et prolongation de jouissance suffisante pour créer un nouveau droit.

Jadis quelques Coutumes avaient admis sur ce point des présomptions, qu'elles avaient transformées en règle fixe, dont le juge lui-même ne pouvait s'écarter. Ainsi, la Coutume de Montargis, dans l'article 5 de son chapitre xviii, porte que si le preneur continue à jouir et si, dans les huit jours après l'expiration du bail, il n'y a pas dénonciation de l'une ou l'autre des parties, la tacite réconduction s'opère. Même disposition dans l'article 420 de la Coutume d'Orléans. Aujourd'hui, ces dispositions et toutes autres du même genre, n'ayant pas été conservées explicitement ni implicitement par le Code, ne sauraient lier les tribunaux. Mais néanmoins, si l'usage s'était maintenu dans une contrée de considérer certains délais ou certains faits spéciaux de jouissance comme entraînant la tacite réconduction, on ne saurait contester que les juges devraient prendre cet Usage en sérieuse considération.

La Commission départementale avait, pour ce motif, inséré dans son formulaire les deux questions suivantes :

Pour que le locataire ou le fermier, après l'expiration du bail écrit, ait le droit de continuer à jouir de la chose louée, pendant quel délai faut-il qu'il soit resté en possession ?

Quels sont les faits qui, d'après l'Usage local, constituent la tacite réconduction ?

Presque toutes les Commissions cantonales ont répondu que l'Usage ne fixait pas de délai rigoureux et n'exigeait pas de faits spéciaux. Tout est laissé à l'appréciation du juge. C'est à lui de décider d'après les circonstances de la cause.

A Coulanges-la-Vineuse, on admet que, pour les baux à loyer faits par écrit, si le locataire reste en possession des lieux loués quinze jours après l'expiration du terme, il y a tacite réconduction. Pour les baux à ferme, il suffit que le preneur ait préparé les terres, après l'expiration du terme, de manière à continuer ou recommencer l'assolement.

A Saint-Florentin, la tacite réconduction s'opère quand, le bail étant fini, le fermier donne aux terres une façon après le 23 avril, sans opposition du propriétaire.

Même règle à Noyers qu'à Saint-Florentin.

A Pont-sur-Yonne, la tacite réconduction a lieu quand le locataire continue à jouir des bâtiments loués pendant quinze jours, et le fermier des immeubles affermés pendant un mois, après l'expiration du terme. Si même, avant ce délai, le fermier a ensemencé, sans opposition du propriétaire, il peut se prévaloir d'une tacite réconduction.

La Commission centrale avait aussi posé la question de savoir quelles sont les obligations du propriétaire vis-à-vis du locataire ou du fermier, par suite des travaux qu'ils peuvent faire après l'expiration du bail écrit, sans qu'il y ait tacite réconduction. Cette question était à peu près surabondante. Il arrive bien rarement qu'après l'expiration du bail le locataire ou le fermier fasse des travaux, ou que, s'il en fait, la tacite réconduction n'en soit pas la conséquence. Aucun Usage constant ne pouvait donc exister en pareille matière, et l'on ne sera point surpris que toutes les Commissions cantonales aient été dans l'impossibilité de répondre à la question posée. Si, par hasard, un concours extraordinaire de circonstances amenait l'hypothèse prévue à se réaliser, le propriétaire ne devrait pas, bien entendu, s'enrichir au détriment de son locataire ou fermier. C'est la seule règle que nous ayons à rappeler ici.

C. — PAIEMENTS FAITS A L'AVANCE PAR LES SOUS-LOCATAIRES.

(Art 1753 du C. N.)

———

La Commission centrale avait posé la question suivante :
Est-il d'usage dans le canton que les sous-locataires fassent des paiements avant le terme échu ou même commencé, de telle sorte qu'on ne puisse, en ce cas, les regarder comme faits par collusion ? Toutes les Commissions cantonales ont répondu négativement. Parfois on sous-loue à des gens d'une solvabilité douteuse, et l'on exige, par mesure de prudence, qu'ils payent d'avance le prix de la sous-location. Mais ce sont là des cas exceptionnels qui ne constituent pas un Usage, et qui méritent à peine d'être mentionnés.

———

D. — RÉPARATIONS LOCATIVES ET DE MENU ENTRETIEN.

Articles 1754 et 1755 du C. N.

————

L'article 1754 du Code Napoléon, relatif aux réparations locatives, se borne à signaler quelques-unes de
celles que le locataire doit effectuer ; mais il s'en rapporte
à l'Usage des lieux, soit pour en augmenter, soit pour
en diminuer le nombre. En outre, il est évident que le
législateur s'est préoccupé surtout des bâtiments d'habitation. Les bâtiments d'exploitation, les moulins, les
usines, nécessitent une foule de réparations spéciales,
que l'on considère ordinairement comme locatives, et
dont l'art. 1754 ne cite aucun exemple (1). Il est donc

(1) Les Commissions cantonales ont même été consultées sur les
réparations d'entretien qui incombent au locataire d'un jardin.
Sont-ce bien là des réparations locatives dans le sens de l'art. 1754 ?
Nous n'oserions l'affirmer. Nous y verrions plutôt une application
de l'art. 1728, précisée par les Usages locaux.

indispensable de recueillir les Usages locaux qui règlent
la matière, tant que les dispositions de la loi ne seront
pas plus complètes.

Les procès-verbaux analysés ci-après permettront de
combler les lacunes que nous venons de signaler. Ils révèlent aussi quelques difficultés, qui méritent de fixer
l'attention. L'obligation de faire les réparations locatives
incombe-t-elle à toute espèce de locataires? Doit-on, notamment, assimiler le locataire d'appartements meublés
au locataire proprement dit d'une maison ou d'une partie
de maison? En général, l'Usage répond affirmativement.
Cependant, à Auxerre, on distingue entre celui qui loue
par écrit un appartement d'une certaine importance et
celui qui n'a qu'un bail verbal de courte durée. A Sens,
le locataire d'appartement meublé ou de chambre garnie
n'est jamais tenu que des réparations locatives nécessitées
par sa faute et par sa négligence. (Voir ci-dessous).

Les Usages locaux sont moins uniformes en ce qui
concerne le délai durant lequel les réparations locatives
doivent être faites par le locataire. Tantôt on 'exige
qu'elles soient achevées à l'expiration du terme, tantôt
on accorde, au-delà de ce terme, un délai pour réparer
et pour rendre les clés. Le délai, quand il existe, varie
suivant les cantons. A Sergines, il est de quatre jours.

Tout cela pourrait être réglé bien facilement. Nous ne
voyons pas pourquoi les locataires d'appartements meublés seraient dispensés des réparations locatives, et pour-

quoi l'on établirait en leur faveur une distinction qui
n'est pas dans la loi. Si le bail est de peu d'importance
et de courte durée, les réparations seront elles-mêmes
de peu d'importance. Si, au contraire, le bail est long et
d'un prix élevé, le riche locataire n'aura pas à se plaindre
d'être traité comme l'humble preneur de la plus chétive
maison. D'un autre côté, c'est bien à l'expiration du
terme que tout locataire ou fermier doit rendre les lieux
en bon état de réparations locatives. Un délai supplémentaire place le propriétaire qui reloue à une autre
personne dans le plus grand embarras : il l'expose à des
réclamations fondées, et fait indirectement peser sur lui
la faute d'un locataire négligent.

EXTRAIT DES PROCÈS-VERBAUX DES COMMISSIONS CANTONALES.

ARRONDISSEMENT D'AUXERRE.

Auxerre *(est* et *ouest)*. — L'Usage n'impose au locataire
que les réparations locatives indiquées dans l'art. 1754, sauf
ce qui va être dit pour les moulins.

Il les lui impose toutes.

S'il y a bail écrit d'une certaine durée pour une chambre

ou un appartement meublés, le locataire est tenu des réparations locatives ordinaires. S'il s'agit d'un bail verbal, le
locataire, à moins que l'on établisse l'existence de dégrada-
tions provenant de son fait ou de sa négligence, n'est tenu
que de remettre les vitres cassées.

Il n'y a pas de règles spéciales pour les bâtiments d'exploitation.

Pour les moulins à vent ou à eau, le preneur est tenu de
la réparation et de l'entretien de toutes les menues œuvres.
Pour les moulins à eau, il est aussi tenu de curer le bief.

Le locataire ou fermier doit avoir fait les réparations et
être en mesure de rendre les clés le jour où expire le bail.

Chablis. — Aucun Usage n'est constaté.

Coulanges-la-Vineuse. — On reste dans les termes de
l'art. 1754.

Le preneur d'une usine, telle que moulin à vent ou moulin à eau, est tenu de la réparation des menues œuvres, aubes,
ailes, fournitures.

Le locataire d'une briqueterie doit réparer les halles et les
fours.

On accorde un délai au locataire pour faire les réparations
locatives et rendre les clés. Ce délai n'existe que pour les
maisons d'habitation.

Coulanges-sur-Yonne. — Mêmes Usages qu'à Auxerre.

Courson. — L'Usage ne met à la charge des locataires
que le remplacement des vitres cassées.

De même quant au fermier pour les bâtiments d'exploitation.

Tout ce qui concerne les usines, l'entretien des meules, des ailes, des toiles, des vannes, digues, rouages, alluchons, bluteaux et outils, est à la charge des preneurs.

Aucun délai n'est accordé au locataire ou preneur pour faire les réparations locatives et rendre les clés.

Ligny. — Pas d'Usage constaté.

Saint-Florentin. — On applique l'art. 1774, sans autre Usage constant.

Saint-Sauveur. — On se conforme aux indications de l'art. 1774.

Le meunier paye l'usure des meules, et doit réparer les menues œuvres.

Le fermier d'un four à chaux ou à briques répare l'intérieur.

Le locataire d'un jardin d'agrément doit l'entretenir dans l'état où il L'a reçu. Celui d'un jardin maraîcher doit le fumer et le bien cultiver. Les uns et les autres remplacent les arbres et arbustes qui viennent à mourir.

Pas de délai pour faire les réparations locatives.

Seignelay. — On se conforme aux indications de l'art. 1774, sans autre Usage constant.

Les réparations doivent être faites et les clés remises à l'expiration du terme.

Toucy. — Les locataires ou fermiers sont tenus à toutes les réparations indiquées par l'art. 1754. Ils doivent, en outre, remettre en bon état : le bouchon du four, la corde du puits, les rateliers et stalles d'écurie, les mangeoires et autres menus objets du même genre.

Le locataire d'un appartement meublé ou d'une chambre garnie supporte les réparations locatives, comme le locataire d'une maison.

Pour les usines, on fait une prisée du matériel au commencement et à la fin. Le preneur doit indemniser le bailleur du déficit, s'il y en a un. Il est, en outre, tenu de réparer les menus objets non compris dans la prisée.

Le locataire d'un four à chaux ou à briques supporte la réparation des arcades, de la bouche, des aires, moules et ustensiles.

Aucun délai n'est accordé au-delà du terme.

Vermenton. — On se conforme à l'art. 1774.

Le locataire d'un jardin d'agrément ou maraicher doit les entretenir en bon état de culture; cependant, il ne remplace pas les arbres ou arbustes qui périssent naturellement et sans sa faute.

Aucun délai n'est accordé au-delà du terme.

ARRONDISSEMENT D'AVALLON.

Avallon. — On se conforme aux indications du code civil.

Pas d'autre Usage.

Le locataire ne jouit d'aucun délai supplémentaire pour les réparations locatives.

Guillon. — Même régime qu'à Avallon.

L'Isle-sur-Serein. — Idem.

Quarré-les-Tombes.— Idem.

Vézelay. — Idem.

ARRONDISSEMENT DE JOIGNY.

Aillant-sur-Tholon. — On se conforme aux prescriptions de l'art. 1754.

Pas d'autre Usage constaté.

Le locataire ne jouit d'aucun délai supplémentaire pour effectuer les réparations locatives.

Bléneau. — On se conforme aux prescriptions de l'art. 1754.

Pour les usines, il est fait au début du bail une prisée du matériel, et une autre à la sortie. Alors, il est tenu compte de la différence, s'il y en a, soit au propriétaire par le fermier, soit au fermier par le propriétaire.

Le locataire d'un jardin est tenu de l'entretenir en bon état de culture, de tailler les haies, treilles, etc. Il n'est pas tenu de remplacer les arbres qui viennent à mourir.

Les locations finissent le 1er novembre; mais le locataire ne quitte et ne rend les clés que le lendemain, à midi. Les réparations locatives doivent avoir été faites avant la sortie.

Brienon. — Mêmes réponses qu'à Aillant.

Cerisiers. —   Idem.

Charny. —   Idem.

Joigny. —   Idem.

Saint-Julien-du-Sault. — On se conforme pour les maisons aux prescriptions de l'art. 1754. Il n'y a pas d'autre Usage constant.

Le locataire ou fermier, qui jouit d'étables et de bergeries, doit réparer les rateliers et les mangeoires.

Le preneur doit réparer les roues, vannages, francs-bords des biefs ; les dentures, bluteries, courroies, tourillons, pointes de pignon, arbres verticaux et debout ; dans les moulins à tan, les piles et pilons.

Le locataire des fours à chaux et autres est tenu de réparer le carrelage des fours.

On accorde aux locataires de bâtiments, quels qu'ils soient, deux ou trois jours au-delà du terme pour effectuer les réparations locatives.

Saint-Fargeau. — On se conforme aux indications du code.

Le locataire de jardins est tenu de remplacer les arbres qui viennent à mourir.

Pour les maisons et bâtiments de ferme, l'Usage accorde au locataire ou fermier la faculté de ne vider les lieux et de ne rendre les clés que le lendemain du terme, à midi.

Villeneuve-sur-Yonne. — Outre les réparations indiquées dans l'art. 1754, le locataire est tenu de réparer les poulies et cordages des puits.

Le locataire des usines est tenu de la réparation des tournants et outils. On fait, en général, la prisée de ces objets au début du bail, et à la fin. Le meunier fait compte au propriétaire de la dépréciation ainsi constatée.

Pas de délai au-delà du terme.

ARRONDISSEMENT DE SENS.

Chéroy. — Aucun Usage n'est signalé.

Pont-sur-Yonne. — On s'en tient aux termes de l'art. 1754.

Pour les moulins, le matériel est estimé à l'entrée et à la sortie. Le meunier tient compte de la dépréciation ainsi constatée.

Le locataire de fours est tenu de les rendre en bon état.

Le locataire de jardins doit aussi les entretenir en bon état de culture. Il remplace les arbres morts.

Aucun délai n'est accordé au-delà du terme.

Sens (*nord* et *sud*). — On applique l'art. 1754 purement et simplement.

Le locataire d'appartements meublés ou de chambres garnies n'est tenu que des réparations nécessitées par sa faute ou sa négligence.

Pas d'autre Usage constaté.

Sergines. — On ne signale qu'un seul Usage spécial au canton. Tout locataire de bâtiments jouit d'un délai de quatre jours, après le terme, pour effectuer les réparations locatives.

Villeneuve-l'Archevêque. — Pas d'Usage en dehors des indications du code.

ARRONDISSEMENT DE TONNERRE.

Ancy-le-Franc, Flogny, Cruzy, Tonnerre.—Aucun Usage n'est signalé. On se conforme aux indications de la loi.

Noyers. — On ajoute que, pour les moulins, l'Usage met à la charge du meunier l'entretien des vannes, et, généralement, de tous les tournants et travaillants, des meules, cables, etc.

———

E. — DROITS ET OBLIGATIONS DES FERMIERS ENTRANT ET SORTANT

Art. 1777 et 1778 du C. N.

———

L'expiration des baux à ferme et le remplacement d'un fermier par un autre soulèvent une foule de difficultés qui intéressent également l'agronome et le jurisconsulte. Elles naissent principalement de ce que l'ancien fermier conserve, même après sa sortie, quelques droits sur les immeubles affermés (1). Sa jouissance ne cesse pas définitivement à l'expiration du bail. Il retient encore une

(1) Nous ne parlons ici que des baux à ferme d'un corps de domaine, ou tout au moins d'une certaine quantité d'immeubles produisant des céréales. Le fermier d'une vigne ou d'un pré ne conserve, après l'expiration du bail, aucun droit sur les immeubles affermés. Il n'a, avec le fermier entrant, aucune relation d'où puisse naître un litige analogue à ceux que l'article 1777 a essayé de prévenir, et sur lesquels nous étudions l'Usage de nos contrées.

espèce d'*arrière-jouissance*, durant laquelle de nombreux conflits peuvent surgir entre lui et son successeur. Comment les prévenir ou les réglementer? Les rédacteurs du Code se sont bornés à poser un principe vague, principe d'équité et de conciliation, d'après lequel fermiers entrants, fermiers sortants, doivent se prêter une assistance mutuelle. Cela est fort bien en principe, et tout le monde est d'accord sur ce point. Mais quand il faut venir aux détails d'application, alors commencent les débats, les prétentions diverses, les opinions contradictoires. Certes, il était difficile, peut-être même impossible, de régler toutes ces misères par des articles de loi. En tous cas, nos législateurs ont jugé plus simple et plus prudent de s'en référer aux Usages locaux. « Art. 1777. Le « fermier sortant doit laisser à celui qui lui succède dans « la culture les logements convenables et autres facilités « pour les travaux de l'année suivante et réciproquement; « le fermier entrant doit procurer à celui qui sort les « logements convenables et autres facilités pour la con- « sommation des fourrages et pour les récoltes restant à « faire. Dans l'un et l'autre cas, on doit se conformer à « l'usage des lieux. »

L'usage, en pareille matière, varie nécessairement d'après l'époque où finissent les baux. Supposons un bail expirant dans les derniers jours d'avril ou les premiers jours de mai. Le fermier sortant a ensemencé les blés et les seigles à l'automne précédent. Il vient de confier à la terre les avoines et les orges. Il n'a plus besoin de revenir dans le domaine, que pour couper et rentrer ces diverses récoltes. En admettant qu'il les batte ensuite dans ce même domaine, la durée de son arrière-jouissance ne s'étend pas au-delà de l'hiver qui suit l'expiration du bail.

Supposons, au contraire, un bail finissant au 1er novembre. Le fermier sortant laisse dans les greniers toutes les récoltes qu'il a faites pendant le cours de l'été, et, de plus, il laisse en terre le blé qu'il vient de semer. Il faut d'abord qu'il passe une partie de l'hiver dans le domaine pour le battage des grains déjà récoltés. Il faut ensuite, dix mois après sa sortie, qu'il revienne pour moissonner et rentrer les céréales qu'il avait laissées en terre. Il faut, enfin, qu'il passe une partie d'un second hiver à battre cette dernière récolte. Son arrière-jouissance se prolonge ainsi plus de dix-huit mois.

L'époque de l'expiration des baux exerce encore une influence notable sur les remises que le fermier sortant fait au fermier entrant (voir ci-dessous), et l'on peut dire, sans être taxé d'exagération, que les débuts d'un nouveau fermier dépendent en grande partie du temps où il a pris possession du domaine.

Nous n'avons pas à rechercher ici quelle est théoriquement l'époque qui présente le plus d'avantages. Mais peut-être ne sera-t-il pas inutile de résumer les indications fournies par les Commissions cantonales, et de constater quelles sont les habitudes consacrées dans l'étendue du département de l'Yonne (1).

Le terme de renouvellement le plus généralement adopté pour les baux à ferme est le 23 avril, ou, comme disaient nos pères, la Saint-Georges. Voici, en effet, tous les cantons dans lesquels les baux expirent à cette date : Pont-sur-Yonne, Sergines, Villeneuve-l'Archevêque, Villeneuve-sur-Yonne, Cérisiers, Joigny, Saint-Florentin, Ligny-le-Châtel, Flogny, Tonnerre, Cruzy, Ancy-le-Franc, Noyers, L'Isle-sur-le-Serein, Guillon et Avallon. A quoi l'on peut joindre Coulanges-sur-Yonne et Courson où l'époque ordinaire d'expiration des baux diffère bien peu de la précédente, puisqu'elle est fixée au 1er mai.

Les Commissions cantonales des deux cantons de Sens ne nous ont fourni aucune indication, peut-être parce que le nombre des fermes est infiniment restreint dans la banlieue de la ville. De même à Auxerre, où jadis l'entrée en jouissance des fermiers avait lieu, soit au 23 avril, soit au 1er mars ; il n'y a plus rien de fixe à présent. A Chablis, où la propriété est très-morcelée, on ne signale non plus aucun Usage.

---

(1) Pour ce résumé, nous avons dû nous reporter aux réponses consignées dans le chapitre précédent. C'est, en effet, dans ce chapitre, que les commissions cantonales, en suivant l'ordre des questions qui leur avaient été adressées, ont indiqué l'époque ordinaire du renouvellement des baux.

Dans les cantons de Brienon et de Seignelay, l'entrée en jouissance a lieu le 25 mars; à Quarré-les-Tombes, le 1er avril. Si le fermier sortant a le droit et la possibilité de semer, avant cette époque, les avoines et les orges, il n'y aurait guère de différence entre le système des trois cantons que nous venons d'indiquer, et le système des localités où le terme du 23 avril est en vigueur. Seulement, la saison ne doit pas toujours permettre d'ensemencer les avoines et surtout les orges avant la fin de mars.

Voici maintenant une zône où l'on suit un usage complètement divers, puisque le terme habituel est le 1er novembre. Cette zône embrasse les cantons de Charny, Bléneau, Aillant, Saint-Fargeau, Toucy et Saint-Sauveur, c'est-à-dire toute la Puisaye (1). Saint-Julien-du-Sault, qui ne fait pas partie de la Puisaye, mais qui s'en rapproche, a pour terme en Usage le 11 novembre, époque analogue et de peu différente. Nous aurions désiré savoir si le canton de Chéroy n'est pas dans le même cas : mais la Commission cantonale a négligé de nous éclairer sur ce point.

Ainsi, dans toute la région sud-ouest du département,

---

(1) M. Challe, membre de la Commission centrale, m'affirme que l'Usage adopté aujourd'hui dans la Puisaye n'est pas de date très-ancienne. Il a eu sous les yeux une foule de baux rédigés à la fin du dernier siècle, et d'après lesquels l'entrée en jouissance avait lieu à l'époque des sombres.

suivant ce que nous disions plus haut, l'arrière-jouissance du fermier sortant se prolonge pendant près de
dix-huit mois, et le fermier entrant ne récolte de blé
que vingt-et-un ou vingt-deux mois après son entrée
dans le domaine. Il semble qu'on ait déjà reconnu le
vice d'un pareil système, et, dans plusieurs localités,
on commence à adopter un autre terme de renouvellement pour les baux : à Aillant, le 1er mars ; à Toucy,
le 1er avril ; à Saint-Fargeau et à Saint-Sauveur, le
16 mai. Nous lisons à ce propos les réflexions suivantes
dans le procès-verbal de la Commission cantonale de
Saint-Fargeau : « Il existe ici deux termes, le 1er no-
« vembre et le 16 mai. Mais ce dernier terme est de
« beaucoup préférable au premier. Et cela dans l'inté-
« rêt du fermier entrant qui trouve alors intacts tous
« les fourrages du domaine (1). Il serait aussi désirable
« que l'entrée en jouissance partît, non du 16, mais du
« 1er mai, afin de donner au fermier entrant plus de
« latitude pour sombrer les terres destinées à être mises
« en blé à l'automne. » La Commission cantonale ajoute :
« Une disposition légale, intervenant dans ce sens, serait
« d'une bien grande utilité pour l'agriculture et ferait

---

(1) On eût pu ajouter que l'arrière-jouissance du fermier sortant
était de beaucoup abrégée, lorsque le bail commence au 16 mai.
Même à nos yeux c'est la raison décisive, quoique la considération
relative aux fourrages soit aussi très-sérieuse. (Voir un peu plus
loin).

« cesser bien des difficultés. » Malheureusement, la
loi ne peut contraindre les propriétaires à choisir telle
époque d'expiration plutôt que telle autre : la liberté
des conventions ne saurait le souffrir. C'est à la sagesse
de chacun, et à l'expérience de tous, qu'il faut faire
appel.

Pour compléter le tableau des Usages adoptés dans le
département, quant à l'expiration des baux, nous n'avons
plus qu'à signaler : 1° le canton de Vézelay, dépendant
de l'arrondissement d'Avallon, et dans lequel les termes
en usage sont tantôt le 1er mai, qui se rapproche beaucoup du 25 avril, terme usité dans tout l'Avallonais ;
tantôt le 11 novembre, qui rappelle les habitudes du
Morvan et de la Puisaye.

2° Le canton de Vermenton où, d'après la Commission
cantonale, l'époque usuelle d'expiration serait fixée au
1er décembre.

En résumé, l'on peut dire que, dans le département,
sauf de rares exceptions, il n'y a que deux systèmes en
vigueur : la sortie du fermier après l'ensemencement
des orges et avoines, la sortie après l'ensemencement des
blés. Quelle est dans ces deux cas la position respective
de l'entrant et du sortant ?

Aujourd'hui, les baux à ferme sont presque toujours
rédigés par écrit et, le plus souvent, sous forme authentique. L'expérience a révélé la plupart des difficultés
qui peuvent surgir, et d'ordinaire les parties contrac-

tantes s'efforcent de les prévenir par les clauses du contrat. Cependant, il ne faut pas croire, comme l'ont assuré certaines Commissions cantonales, que l'Usage n'a rien à voir ici, et qu'on peut, dans toute circonstance, s'en référer aux conventions écrites. D'abord il y a et il y aura toujours des propriétaires négligents qui omettent de rédiger ou de faire rédiger leurs baux. Ensuite, les baux les mieux cimentés présentent de nombreuses lacunes. On ne prévoit pas tout, et, précisément, on regarde comme inutile de prévoir ce que l'usage des lieux a réglé d'une manière positive. Ce n'est pas seulement le législateur qui, dans l'art. 1777, laisse aux Coutumes locales le soin de certains détails. Que de parties contractantes, sans avoir les mêmes excuses, suivent l'exemple du législateur ! Aussi, malgré les sous-seings et les actes authentiques, malgré la prudence de certains bailleurs et la longue pratique de certains notaires, il est utile, il est indispensable de bien connaître et de bien constater les Usages locaux.

Soit que l'expiration des baux ait lieu fin d'avril ou commencement de novembre, on admet invariablement dans l'Yonne que le fermier sortant a droit de rentrer dans le domaine les grains qu'il a laissés en terre. Pourquoi cette Coutume, que nous avons déjà indiquée, et à laquelle l'art. 1777 fait expressément allusion ? Pourquoi le fermier entrant ne reprend-il pas ce que le fermier sortant a semé, sauf à lui en faire compte ? Pourquoi prolonger, en quelque sorte, un bail expiré ; ajouter une arrière-jouissance à la jouissance proprement dite ; livrer le domaine à deux individus ? Nous ne discutons pas, nous constatons.

Le droit de recueillir les grains laissés en terre implique le droit de surveiller leur croissance avant la moisson, de les sarcler, etc. Un autre droit vient s'ajouter à ceux-là. Le fermier sortant rentre et bat dans les bâtiments de la ferme toutes les récoltes de son arrière-jouissance. Il emporte les grains provenant du battage, et il laisse les pailles au fermier entrant.

Tout ceci est de règle constante.

Mais quelles sont les facilités que le fermier entrant doit au sortant pour toutes les opérations que nous venons d'énumérer ? Dans plusieurs localités, et notamment dans la Puisaye, le fermier entrant doit fournir les animaux pour rentrer les récoltes de son prédécesseur. Dans d'autres, au contraire, le fermier sortant demeure chargé de tous les charrois du champ à la ferme. Pour les exécuter, il amène les animaux dont il a besoin, et alors le fermier entrant est tenu de leur fournir une place dans ses écuries.

Autres différences. Dans certains cantons, le fermier sortant n'a droit d'exiger un logement dans la ferme, pour lui, ses ouvriers et ses bestiaux, que pendant le temps de la moisson et celui des battages, c'est-à-dire pendant le temps où ce logement lui est indispensable.

Dans d'autres, il conserve, à l'époque de sa sortie, une portion des bâtiments du domaine, et il continue d'en jouir sans interruption durant toute la période d'arrière-jouissance.

Tantôt l'Usage exige que les battages soient achevés promptement, de manière à ce que le nouveau fermier soit bientôt débarrassé d'une communauté gênante. Tantôt on se préoccupe des difficultés qu'un battage trop rapide fait naître pour la consommation des pailles, et, loin de presser le fermier sortant, on lui impose l'obligation de battre avec une certaine lenteur.

Les extraits des procès-verbaux publiés ci-après pourront seuls faire comprendre tous ces détails, et les solutions diverses qui ont été imaginées pour la régler.

Il y a des cas dans lesquels les nouveaux procédés d'agriculture font surgir de nouvelles contestations inconnues à nos pères. Lorsque le fermier sort au 1er novembre, peut-il, outre les céréales qu'il vient de semer, laisser en terre ses carottes, ses betteraves ou autres légumes, pour les récolter un peu plus tard? Nous ne trouvons, à ce propos, d'Usage constaté qu'à Coulanges-sur-Yonne. Là, on permet au fermier sortant de faire pour les légumes ce qu'il fait pour les céréales. Il est autorisé à les récolter après sa sortie. Cette solution, dont les fermiers entrants n'éprouvent aucun préjudice notable, semble juste et mérite d'être adoptée dans les autres cantons.

S'il existe dans le domaine une machine à battre, le fermier sortant aura-t-il droit de s'en servir pour effectuer les battages de son arrière-jouissance? L'usage a déjà répondu affirmativement dans le canton de Noyers. Peut-être dans la Puisaye faudrait-il aller encore plus loin, et de même que le fermier entrant livre ses bestiaux au sortant pour charroyer les récoltes du champ à la grange, de même il serait tenu de fournir les animaux nécessaires au service de la machine à battre. Mais les Commissions cantonales de cette contrée n'ont signalé aucun Usage à ce relatif (1).

Passons à un autre ordre d'idées. D'après l'art. 1778, le fermier sortant doit laisser les pailles et engrais de l'année, s'il les a reçus lors de son entrée en jouissance, et, quand même il ne les aurait pas reçus, le propriétaire peut les retenir sur estimation. Dans le département de l'Yonne, le fermier sortant laisse toujours, et le fermier entrant reçoit de même les pailles et engrais de l'année. Peu importe que la quantité laissée à l'expiration du bail soit supérieure à celle que le fermier sortant avait reçue

(1) J'ai vu personnellement les choses se passer ainsi entre fermier sortant et fermier entrant. Non-seulement ce dernier a fourni ses chevaux pour le service de la machine, mais le *toucheur* pour les fouetter, et le nombre d'hommes nécessaires pour enlever les pailles au fur et à mesure qu'elles étaient jetées à la porte de la grange. Je ne sais trop pourquoi le fermier entrant fournirait toujours le toucheur. Quant à l'enlèvement des pailles, puisqu'elles lui appartiennent, il est juste qu'il en demeure chargé.

13

lors de son entrée en jouissance. Nous avons déjà dit
que le fermier sortant doit, en outre, laisser toutes les
pailles provenant des récoltes qu'il fait après sa sortie.

Quant aux fourrages, il existe, dans nos pays, deux
Usages bien tranchés. Tantôt le fermier sortant a droit
de les emporter ; tantôt, au contraire, il doit les laisser
dans le domaine. Le premier système est suivi, en général, dans les cantons où l'expiration des baux a lieu le
23 avril. A cette époque, le fermier entrant n'a pas besoin d'apporter une grande quantité de fourrages pour
attendre la fauchaison. D'un autre côté, le fermier sortant n'a pas de comptes à rendre. S'il a trouvé son bénéfice à faire consommer toute sa provision de l'année,
cela ne regarde que lui. S'il l'a économisée, il en profite
en vendant le reliquat ou en le transportant dans un
nouveau domaine. Le second système est en vigueur dans
les cantons où l'expiration des baux a lieu le 1er novembre. A cette époque, la provision de l'année est bien loin
de sa fin. On a voulu, sans doute, éviter des transports
considérables de fourrages d'une ferme à l'autre, et l'on
oblige tout fermier sortant de laisser dans le domaine les
foins naturels ou artificiels qui s'y trouvent. La Commission cantonale de Charny ajoute avec raison que le fermier sortant est, en outre, obligé de ne faire consommer
avant sa sortie qu'un tiers des foins récoltés par lui à la
précédente fauchaison. Cette obligation est indispensable
pour empêcher un gaspillage qui ne manquerait pas

d'avoir lieu ; et, malgré le silence des autres Commissions cantonales, nous avons quelques motifs de penser que l'Usage signalé à Charny existe dans toute la Puisaye.

Ici, du reste, se présente l'occasion d'appliquer les principes que nous avons posés dans nos observations préliminaires. A ne consulter que les réponses d'une seule Commission, on risquerait d'être fort embarrassé sur une foule de détails. Il est nécessaire de compléter les unes par les autres, en ayant soin de choisir ce qu'elles ont de plus équitable, et de n'emprunter pour un pays que les Usages d'un pays analogue. Par exemple, on peut compléter les Usages d'un canton, où l'entrée en ferme a lieu le 23 avril par l'Usage d'un autre canton où le même terme est adopté. Des motifs analogues permettent de consulter les Coutumes des diverses localités, où l'expiration des baux a lieu le 1er novembre, pour se rendre un compte exact de toutes les règles que nécessite cette époque d'expiration.

Une dernière difficulté se présente, que la loi n'a pas prévue et que bien peu de bailleurs songent à trancher dans les baux. Lequel des fermiers, entrant ou sortant, paiera les contributions des portes et fenêtres, afférentes à l'année où le bail expire ? Lequel acquittera les prestations ? Que faut-il encore décider pour l'année suivante, où le fermier sortant conserve quelques droits sur les biens affermés ? Presque partout on distingue l'année d'expiration et l'année qui suit. Pendant cette dernière, tout reste à la charge de l'entrant, bien qu'il ne fasse pas la récolte des blés (1). Au contraire, pendant l'année d'expiration, même quand le bail expire le 23 avril, l'Usage tend à laisser les contributions et les prestations à la charge du fermier sortant. C'est lui, en définitive, qui, même après sa sortie, récoltera les céréales et bénéficiera des produits les plus précieux du domaine. Au contraire, pour le fermier entrant, les premiers mois ne comptent pas ou ne comptent guère. C'est pour lui une période de préparation, dont il ne faut pas aggraver les embarras ni augmenter les dépenses.

EXTRAIT DES PROCÈS-VERBAUX DES COMMISSIONS CANTONALES.

ARRONDISSEMENT D'AUXERRE.

Auxerre (*est* et *ouest*). — Le fermier entrant doit laisser au fermier sortant la grange ou place suffisante dans la grange pour serrer sa récolte de gros grains.

Si le fermier sortant était obligé de faire consommer sur place certains fourrages, le fermier entrant devrait abriter

(1) **Voyez cependant à Sergines.**

dans les écuries les bestiaux qui feraient cette consommation (1).

Sauf ces réserves, le fermier entrant prend libre et entière possession des bâtiments affermés, dès le premier jour
de son bail.

D'après l'Usage, le fermier entrant trouve les fumiers de
l'année et les pailles de la dernière récolte; inversement, il
doit les laisser à sa sortie; n'eût-il trouvé ni fumier ni
paille, il doit encore les laisser, si on veut lui en payer la
valeur d'après estimation. Mais, pour les fourrages provenant soit des prés, soit des prairies artificielles, à moins de
conventions contraires, le fermier sortant a droit d'emporter
ce qui lui reste de sa dernière récolte.

Le fermier sortant doit battre les gros grains qu'il recueille
après sa sortie, de manière à ce que le battage et l'enlèvement du grain soit achevé à Noël.

Pas d'autre Usage spécial dans les deux cantons.

Chablis. — On ne constate aucun Usage spécial pouvant
servir de développement aux art. 1777 et 1778.

Coulanges-la-Vineuse. — Il n'y a pas d'Usage positif
quant aux logements que le fermier entrant doit laisser au
fermier sortant pour la rentrée des récoltes auxquelles ce
dernier a droit après sa sortie. L'un et l'autre se mettent

---

(1) Le plus grand nombre des baux portent que tous les fourrages seront consommés *dans la ferme* et que les fumiers en provenant *y resteront*. Un fermier sortant, *à qui appartient les fourrages*, mais qui ne peut en disposer qu'en les faisant *consommer
dans la ferme*, doit pouvoir au moins les faire consommer par
ses bestiaux. De là, pour le fermier entrant, obligation de loger
ces mêmes bestiaux.

d'accord, et, s'ils n'y parviennent pas, un arbitre règle le différend d'après l'importance des récoltes et celle des bâtiments.

En tous cas, le fermier sortant doit avoir terminé ses battages et vidé complètement les lieux au mois d'avril qui suit sa sortie.

Le fermier sortant doit faire consommer dans la ferme tous les fourrages qu'il recueille la dernière année jusqu'au jour de sa sortie. Il ne peut emporter ce qui n'est pas consommé. Il laisse de même les pailles et engrais, et ne conserve que le droit de récolter ce qu'il a semé. (Voir en outre ce qui est dit ci-dessus pour la récolte et le battage).

Coulanges-sur-Yonne. — Mêmes Usages qu'à Auxerre. On ajoute que le fermier sortant peut, après sa sortie, sarcler les céréales, et faire les travaux qu'il juge convenables pour améliorer les récoltes qui lui appartiendront.

Outre les gros grains, il recueille après sa sortie les plantes sarclées et autres productions qu'il a confiées à la terre avant la fin du bail.

Courson. — Le fermier entrant n'est tenu de laisser au fermier sortant que le logement nécessaire pour rentrer et battre les récoltes appartenant à ce dernier. Tout le reste appartient à l'entrant dès le premier jour du bail.

Le fermier sortant a droit aux récoltes qui sont en terre lors de sa sortie. Le fermier entrant doit les rentrer au fur et à mesure qu'elles sont détachées du sol, et veiller à leur conservation. Le sortant doit se mettre en mesure de battre et de vider les lieux en temps convenable.

Le fermier sortant, à moins de conventions contraires,

laisse tous les fourrages, pailles et engrais, existant dans le domaine à la fin du bail.

Il n'y a pas lieu de se préoccuper de la manière dont se répartissent les contributions de la dernière année entre le sortant et l'entrant. D'après l'Usage, les fermiers ne payent aucune contribution afférente aux biens affermés, pas même celle des portes et fenêtres.

Ligny. — Il y a peu de fermes dans le canton ; elles sont toujours louées par écrit, et les conditions d'entrée ou de sortie des fermiers réglées par les baux, suivant la volonté des parties. Pas d'Usage local à recueillir.

Saint-Florentin. — Même réponse.

Saint-Sauveur. - Pour les bâtiments d'exploitation, même Usage qu'à Courson. Les battages doivent être finis dans le cours du mois de janvier qui suit l'arrière récolte, et alors le fermier entrant reste en possession paisible de la totalité des bâtiments.

Le sortant laisse tous les fourrages, pailles et engrais, existant à la fin du bail.

L'entrant ne lui fournit pas d'autres facilités que celles énoncées ci-dessus ; mais il doit, en outre, lui laisser la faculté de surveiller les récoltes sur pied ou engrangées. '

Pas d'autre Usage spécial (1).

Seignelay, Vermenton. — Mêmes réponses qu'à Ligny et à Saint-Florentin.

(1) Voir, ci-dessus, nos observations générales. Pour compléter les lacunes que les Commissions cantonales ont laissées dans leurs réponses, il est indispensable de comparer les extraits relatifs aux cantons qui sont placés dans des conditions analogues : Saint-Sauveur, Toucy, Saint-Fargeau, Bléneau, Charny, Aillant-sur-Tholon.

Toucy. — Le fermier sortant laisse à son successeur tous les bâtiments de la ferme, sauf ceux qui lui sont nécessaires à lui-même pour engranger et battre les récoltes faites ou à faire, auxquelles il a droit après sa sortie.

Il a droit à toutes les récoltes qu'il a mises en terre.

Il doit vider complètement les lieux au 1er mars qui suit la dernière récolte qu'il fait dans le domaine.

Il ne peut rien emporter, quant aux fourrages, pailles et engrais, existant lors de la sortie.

Il ne doit pas battre les récoltes qu'il fait encore dans le domaine avant le 1er novembre, ni, comme on l'a dit plus haut, après le 1er mars.

Le fermier entrant doit voiturer les récoltes du sortant au fur et à mesure qu'elles sont détachées du sol jusqu'à la grange; chauffer les batteurs qui sont chargés de les battre; héberger les bestiaux du sortant qui viennent chercher le grain produit par le battage.

Les contributions de la dernière année du bail, quoique le bail finisse au 1er novembre ou quelquefois au 1er avril, sont à la charge du fermier sortant; celles de l'année suivante sont à la charge du fermier entrant, bien qu'il n'ait pas droit à tous les produits, s'il n'est entré qu'au 1er novembre. De même pour les prestations.

ARRONDISSEMENT D'AVALLON.

Avallon. — Aucun Usage. Le morcellement de la propriété a fait disparaître à peu près complètement les fermes ou corps de domaines.

Guillon. — Au 23 avril (Saint-Georges), époque ordinaire d'entrée en jouissance, le fermier entrant prend possession du logement principal, ainsi que des écuries, vacheries et bergeries. Le fermier sortant garde les granges pour y rentrer sa dernière récolte, et, en outre, place suffisante dans les bâtiments pour y abriter le nombre de bestiaux nécessaires à effectuer cette même récolte.

Il doit vider complètement les lieux le 25 décembre qui suit la dernière récolte.

La dernière récolte appartenant au fermier sortant comprend toutes les céréales ensemencées à l'automne ou au printemps qui ont précédé sa sortie. Le fermier entrant récolte toutes les prairies, à compter du jour de son entrée en jouissance.

Le fermier sortant laisse les pailles et engrais, s'il les a reçus au début de son bail. Sinon, il les emporte, sauf au propriétaire le droit de les retenir sur estimation. Il emporte les fourrages, et généralement tous les produits qu'il a recueillis avant l'époque de la sortie.

Les contributions de toutes natures sont acquittées par le fermier sortant, qui seul encore est porté au rôle.

L'Isle-sur-Serein. — Aucun Usage bien caractérisé, sauf le suivant :

Le fermier sortant doit laisser toutes les pailles et tous les fumiers ; de plus, la même quantité de fourrages qu'il a reçue au commencement de son bail.

Quarré-les-Tombes. — Le procès-verbal de la Commission cantonale, en date du 26 août 1855, et celui du 12 octobre 1857, contiennent des réponses tout-à-fait contradictoires.

D'après ce dernier, le fermier sortant n'est tenu de laisser que les pailles et fumiers; il peut emporter les fourrages.

On lit au contraire dans le procès-verbal du 26 août 1855, cette phrase textuelle : « Le fermier sortant est tenu de « laisser dans la ferme, *sans indemnité*, tous les fumiers, « engrais, pailles, *foins et fourrages*, sans en pouvoir em-« porter ni vendre aucun, alors même qu'il en existerait « une plus grande quantité que celle reçue lors de l'entrée « en jouissance, *et sauf à tenir compte du déficit, s'il en* « *existe un.* »

Vézelay. — Il n'existe aucun Usage positif.

Le fermier sortant laisse les pailles et fumiers, mais non pas les fourrages existant à l'époque de la sortie.

ARRONDISSEMENT DE JOIGNY.

Aillant-sur-Tholon. — Les baux des fermes expirant au 1er novembre, le fermier sortant laisse dans les granges la récolte de l'année, en blé, orge, avoine. Il exécute le battage de ces grains, après sa récolte. Il a droit aussi de déposer dans les bâtiments de la ferme, et il n'est même pas libre de déposer ailleurs la récolte des blés par lui semés à la fin de la dernière année de jouissance, et qui sont en terre au jour de son départ. Cette récolte y demeure jusqu'à ce que le battage, qui ne s'effectue que pendant l'hiver, soit achevé.

Le fermier entrant est tenu de charroyer les produits récoltés, avec les bestiaux de la ferme, depuis les champs jusqu'à la grange.

Le fermier sortant n'emporte que les grains. Les pailles, ainsi que les fourrages de toute espèce, et les fumiers, ap-

partiennent à celui qui le remplace. Aussi le battage ne s'o-
père que lentement, dans l'intérêt même du fermier entrant,
et de manière à lui laisser la faculté d'utiliser les menues
pailles pour la nourriture de ses bestiaux.

Le fermier entrant devient maître et libre possesseur,
savoir : des bâtiments d'habitation, des écuries, des prés, des
pâtures et des terres en herbes artificielles, ou de celles dépouillées de leur récolte, dès le jour où son bail commence.
Quant aux terres récemment emblavées par le fermier sortant, il ne peut en jouir qu'après la récolte à effectuer dans
le cours de l'année suivante.

Les contributions sont payées en totalité par le propriétaire.

Bléneau. — Mêmes Usages que ci-dessus.

On ajoute que, pendant les battages, le fermier entrant
doit donner place à son feu aux batteurs du fermier sortant.

L'année d'expiration du bail, le fermier sortant paye les
10/12 des contributions à la charge des preneurs, et le fermier entrant paye les deux autres douzièmes, ainsi que la
totalité de celles afférentes à l'année qui suit.

Les prestations de la dernière année du bail sont acquittées
par le fermier sortant; celles de l'année suivante par le nouveau fermier.

Les remises faites par le fermier sortant au fermier entrant sont constatées par un état, qui se dresse à l'amiable
ou sur expertise.

Brienon. — La position du fermier entrant et celle du
fermier sortant sont réglées par les dispositions de l'art.
1777 du code civil, sans qu'en aucun cas on déroge à ses

prescriptions, quelle que soit l'époque à laquelle le bail expire.

Le fermier sortant conserve après sa sortie le droit d'engranger et de battre la récolte qu'il a laissée en terre. Il n'est tenu de vider complètement les lieux qu'au 1er avril qui suit cette récolte.

Il ne peut enlever que les grains et doit laisser au fermier entrant toutes les pailles, ainsi que les fourrages et les fumiers existant dans la ferme à l'expiration du bail.

Pendant le temps de l'arrière-jouissance, le fermier entrant doit laisser au fermier sortant le logement nécessaire aux personnes qui rentrent et battent la dernière récolte; il doit leur abandonner encore la moitié des cours et jardins.

Cerisiers. — Le fermier entrant a droit à la jouissance d'une chambre, d'un grenier; d'écuries pour les chevaux, pour les vaches et pour les moutons; d'un emplacement pour les fourrages, et des aisances nécessaires pour son exploitation. Le fermier sortant jouit des granges, hangars, et du surplus des bâtiments, jusqu'à la fin des battages qui a lieu ordinairement avant le 1er mars.

Le fermier sortant peut emporter les fourrages qu'il n'a pas consommés, et tous les grains, plantes, légumes, qu'il a recueillis. Il ne doit laisser que les pailles et fumiers.

Le fermier sortant paye les contributions et acquitte les prestations de la dernière année.

Pas d'autre Usage reconnu.

Charny. — Voir ci-dessus Aillant et Bléneau.

Non-seulement le fermier sortant n'emporte ni les pailles, ni les fourrages existant à l'expiration du bail, mais il doit laisser une quantité de fourrages égale aux deux tiers de ce qu'il a recueilli dans la dernière récolte. Il doit, en outre, laisser la totalité des pailles.

Le fermier entrant n'est tenu à aucune obligation vis-à-vis du sortant pour la rentrée des grains récoltés après l'expiration du bail.

Les contributions des portes et fenêtres de l'année où s'effectue la sortie restent en totalité à la charge du fermier sortant. De même pour les prestations. L'année suivante, tout est à la charge de l'entrant, bien que le nom du sortant reste encore porté sur les rôles.

Joigny. — On ne signale pas d'Usage constant.

Le fermier sortant doit vider complètement les lieux le 1er mars qui suit la dernière récolte.

Le fermier sortant paye les contributions et acquitte les prestations de l'année de sortie. Celles des années suivantes sont à la charge de l'entrant.

Saint-Julien-du-Sault. — L'expiration des baux a lieu le 11 novembre. Le fermier sortant a droit de conserver dans les bâtiments loués la récolte en céréales qu'il vient de faire, et aussi la libre disposition des granges pour y effectuer le battage. Il a les mêmes droits quant à la récolte en blé qu'il a mise en terre avant de sortir, et ne doit vider complètement la ferme qu'au 1er mars, après cette dernière récolte.

Il ne laisse que les pailles, fourrages et fumiers qu'il a reçus en entrant. S'il y en a une quantité plus considérable, il l'emporte, de même que les grains lui appartenant.

Il est obligé de souffrir que le nouveau fermier sème des prairies dans les blés ensemencés avant l'expiration du bail.

On ne signale aucune obligation du fermier entrant vis-à-vis du fermier sortant pendant la durée de l'arrière-jouissance.

Les contributions des portes et fenêtres de la dernière année sont payées en totalité par le fermier sortant.

Les remises faites par celui qui sort à celui qui entre sont ordinairement réglées par un état.

Saint-Fargeau. — Voir Aillant-sur-Tholon et Bléneau. Mêmes règles.

Le fermier entrant paye les deux douzièmes des contributions échues depuis son entrée dans la ferme (10 novembre). Le fermier sortant acquitte les prestations de la dernière année (1).

Aucune règle fixe sur les remises faites par l'entrant au sortant.

Villeneuve-sur-Yonne. — L'entrée en jouissance pour les baux à ferme étant ordinairement fixée au 23 avril (saint Georges), le fermier sortant doit avoir terminé à cette époque la semaille des récoltes auxquelles il peut encore avoir droit. Il laisse à celui qui lui succède la libre disposition de tous les bâtiments de la ferme, à l'exception des granges et greniers destinés à recevoir et à battre la prochaine récolte.

Le fermier sortant a droit néanmoins de conserver une

---

(1) La Commission cantonale signale, en outre, les difficultés auxquelles donnent lieu les prestations de l'année suivante, parce que le nom du fermier n'est pas encore changé sur les rôles. Cette difficulté de forme ne change en rien au fonds du droit, et la Commission n'indique pas qui de l'entrant ou du sortant est tenu en définitive.

chambre, s'il y en a plusieurs, et, dans le cas contraire, une place au foyer de l'entrant pour lui et pour les personnes qu'il emploie, soit à la moisson, soit au battage de ses grains, pendant la période d'arrière-jouissance. Il peut encore loger dans les écuries, pendant ces dernières opérations, un ou deux chevaux, suivant l'importance de l'exploitation.

Le fermier sortant doit laisser toutes les pailles, tous les fourrages et fumiers, existant dans la ferme à l'époque de la sortie.

Pendant la période d'arrière-jouissance, il n'a d'autre droit sur les immeubles que celui d'y recueillir les grains ensemencés avant l'expiration du bail.

Le fermier entrant n'est tenu à fournir au sortant aucune facilité en dehors de celles mentionnées ci-dessus.

La première année de fermage n'étant considérée que comme une année de préparation pour l'entrant, il ne commence à payer ses loyers qu'à l'expiration de la seconde année, quand il a déjà fait une récolte : par une conséquence forcée, il ne verse son dernier terme qu'une année après l'expiration du bail. De même, et pour les mêmes raisons, l'entrant ne paye pas les contributions et n'acquitte pas les prestations de la première année : mais, l'année de sortie, il en est tenu, bien qu'il quitte le domaine dès le 23 avril.

Les remises faites par l'entrant au sortant sont constatées par un état dressé contradictoirement entr'eux, et en présence du propriétaire.

ARRONDISSEMENT DE SENS.

Chéroy. — Le fermier entrant doit laisser au fermier sortant la jouissance d'une chambre à feu, pendant le temps de la récolte que celui-ci a encore à effectuer, et, en outre, la grange et le grenier à blé, une place à l'écurie pour les chevaux employés à la rentrée des grains, et une à l'étable pour une vache.

Le fermier entrant prend possession immédiate de tout le surplus des lieux loués.

Le fermier sortant doit laisser les pailles, fumiers et fourrages autres que les foins naturels.

Pont-sur-Yonne. — Le fermier entrant doit laisser au fermier sortant la moitié des bâtiments d'habitation, ainsi que des bergeries et écuries.

Le fermier sortant conserve, bien entendu, le droit de faire toutes les récoltes qu'il a mises en terre avant l'expiration de son bail. Ce droit s'applique non-seulement aux céréales, mais aux pommes de terre et aux betteraves.

Il doit laisser toutes les pailles et tous les fumiers. Il peut enlever les fourrages existant au jour de l'expiration.

Il conserve, après sa sortie, le droit de pâture pour ses bestiaux dans les terres de la ferme.

Il ne doit vider complètement les lieux et laisser le fermier entrant jouir exclusivement du domaine qu'au 23 avril qui suit l'expiration du bail.

Les contributions et les prestations de la dernière année sont acquittées par le fermier sortant; celles de l'année suivante par le fermier entrant.

Sens *(nord).* — Aucun Usage caractérisé n'est signalé par la commission cantonale.

Sens *(sud.)* — Même observation.

Sergines. — Il n'y a pas d'exemple de baux à ferme, qui

ne soient pas constatés par écrit, et, par conséquent, toutes les difficultés pouvant surgir entre fermier entrant et sortant sont réglées par les conventions des parties.

A l'égard des contributions et prestations dues pendant la dernière année de jouissance du fermier sortant, elles restent à sa charge. Le fermier entrant n'est chargé que de celles afférentes à l'année dans laquelle il récolte pour la première fois les gros grains. En sorte que, si la première année de son bail il n'avait récolté que les mars, il ne paierait, cette année-là, ni les contributions, ni les prestations, et n'en serait tenu que pour la suivante durant laquelle la récolte des blés lui appartient.

Villeneuve-l'Archevêque. — Le fermier entrant doit laisser au fermier sortant une chambre d'habitation, les granges, un grenier, et place suffisante dans les écuries, soit pour les chevaux qui rentrent la récolte, soit pour les vaches nécessaires à la nourriture du fermier sortant et de son monde.

Le fermier sortant n'a pas d'autres droits sur les immeubles, que celui d'y recueillir les récoltes qu'il a mises en terre avant la fin du bail.

Il doit laisser tous les fumiers et toutes les pailles, excepté celles dites *pailles à van*.

Il emporte, outre les pailles à van, tous les fourrages sans exception.

Il doit vider complètement les lieux le 23 avril qui suit l'expiration du bail.

Les contributions et prestations de la dernière année sont à la charge du sortant; celles de l'année suivante sont à la charge de l'entrant.

14

ARRONDISSEMENT DE TONNERRE.

Ancy-le-Franc. — Le fermier entrant doit laisser au fermier sortant une chambre pour se loger, les granges pour serrer et battre la récolte, une écurie pour les animaux nécessaires aux travaux de la moisson.

Le fermier sortant doit laisser tous les fumiers, toutes les pailles et tous les fourrages existant dans la ferme au jour de l'expiration du bail.

Cruzy-le-Châtel. — Le fermier entrant et le fermier sortant partagent le logement, jusqu'à Noël, époque où le fermier sortant doit avoir terminé les battages et vidé complètement les lieux. Ce terme est de rigueur.

Le fermier sortant conserve après sa sortie le droit de récolter les seigles, les froments et la première coupe des prairies artificielles.

Il emporte les fourrages existant à l'expiration du bail. Il laisse les pailles et les fumiers.

Pas d'autre Usage bien net.

Flogny. — Aucun Usage n'est signalé.

Noyers. — Le 23 avril, époque où commence la jouissance du nouveau fermier, le fermier sortant doit laisser libres tous les bâtiments de la ferme. Il n'a plus d'autres droits à exercer sur les immeubles, que celui d'y récolter les céréales par lui ensemencées. A cet effet, quand arrive l'époque de la moisson, le fermier entrant doit remettre à son prédécesseur la disposition des granges, celle d'un logement pour sa famille et ses moissonneurs, et celle d'une écurie pour les animaux nécessaires à la rentrée des récoltes.

S'il y a une machine à battre, le fermier sortant a le droit de s'en servir. Il peut réclamer un logement, pendant toute la durée du battage, et un grenier pour y déposer les grains en provenant.

Le battage des blés doit être achevé le 25 décembre, et celui des menus grains le 5 mars suivant; après quoi le fermier sortant vide complètement et définitivement les lieux affermés.

Il laisse dans la ferme tous les fumiers et toutes les pailles existant au jour de la sortie. Il peut emporter tous les fourrages par lui recueillis antérieurement et non consommés, de quelque nature qu'ils soient.

Les prestations sont acquittées par le fermier sortant, pendant l'année où finit le bail.

Les états de lieux sont dressés par le propriétaire et le fermier sortant, puis, de nouveau, par le propriétaire et le fermier entrant.

Tonnerre. — Un seul Usage est signalé. Il consiste dans l'interdiction au fermier sortant de vendre ou d'emporter, à l'époque de sa sortie, tout ou partie des pailles, fumiers et fourrages.

———

SECTION VIII.

USAGES RELATIFS AU LOUAGE D'OUVRAGE ET D'INDUSTRIE.

(Art. 1780 et 1781 du C. N.)

La loi n'a pas réglé les engagements qui se forment entre les maîtres et les domestiques. Elle n'a pas non plus, à propos de ces engagements, renvoyé les juges à l'étude et à l'application des Usages locaux. Mais, d'après l'art. 1160 du Code Napoléon, on doit suppléer dans les contrats les clauses qui y sont d'Usage, quoiqu'elles n'y soient pas exprimées. Or, le contrat qui lie le maître et le domestique, contrat verbal, cimenté à la hâte, est toujours incomplet. Le seul point que les parties intéressées prennent la peine de discuter, c'est la quotité du salaire. Sur tout le reste elles se taisent, soit par négligence, soit parce qu'elles s'en rapportent aux habitudes consacrées dans le pays. Voilà donc une matière où les Usages locaux exercent une influence notable. Voilà un nouveau chapitre qu'il faut ajouter aux précédents. Ce sera le dernier de ceux qui se rattachent aux choses réglementées par le Code Napoléon.

Les domestiques se divisent en deux catégories : ceux qui sont attachés à la personne et ceux qui sont attachés à l'exploitation. En général, dans le département de l'Yonne, ceux de la première catégorie se louent à l'année, et ceux de la seconde, tantôt à l'année, tantôt pour une saison. On trouvera sur ce point des renseignements précis et curieux dans les procès-verbaux des Commissions cantonales.

L'Usage de donner des arrhes au moment du contrat existe, avec application de l'art. 1590 du Code Napoléon : c'est-à-dire que si le maître se dédit, il perd ses arrhes ; si c'est le domestique, il doit rapporter la somme qu'il a reçue en la doublant.

Mais la question la plus délicate que présentent à résoudre les engagements réciproques des maîtres et des domestiques est celle de savoir si le terme stipulé ou fixé par l'usage est, oui ou non, un terme de rigueur. Quelques mots d'explication feront mieux comprendre la difficulté. Souvent il arrive qu'un maître est mécontent de son domestique, et désire le congédier, sans avoir pourtant un de ces motifs graves, faciles à établir, qui l'autorisent à se présenter devant le juge et à demander au besoin la résiliation du contrat. Souvent, aussi, le maître répugne à soulever un débat judiciaire qui peut amener sur l'intérieur de sa maison des révélations fâcheuses. Devra-t-il alors attendre l'expiration du terme, sans pouvoir le devancer; ou, s'il se décide à rompre ses engagements, s'il persiste à congédier son domestique avant l'expiration, s'exposera-t-il à lui payer des dommages-intérêts? Nous n'avons pas besoin d'ajouter que la même question peut surgir au sujet d'un domestique qui veut quitter son maître, sans avoir un motif de plainte très-sérieux, ou sans pouvoir justifier de ce motif.

Dans la plupart des cantons du département on établit une distinction fondamentale entre les domestiques attachés à la personne et les domestiques attachés à l'exploitation.

Pour ceux qui sont attachés à la personne, il n'y a pas de terme de rigueur. Le maître est toujours libre de renvoyer le domestique, et le domestique de quitter son maître, sans que ni l'un ni l'autre soient soumis pour cela à un débat judiciaire, et contraints de prouver qu'ils ont un juste motif de résiliation. Il suffit qu'ils se préviennent quelque temps d'avance, et le délai imposé par l'Usage, pour cette espèce de congé, est ordinairement fort court (huit jours). Le maître peut même renvoyer brusquement son domestique, sans congé ni délai, sauf à lui payer, outre les gages échus (1), les gages d'une période de temps égale à celle qui aurait dû s'écouler entre l'avertissement et la sortie. Peut-être serait-il plus juste, comme on fait dans certaines localités, de donner au domestique ainsi congédié une somme qui représente à la fois les gages et la nourriture qu'il eût reçus dans la maison, jusqu'à l'époque de sa sortie, s'il eût été averti régulièrement. Quand c'est, au contraire, le domestique qui se décide à quitter brusquement son maître, il est obligé de subir sur ses gages échus une retenue calculée sur des bases analogues.

Pour les domestiques agricoles, l'Usage, sans être universel, est généralement contraire à celui que nous venons de rapporter. Il semble que le caprice des uns ou des autres, admissible quand il s'agit de services personnels, ne mérite plus autant d'égards quand il s'agit de services agricoles. Si le maître ou le domestique ont des motifs sérieux de résiliation, rien ne les empêche de soumettre ces motifs à l'examen de la justice. Aussi, le terme est de rigueur. La convention doit être exécutée de part et d'autre pendant toute la durée qu'elle comporte, et, si l'une des parties, sans cause légitime ou

(1) Les gages sont des fruits civils, art. 586 du Code Napoléon. Ils s'acquièrent jour par jour. D'après cela, le domestique gagne chaque jour 1/365e de la somme stipulée pour un an. C'est sur cette base qu'il faut établir le décompte des gages échus. Voyez ci-dessous, pour les services agricoles, une règle spéciale, qui ne s'applique pas aux domestiques attachés à la personne.

dûment constatée, prétend à se délier de ses engagements, avant leur expiration, elle devient passible de dommages-intérêts.

Il y a çà et là quelques dérogations au système que nous venons d'exposer. On rencontre, notamment, plusieurs cantons dans lesquels le terme n'est jamais de rigueur, même pour les domestiques agricoles qui sont loués, soit pour une saison, soit pour une année. Dans ce dernier cas, le décompte des gages échus est soumis à des règles spéciales (1). On suppose que le prix, stipulé pour l'année entière, s'applique moitié à la saison d'été (quatre mois environ) et moitié à la saison d'hiver. Chaque moitié se subdivise ensuite en autant de fractions que la saison compte de jours. (Voir Charny, Bléneau, etc.)

Les Commissions cantonales ne formulent aucune plainte contre l'état de choses consacré par l'usage, et ne réclament pas l'intervention du législateur. Néanmoins, il nous semblerait préférable que la matière fût réglée par une loi écrite et uniforme. Les louages de services sont assez multipliés pour que le législateur s'en préoccupe, et leur réglementation, sur quelques-

(1) La Société centrale d'agriculture de l'Yonne a publié des livrets destinés aux serviteurs agricoles, livrets dans lesquels on applique des règles analogues, mais encore plus minutieuses, au décompte des gages. Nous nous empressons de signaler ces livrets à l'attention de MM. les juges de paix. Le système qui y est adopté est rigoureusement juste, et mérite de prévaloir dans les Usages de nos contrées.

unes des bases indiquées ci-dessus, ne soulèverait aucune difficulté.

Seulement, nous serions tenté de réclamer un délai plus long que le délai usuel entre le congé et la sortie, pour ce qui concerne les domestiques attachés à la personne. Huit jours sont bien peu pour se pourvoir, même dans les grandes villes. Nous insisterions pour que l'indemnité, au cas de renvoi sans congé, comprît les gages et la nourriture du temps qui eût dû précéder la sortie. Enfin, nous souhaiterions que pour les domestiques agricoles, sans distinction, le délai fût toujours de rigueur : toute location faite à l'année devrait durer un an, toute location faite à la saison devrait durer une saison. Et cela dans l'intérêt commun du maître et des domestiques. Un maître remplace si difficilement un serviteur, et le serviteur a tant de peine à se replacer, en dehors des époques ordinaires de *louée*. D'ailleurs, en cas de plainte sérieuse, chacune des parties conserverait le droit de rompre ses engagements, sans s'exposer à des dommages-intérêts, en faisant prononcer la résiliation par le juge de paix, magistrat paternel, habitant la localité, pouvant se renseigner facilement, et, par conséquent, très-propre à vider de semblables débats.

Relativement aux autres locations d'ouvrage ou d'industrie, nous ne trouvons dans le département aucun Usage qui vaille la peine d'être signalé.

EXTRAIT DES PROCÈS-VERBAUX DES COMMISSIONS CANTONALES.

———

ARRONDISSEMENT D'AUXERRE.

Auxerre *(est* et *ouest)*. — Les domestiques attachés à la personne ne se louent pas à des époques fixes. Ceux qui sont attachés à l'exploitation agricole se louent d'habitude à la saint Jean.

L'Usage des arrhes est fort commun. Si celui qui a donné les arrhes vient à se dédire, il les perd. Si c'est celui qui les a reçues, il les rend en y ajoutant une somme égale.

La location des domestiques attachés à la personne n'est pas faite pour un temps déterminé. Pour ceux qui sont attachés à une exploitation agricole, l'Usage est que leur service doit durer un an.

En cas de plainte légitime et régulièrement constatée, les maîtres peuvent renvoyer leurs domestiques, et les domestiques peuvent quitter leurs maîtres avant l'expiration du terme.

Hors de ces cas, l'Usage est d'accorder huit jours de gages au domestique attaché à la personne et congédié sans avertissement préalable. Inversement, quand le domestique sort sans motif sérieux, on lui retient huit jours de gage.

Même règle, quand il s'agit des domestiques attachés à l'exploitation agricole; sans préjudice de dommages-intérêts, si le renvoi ou la sortie a lieu dans des circonstances telles que le maître ou le domestique en éprouve quelque embarras notable.

Pas d'autre Usage dans les deux cantons relativement au louage d'ouvrage et d'industrie.

Chablis. — Les domestiques attachés à la personne ne sont pas loués pour un terme fixe. Ceux attachés à l'exploitation sont loués pour une année ou pour une saison.

Les domestiques attachés à la personne sont congédiés ou quittent leurs maîtres, *ad libitum*, sans indemnité, de part ni d'autre.

Les domestiques attachés à l'exploitation ne peuvent être renvoyés, ni cesser leur service, avant l'expiration de l'année ou de la saison convenue, sans indemnité ou retenue des gages échus, à moins de motifs sérieux et dûment constatés.

Pas d'autre Usage.

Coulanges-la-Vineuse. — Les domestiques attachés à la personne se louent à l'année. Ceux qui sont attachés à l'exploitation agricole se louent pour une saison, c'est-à-dire de la saint Jean au 11 novembre ou quelquefois de la saint Jean à Noël, et du 11 novembre ou du 25 décembre à la saint Jean.

Les maîtres ne peuvent renvoyer leurs domestiques et les domestiques ne peuvent quitter leurs maîtres avant l'expiration du terme convenu, sans indemnité, à moins qu'il n'y ait de part ou d'autre des motifs légitimes de plainte.

Coulanges-sur-Yonne. — Les domestiques attachés à la personne se louent pour un an. Les domestiques attachés à l'exploitation, pour une saison. La saison d'été s'étend du 1er mars au 30 novembre, et celle d'hiver du 30 novembre au 1er mars. Souvent aussi, la saison d'été ne commence qu'au 24 juin pour finir au 11 novembre, et la saison d'hiver s'étend alors du 11 novembre au 24 juin.

Les maîtres ne peuvent congédier leurs domestiques et les domestiques ne peuvent quitter leurs maîtres, avant l'expiration du terme convenu, sans motifs légitimes.

Si cette règle est violée, il n'y a lieu à dommages-intérêts de part et d'autre.

L'Usage des arrhes est assez répandu. En cas de dédit, celui qui a donné les arrhes les perd. Si celui qui les a reçus veut se délier de ses engagements, il rend les arrhes en les doublant.

Courson. — Les domestiques attachés à la personne se louent pour un an. Ceux attachés à l'exploitation se louent aussi quelquefois pour un an, mais plus ordinairement pour une saison, c'est-à-dire du 14 mai (saint Pèlerin) au 11 novembre (saint Martin), ou du 24 juin (saint Jean) au 25 décembre (Noël).

Pour les arrhes, même Usage que ci-dessus.

Pour résiliation des conventions avant l'expiration du terme, même Usage qu'à Coulanges-sur-Yonne.

Ligny. — Un seul Usage constaté. C'est que les maîtres ne peuvent congédier leurs domestiques, ou les domestiques ne peuvent quitter leurs maîtres avant l'expiration du terme convenu, sans s'exposer à des dommages-intérêts; à moins qu'il n'y ait d'une part ou d'autre des motifs légitimes de plainte.

Saint-Florentin. — pas d'Usage constaté.

Seignelay. — Les domestiques attachés à la personne se louent à l'année. Les domestiques attachés à l'exploitation pour une saison ou un temps déterminé.

L'Usage des arrhes n'est pas général. Quand les arrhes

sont données et reçues, les choses, en cas de dédit, se passent comme à Auxerre (voir ci-dessus).

Les domestiques attachés à une personne peuvent être congédiés ou quitter leurs maîtres, quand bon leur semble, sauf à prévenir huit jours d'avance. S'il n'y a pas d'avertissement préalable, le maître doit huit jours de gages et de nourriture, ou bien le maître retient somme égale, suivant les cas.

Pour les domestiques attachés à l'exploitation, la convention doit être exécutée jusqu'au terme convenu, sauf les cas de plainte légitime. S'il y a inexécution, les dommages-intérêts sont arbitrés par le juge.

Saint-Sauveur. — Les domestiques personnels se louent à l'année. Les domestiques agricoles se louent pour un terme, savoir : du 24 juin au 11 novembre ou du 11 novembre au 24 juin (1).

L'Usage des arrhes existe : on se conforme à l'art. 1590 du code Napoléon, en cas de dédit.

Si la Convention n'est pas exécutée jusqu'à l'expiration du terme, et sans motifs légitimes de résiliation, les maîtres paient quinze jours de gages en sus des gages échus, ou les domestiques subissent une réduction égale. Le juge peut, en outre, tenir compte des circonstances pour allouer des dommages-intérêts.

Toucy. — Les domestiques personnels se louent à l'année; les domestiques agricoles pour deux termes équivalents, du 24 juin au 11 novembre, ou du 11 novembre au 24 juin.

---

(1) On ajoute que les gages sont les mêmes pour chacun de ces termes, en apparence inégaux.

L'Usage des arrhes existe, avec application par analogie de l'art. 1590.

Lorsqu'il s'agit de services personnels, le maître peut congédier ses domestiques quand bon lui plait, et le domestique peut de même abandonner son maître, sans indemnité de part ni d'autre.

Lorsqu'il s'agit, au contraire, de domestiques agricoles, la convention doit être exécutée jusqu'à l'expiration du terme.

On cite certains louages d'industrie assujettis à des règles spéciales. Les maçons, les tuiliers, les scieurs de long et les individus employés à l'extraction des ocres, se louent pour *une campagne*. Cette *campagne* dure depuis le 1er mars jusqu'au 11 novembre.

Vermenton. — Les domestiques des deux catégories se louent à l'année.

Hors les cas de plainte légitime, la convention doit être exécutée jusqu'à l'expiration du terme : sinon, il y a lieu à dommages-intérêts.

ARRONDISSEMENT D'AVALLON.

Avallon. — Les domestiques attachés au service personnel peuvent toujours être congédiés ou quitter leur maître, sans indemnité de part ni d'autre. Il n'en est pas de même pour les domestiques attachés à l'exploitation : quant à eux, la convention doit être exécutée jusqu'à son terme, sans motifs légitimes, ou dommages-intérêts s'il y a lieu.

Pas d'autre Usage constaté.

Guillon. — Les domestiques des deux catégories se

louent pour une année, qui commence ordinairement le 1er mars.

Au moment de la location, on donne généralement le *denier à Dieu,* qui n'a pas un caractère d'arrhes.

Hors les cas de plainte légitime, la convention doit être exécutée jusqu'à son terme : sinon, il y a lieu à indemnité de part et d'autre.

L'Isle-sur-le-Serein. — Les domestiques des deux catégories se louent d'habitude à l'année. Cependant les domestiques attachés à l'exploitation se prennent quelquefois pour une saison.

Les domestiques attachés à la personne peuvent toujours être congédiés ou quitter leur service, sauf un délai de huit jours laissé aux uns et aux autres pour se pourvoir.

Quant aux domestiques attachés à l'exploitation, même règle que ci-dessus.

Quarré-les-Tombes. — Les domestiques des deux catégories se louent pour l'année ou pour une saison. La saison est calculée du 1er mars au 11 novembre, ou du 11 novembre au 1er mars.

La convention doit être exécutée jusqu'à son terme, à moins de motifs légitimes : sinon, il y a lieu à indemnité.

Vezelay. — L'Usage des arrhes existe avec les conséquences prévues par l'art. 1590 du code Napoléon.

Les domestiques attachés au service personnel peuvent toujours être congédiés ou quitter leurs maîtres, sans qu'il y ait jamais lieu à indemnité de part ou d'autre.

Les domestiques attachés à l'exploitation se louent à l'année ou seulement pour la saison des travaux (de février ou mai jusqu'au 11 novembre). La convention doit être exécutée jusqu'à son terme, comme dans les cantons précédents.

ARRONDISSEMENT DE JOIGNY.

Aillant. — Les domestiques se louent à l'année. L'Usage de donner des arrhes existe, avec les conséquences prévues par l'art. 1590.

Pas d'autre indication dans le procès-verbal de la Commission cantonale.

Bléneau. — Les domestiques attachés à la personne se louent ordinairement à l'année. Néanmoins, le maître peut renvoyer son domestique en lui donnant huit jours pour chercher une place. Le domestique peut également quitter son maître en le prévenant huit jours d'avance.

Les domestiques attachés à l'exploitation se louent pour quatre mois, de la saint Jean à la Toussaint, ou pour huit mois de la Toussaint à la saint Jean; sauf les cas de plaintes légitimes, la convention doit être exécutée jusqu'à son terme; sinon, indemnité fixée par le juge. A l'expiration, le domestique n'a pas besoin de prévenir qu'il quitte la maison. C'est au maître, s'il veut conserver le domestique, à le lui demander avant les *louées*.

Le salaire de chaque terme est censé égal. Si un domestique, loué pour les quatre mois d'été à raison de 100 francs, reste chez le même maître durant la saison d'hiver, sans convention nouvelle, il a droit à la même somme de 100 fr., ni plus ni moins.

L'Usage des arrhes existe, avec les conséquence prévues

par l'art. 1590, s'il y a dédit. Si, au contraire, la convention s'exécute jusqu'à son terme, les arrhes sont conservées par le domestique en sus du gage. Si, enfin, le domestique ne fait pas tout le temps convenu, il n'a droit de retenir qu'une partie proportionnelle des arrhes, en sus des gages échus.

Brienon. — Les domestiques des deux catégories se louent à l'année. La convention doit être exécutée jusqu'à son terme, sauf le cas de plainte légitime.

L'Usage des arrhes existe, avec application par analogie de l'art. 1590.

Charny. — Les domestiques attachés au service personnel, les bergers et les domestiques femelles, attachés à l'exploitation, se louent à l'année; mais le terme n'est pas de rigueur : maîtres et domestiques peuvent se donner congé, quand bon leur plaît, en se prévenant quinze jours d'avance. Aucune indemnité n'est due de part ni d'autre. Le décompte des gages échus se fait, en prenant pour base la somme stipulée pour l'année, et au prorata des jours de service, sans distinction de saison.

Les domestiques mâles, attachés à l'exploitation, se louent également à l'année. Quelquefois on a recours aux locations par saison. La saison d'été commence au 24 juin et finit au 1er novembre. Dans ces deux cas, maîtres et domestiques peuvent toujours se donner congé en se prévenant quinze jours d'avance. Seulement, si le gage a été stipulé à tant par an, dans le décompte à faire pour les gages échus au jour de la sortie, on admet que la moitié de la somme stipulée est applicable aux quatre mois d'été, et l'autre moitié aux huit mois d'hiver.

Cerisiers. — Les domestiques des deux catégories se

15

louent le 24 juin pour une année ; sauf les charretiers qui se louent quelquefois pour une saison du 24 juin au 1er novembre.

Le terme est de rigueur. Si la convention n'est pas exécutée complètement, il y a lieu à indemnité de part ou d'autre.

Lors de la *louée*, le maître donne aux hommes un *pour boire*, aux femmes des *épingles*. En général, la somme ainsi donnée l'est en sus du gage prévu, sauf répétition proportionnelle dans le cas où le domestique ne ferait pas tout son temps. Quelquefois le *pour boire* ou les *épingles* s'imputent sur le gage futur. Dans tous les cas, le domestique est lié vis à vis du maître par la réception desdites sommes (1).

Joigny. — Les domestiques attachés à la personne peuvent toujours être congédiés ou quitter leur maître, pourvu que les uns ou les autres se préviennent huit jours d'avance. Si le maître n'a pas prévenu, il paye huit jours de gages en sus de ceux échus. Si le domestique sort brusquement, on lui retient huit jours.

Pour les domestiques attachés à l'exploitation agricole, le terme convenu est de rigueur. Celui qui le devance est tenu à dommages-intérêts.

L'Usage de donner des arrhes existe, avec les conséquences prévues par l'art. 1590.

Saint-Fargeau. — Les domestiques de toutes catégories se louent aux *louées* qui précèdent la saint Jean et

(1) Et le maître ? Est-il lié ? Puis, quelle est la sanction, si l'un ou l'autre n'exécute pas ?...

la Toussaint. Ceux attachés au service personnel se louent pour un an; ceux attachés à l'exploitation, tantôt pour un an, tantôt pour un terme. Le terme d'été commence au 24 juin, celui d'hiver au 1er novembre.

La convention doit être exécutée jusqu'à l'époque d'expiration, sauf le cas de plaintes légitimes. Celui qui voudrait se délier sans motifs sérieux deviendrait passible de dommages-intérêts.

Il est presque toujours donné des arrhes en sus ou en diminution du prix. Le domestique qui les a reçus peut échapper à son engagement en les rendant et en les doublant. Encore faut-il que le maître puisse retrouver un autre serviteur? Sans quoi, la restitution des arrhes ne suffirait pas et pourrait être accompagnée de dommages-intérêts.

Saint-Julien-du-Sault. — Les domestiques des deux catégories se louent à l'année, *terme de rigueur*.

Les arrhes produisent les conséquences indiquées par l'art. 1590.

Villeneuve-sur-Yonne. — L'Usage des arrhes n'existe plus.

Les domestiques attachés à la personne peuvent être congédiés ou quitter leurs maîtres, sauf aux uns comme aux autres à se prévenir huit jours d'avance.

Les domestiques attachés à l'exploitation sont loués pour une année, à compter de la Saint-Jean, et le terme est de rigueur pour eux aussi bien que pour les maîtres.

ARRONDISSEMENT DE SENS.

Chéroy. — Les domestiques attachés à la personne se louent au mois; les domestiques attachés à l'exploitation se louent à l'année.

Hors des cas de plaintes légitimes, les domestiques ne peuvent être congédiés ou quitter leurs maîtres qu'à l'expiration du terme; sinon, dommages-intérêts.

L'Usage des arrhes existe avec faculté de se dédire dans les vingt-quatre heures.

Pont-sur-Yonne. — Les domestiques des deux catégories se louent à l'année. Pour les domestiques attachés à l'exploitation, cette année commence habituellement le 24 juin.

L'Usage des arrhes existe, avec les conséquences indiquées par l'art. 1590.

Maîtres et domestiques peuvent rompre les engagements, quand bon leur semble, en se prévenant huit jours à l'avance, sans qu'il soit dû d'indemnité de part ni d'autre.

Sens *(nord* et *sud)*. — Les domestiques attachés à la personne, surtout en ce qui concerne la ville, se louent au jour le jour. Cependant il est d'Usage que le maître et le domestique doivent se donner congé huit jours à l'avance, quand l'un veut congédier ou quitter l'autre.

Les domestiques attachés à l'exploitation agricole se louent pour une année, d'une saint Jean à l'autre, ou d'une saint Martin à l'autre. Ici, le terme est de rigueur, et chacune des parties contractantes est passible de dommages-intérêts, quand elle rompt ses engagements avant l'expiration, sans motif légitime.

L'Usage des arrhes existe, avec application par analogie de l'art. 1590.

Sergines. — Les domestiques attachés à la personne se louent à tant par an. La location a lieu à toute époque de l'année.

Les servantes de ferme se louent à la saint Jean, pour un an.

Les valets de ferme se louent dans les mêmes conditions. Cependant, les charretiers se louent quelquefois pour une saison, du 1er février au 24 juin, ou du 24 juin au 1er novembre.

L'Usage est de donner des arrhes, avec les conséquences indiquées par l'art. 1590.

Même en dehors des cas de plaintes légitimes, on peut renvoyer un domestique, et celui-ci peut quitter son maître, à la seule condition de se prévenir réciproquement huit jours d'avance.

Si le renvoi ou la sortie occasionnait à l'un ou à l'autre un préjudice exceptionnel, il y aurait lieu à des dommages-intérêts, que le juge arbitrerait.

Lorsqu'il s'agit de domestiques agricoles, autres que des bergers, on suppose que le gage total de l'année s'applique pour moitié à la saison d'été (du 24 juin au 11 novembre), et moitié à la saison d'hiver (du 11 novembre au 24 juin). Si le domestique sort avant la fin de son année, on calcule sur cette base la somme qui lui revient pour gages échus.

Villeneuve-l'Archevêque. — Les domestiques attachés à la personne se louent à l'année. Les domestiques attachés à l'exploitation se louent de même à l'année, et parfois pour un terme seulement, ainsi de la Chandeleur à la saint Jean, ou de la saint Jean à la saint Martin.

L'Usage des arrhes existe, avec application de l'art. 1590.

L'engagement réciproque des maîtres ou des domestiques peut toujours être résolu par la volonté d'une seule partie, sauf à prévenir l'autre huit jours d'avance.

Les gages sont calculés proportionnellement (1).

ARRONDISSEMENT DE TONNERRE.

Ancy-le-Franc. — Toutes les catégories de domestiques se louent à l'année. Hors les cas de plaintes légitimes et dûment constatés, les maîtres ne peuvent renvoyer leurs domestiques, et les domestiques ne peuvent quitter leurs maîtres, avant l'expiration du terme. Sinon, il y a lieu à indemnité.

Pas d'autre Usage constaté.

Cruzy-le-Châtel. — Mêmes réponses que ci-dessus.

Flogny. Les domestiques des deux catégories se louent à l'année. On n'est pas très rigoureux sur la durée des engagements, et l'on admet volontiers que le maître puisse congédier son domestique, ou que le domestique puisse quitter son maître, en se prévenant l'un l'autre quinze jours à l'avance.

(1) Le procès-verbal de la Commission cantonale de Villeneuve, en date du 9 janvier 1858, paraît appliquer la même règle à toutes les catégories de domestiques. Au contraire, celui du 30 juin 1855 ne semble s'appliquer qu'aux *domestiques bourgeois*.

Quelquefois des arrhes sont données, avec application de l'art. 1590.

Noyers. — Les domestiques des deux catégories se louent à l'année.

L'Usage des arrhes n'existe pas.

Le terme n'est pas de rigueur pour les domestiques attachés à la personne : il l'est, au contraire, pour les domestiques attachés à l'exploitation.

Tonnerre. — L'Usage des arrhes existe, avec application de l'art. 1590.

Les domestiques des deux catégories se louent à l'année. Mais le terme n'est pas de rigueur, et les engagements pris peuvent être résiliés, quand il plait à l'une des parties, sans qu'il soit dû d'indemnité.

CHAPITRE DEUXIÈME.

USAGES LOCAUX AUXQUELS SE RÉFÈRENT DIVERSES LOIS, OU QUI ONT TRAIT A DES MATIÈRES QU'ELLES RÉGLEMENTENT.

SECTION PREMIÈRE.

DES ABEILLES.

(Loi du 6 octobre 1791, titre I, sect. III, art. 5.)

La Commission centrale de l'Yonne avait cru pouvoir introduire dans son Questionnaire les demandes suivantes :

Existe-t-il quelques Usages locaux touchant la propriété des abeilles, la distance où les ruches doivent être placées de la propriété voisine, etc...?

Comment se constate et se conserve le droit de suite établi par l'article 5, titre Ier, section III de la loi du 6 octobre 1791?

Ces deux questions n'ont pas reçu de réponse, ou les réponses consignées dans quelques procès-verbaux des

Commissions cantonales peuvent être résumées en peu de mots.

Bien que l'apiculture ait pris de notables développements dans certains de nos cantons, aucun Usage local ne s'est encore établi pour compléter les dispositions trop laconiques de la loi. Il faudra pourtant régler tôt ou tard la distance à laquelle les ruches doivent être placées le long d'une propriété voisine ; car ce point a déjà soulevé quelques difficultés.

Quant au droit de suite, il se constate par témoins, c'est-à-dire que le propriétaire de l'essaim, en cas de contestation, établit par témoins : 1° Que l'essaim est sorti de ses ruches ; 2° Qu'il n'a pas cessé de le suivre. Pour que la justification soit plus facile, les cultivateurs ont coutume de frapper sur des instruments de cuivre en suivant leur essaim. Ce bruit, disent quelques Commissions cantonales, a pour but d'éveiller l'attention des gens de la campagne, et de donner en quelque sorte une notoriété publique à l'exercice du droit de suite. Nous avons entendu souvent fournir une autre explication de cette même coutume. On prétend que le bruit des instruments de cuivre décide l'essaim à se poser sur une branche d'arbre, au-dessous de laquelle il est facile de le recueillir. Mais cette dernière explication ne paraît pas exacte : le bruit, au lieu d'arrêter les essaims, les effraye et les fait fuir jusqu'à ce que la fatigue les arrête.

SECTION II.

DU PARCOURS ET DE LA VAINE-PATURE.

(Loi du 6 octobre 1791, sect. IV).

———

§ 1er. — DU PARCOURS.

Craignant de froisser des habitudes invétérées, les rédacteurs du Code rural de 1791 n'ont pas osé supprimer la servitude de parcours, et, convaincus que cette servitude fâcheuse devait tôt ou tard disparaître, ils n'ont pas voulu lui donner une consécration définitive. Dans ce double but, ils ont imaginé la disposition suivante : « La servitude réciproque de paroisse à paroisse, « connue sous le nom de parcours, et qui entraîne avec « elle le droit de vaine-pâture, continuera, *provisoi-* « *rement*, d'avoir lieu avec les restrictions déterminées « à la présente section, lorsque cette servitude sera fon-

« dée sur un titre ou sur une possession autorisée par
« les lois et les Coutumes. »

On ne cite, dans le département de l'Yonne, que deux
communes où l'Usage du parcours soit fondé sur un
titre. Le 14 avril 1488, une transaction, reçue Delaporte,
notaire à Noyers, intervint entre les seigneurs de Fresnes
et de Sambourg, transaction par laquelle les habitants de
ces deux paroisses étaient autorisés à exercer le parcours
sur les deux territoires limitrophes de clocher à clocher.
Quoique cet acte remonte à une époque fort reculée, il
est encore exécuté de nos jours. Les habitants de Fresnes,
canton de Noyers, envoient paître leurs bestiaux jusqu'au
clocher de Sambourg, canton d'Ancy-le-Franc, et les
habitants de Sambourg usent du même droit sur le territoire de Fresnes, bien que la servitude de parcours
n'existe pas dans les autres communes voisines des cantons d'Ancy-le-Franc et de Noyers. Nous ne connaissons
pas d'autre exemple du parcours fondé sur un titre.

Mais la plus grande partie de nos communes pourraient
invoquer une possession ancienne autorisée par la législa-
lation coutumière. En effet, la Coutume de Sens, celle
de Troyes, celle de Lorris et celle d'Auxerre, consacraient
jadis parmi nous la servitude de parcours. Leurs dispositions sont formelles. La Coutume de Troyes entre même
dans des détails assez précis. » On garde audit bailliage
« (dit l'art. 99, titre X), que les habitants des villes et
« villages, dont les finages ou territoires sont voisins ou

« tenants l'un à l'autre, peuvent mener champoyer et
« vain-pasturer leur bestes grosses et menues, les uns
« sur les autres, de clocher à autre ; et s'ils le passent et
« y sont prins par justice du lieu, y a amende de soixante
« sols tournois... et néanmoins bestes blanches peuvent
« être menées si loin que l'on veut, pourveu qu'elles
« retournent ou puissent retourner au giste de jour en
« leur finage... etc. » Nous concluons de ces dispositions
que l'Usage du parcours existait autrefois dans les quatre
cinquièmes ou environ du département de l'Yonne. Les
localités régies par la Coutume de Bourgogne en étaient
exemptes, puisque cette Coutume proscrivait le parcours.
La Coutume de Nivernais est muette à cet égard ; mais
du reste elle ne s'appliquait ici qu'à bien peu de paroisses.

En venant jusqu'à nous, les choses se sont profondément modifiées. De toutes parts, les plus vives réclamations se sont élevées contre un Usage dont les abus ont
frappé tous les yeux. Aussi le voyons-nous disparaître
peu à peu dans une foule de pays, où il était consacré par
les Coutumes. Voici, d'après les déclarations des Commissions cantonales, la liste des cantons où le parcours subsiste encore, de ceux où il a complètement
disparu, et de ceux où règne un état mixte, c'est-à-
dire de ceux où il y a des communes réciproquement
soumises au parcours et des communes qui en sont
exemptes :

Cantons où le parcours existe.

Auxerre (*est* et *ouest*),	Saint-Florentin,
Chablis,	Flogny (1),
Courson,	Brienon,
Coulanges-sur-Yonne,	Joigny,
Seignelay,	Toucy.

En tout onze cantons.

Cantons où le parcours a disparu complètement.

Coulanges-la-Vineuse,	Saint-Fargeau,
Ligny,	Saint-Julien-du-Sault,
Saint-Sauveur,	Villeneuve-sur-Yonne,
Vermenton,	Chéroy,
Avallon,	Pont,
Guillon,	Sens (*nord* et *sud*).
Quarré,	Sergines,
Vézelay,	Villeneuve-l'Archevêq.
Aillant,	Noyers (2),
Bléneau,	Ancy-le-Franc,
Cérisiers,	Tonnerre,
Charny,	Cruzy.

En tout vingt-cinq cantons.

Canton où le parcours n'existe que partiellement.

L'Isle-sur-le-Serein.

(1) Nous comprenons ici Flogny, quoique déjà l'on soit parvenu à se débarrasser du parcours dans quelques communes, parce que la majeure partie du canton y est encore soumise de fait.

(2) Nous inscrivons les cantons de Noyers et d'Ancy-le-Franc parmi ceux où le parcours a complètement disparu. Mais nous rappelons qu'il existe dans ces deux cantons une exception pour les communes de Fresnes et de Sambourg, exception fondée sur un titre, comme il a été dit plus haut.

Parmi les cantons où le parcours existe, il en est plusieurs qui essaient de s'en débarrasser. La commission cantonale d'Auxerre signale les efforts tentés dans ce but par les administrations municipales. Malheureusement, les arrêtés des maires n'ayant pas été précédés de toutes les formalités légales n'ont pu produire un effet décisif. On a mieux réussi dans quelques communes du canton de Flogny. Espérons que la réforme ne s'arrêtera pas là ; car il est difficile de comprendre et d'admettre l'utilité du parcours. Les hommes les plus sages n'hésitent pas à le condamner comme un abus fâcheux. Dans une lettre que M. le juge de paix du canton ouest d'Auxerre m'adressait naguère, je remarque et transcris avec plaisir le passage suivant : « Il est dans mes convictions que « la vaine-pâture accordée aux habitants d'une com- « mune sur les terres de leur territoire non closes, lors- « quelles sont dépouillées de leurs récoltes, est loin « d'être aussi utile aux pauvres qu'on le suppose ; « toutefois, je n'oserais me prononcer sur cette question « qui a sa gravité. Mais sur quoi je me prononcerais « hardiment, c'est sur le parcours de clocher à clocher. « Il est évident pour moi que le parcours ne sert pas « la cause du pauvre et n'est utile qu'à de gros proprié- « taires ou de riches fermiers, qui s'en servent pour lan- « cer de nombreux troupeaux sur les communes voisines « et en faire la pâture. » Cette opinion du plus expéri- menté de nos juges de paix, n'est-elle pas une décision

sans appel ? Surtout quand on la rapproche des efforts
tentés par les maires pour abolir le parcours, et quand
on se rappelle que cet Usage fâcheux a déjà disparu
dans une foule de cantons par la seule force des choses,
malgré la consécration des Coutumes, malgré la tolérance provisoire du Code rural.

Nous devons cependant faire observer que si la ten-
dance générale conduit à la suppression absolue du parcours, par une contradiction singulière, il est aussi des
localités dans lesquelles l'Usage l'a maintenu, bien qu'il
ait été légalement et positivement proscrit. Par exemple,
Saint-Florentin est inscrit sur la liste des cantons où le
parcours continue de s'exercer. Le fait est constaté par
la Commission cantonale, et, jusqu'en ces derniers temps,
personne ne s'est avisé de soupçonner que ce fait est illicite. Pourtant, un édit royal de mai 1769 (1), applicable à
l'ancienne province de Champagne, porte (art. 5) la disposition que voici : « Les troupeaux de chaque commu-
» nauté ne pourront plus à l'avenir être conduits sur le
» territoire des communautés voisines et adjacentes, sous
» prétexte du droit réciproque de parcours, lequel sera
» et demeurera aboli, comme nous l'abolissons par notre
» édit. » Il en résulte que le parcours ne peut plus

_____

(1) Nous recommandons à l'attention les considérations fort
sages qui ont inspiré l'édit de 1769, et qui sont formulées en tête
de cet édit. Elles s'appliquent non-seulement au parcours, mais
encore aux abus de la vaine-pâture.

être exercé dans aucune des paroisses dépendant de l'ancienne province de Champagne, puisque le code rural ne l'a maintenu que dans le cas où il se fonde sur une possession autorisée par les lois. Ici, la loi, bien loin d'autoriser, interdit formellement. Le parcours est donc illicite. C'est ce que la Cour de cassation avait déjà décidé par arrêt du 18 février 1840 (1), à propos des communes de Chaource et de Lantage (Aube). C'est ce qu'elle a encore décidé par un arrêt du 6 janvier 1859, à propos des communes de Vergigny et de Saint-Florentin. D'après cette jurisprudence, qui semble parfaitement justifiée et à l'abri de toutes critiques, le nombre des cantons, dans lesquels le parcours doit subsister, se trouve singulièrement restreint. Flogny, notamment, qui cherche à s'en débarrasser, n'aurait qu'à invoquer les dispositions de l'édit de 1769. Il nous resterait à peine cinq ou six cantons réduits à attendre les bienfaits d'un nouveau code rural.

Là où existe le parcours, il s'exerce à la même époque, sur les mêmes propriétés et dans les mêmes conditions que la vaine-pâture. Aussi, nous renvoyons, pour tous les détails qui le concernent, aux explications relatives à la vaine-pâture proprement dite. Il n'y a qu'une exception apportée par l'Usage à cette assimilation des deux droits. Dans le canton de Brienon, la vaine-pâture est

---

(1) V. Dalloz, v° **Droit rural**, n° 46.

seule admise dans les prairies naturelles, et le parcours
ne s'exerce, concurremment avec la vaine-pâture, que
sur les terres dépouillées de leurs récoltes.

§ 2. — DE LA VAINE-PATURE.

Si le parcours tend à disparaître de nos pays, il n'en
est pas de même de la vaine-pâture. Deux cantons seulement sur 37 en sont affranchis d'une manière complète : Saint-Sauveur et Quarré-les-Tombes. A Saint-
Fargeau, où elle n'était admise que sur les prairies naturelles après la fauchaison, elle est devenue fort rare,
parce que les propriétaires de prés se clôturent pour y
échapper. Mais, partout ailleurs, elle existe en droit et
en fait. En droit, elle se fonde sur un Usage immémorial consacré jadis par les dispositions coutumières et ensuite par le code de 1791. En fait, elle est passée dans
les mœurs : quelques plaintes surgissent çà et là contre
ses abus ; quelques efforts sont tentés pour la restreindre :
néanmoins, elle subsiste et subsistera tant qu'une loi générale et absolue ne l'aura pas abrogée.

Quant aux propriétés sur lesquelles elle s'exerce et
quant à l'époque où elle est admise, les règles varient à
l'infini. Nous retrouvons presque, en cette matière, la
multitude d'Usages locaux que nous avons déplorée, en

nous occupant de la distance à garder pour la plantation des vignes.

Cette diversité ne tient pas uniquement à ce que nos contrées étaient régies par des Coutumes diverses. Tantôt les prescriptions des anciennes Coutumes ont été suivies, tantôt elles ont été modifiées, et tantôt abandonnées complètement.

Ainsi, l'art. 149 de la Coutume de Sens porte que : « Préz fauchez, dont l'herbe ou foin ont été enlevés sont « réputés vaine-pâture, à moins qu'ils soient clos et fer- « més de haies ou fossés, ou que d'ancienneté on ait ac- « coutumé d'y faire regain. Toutefois, si l'herbe ou foin « étaient délaissés esdits prés, on n'y pourrait entrer jus- « qu'après la saint Remy ; et dure la vaine-pâture depuis « ce jour jusqu'à la saint Marc. » Sous l'empire de cette disposition, tous les prés étaient soumis à la vaine-pâture, à moins qu'ils ne fussent clos ou portassent regain d'ancienneté ; on y pouvait conduire les bestiaux immédiatement après l'enlèvement de la première herbe. Il n'y avait d'exception à la règle que pour le cas où le propriétaire n'avait pas cru devoir faucher son pré, sans doute pour faire consommer l'herbe sur place : alors, on n'y pouvait pénétrer qu'après la saint Remy, c'est-à-dire après le 1er octobre. Tel est le système de la Coutume, d'après son texte et l'avis des commentateurs. Aujourd'hui, dans les deux cantons de Sens, dans ceux de Pont-sur-Yonne, Villeneuve-l'Archevêque, Villeneuve-

sur-Yonne et Saint-Julien-du-Sault, on a encore la prétention de se conformer à l'art. 149. Les Commissions
cantonales ne manquent pas de le citer; mais on l'in-
terprète de telle sorte que la vaine-pâture ne s'exerce
dans tous les prés qu'après l'enlèvement des regains.
Est-ce bien là ce que disait la Coutume ? Du moins, on
eût pu conserver la date du 1er octobre, autrefois consacrée pour fixer le commencement de la vaine-pâture. En
réalité, on ne l'a conservée qu'à Sens et à Pont-sur-Yonne.
A Saint-Julien-du-Sault, le pacage a lieu dès le 1er septembre; à Villeneuve-l'Archevêque, l'ouverture est retar-
dée jusqu'au 15 octobre. Voilà des modifications profondes
et diverses apportées aux dispositions coutumières dans le
centre même de leur ressort. Si maintenant on s'écarte
du noyau central, on ne retrouve plus rien de l'art.
149. A Sergines, la vaine-pâture s'exerce dans les prés
à partir du 1er septembre pour les vaches, et du 11 novembre pour les moutons. A Cerisiers, elle ne s'exerce
pas du tout sur les prairies naturelles, etc.

Nous pourrions signaler des faits analogues dans le
ressort de la Coutume d'Auxerre. En somme, les Usages
locaux, relatifs à la vaine-pâture, bien qu'ils aient leur
point de départ dans le droit coutumier, n'ont souvent
gardé qu'une faible empreinte de leur origine. Comme
tous les Usages, qui ne sont pas soumis à une règle fixe
et absolue, ils se sont transformés peu à peu selon les
besoins ou les caprices de chaque pays. La vaine-pâture

existe chez nous; voilà le fait général, persistant, carac-
téristique. En dehors de là, rien de stable, rien d'uniforme, une confusion qu'il importe de faire cesser.

Nous avons lu avec étonnement dans quelques procès-
verbaux des Commissions cantonales que la vaine-pâture était admise dans les prairies artificielles. Ceci est
parfaitement contraire aux dispositions du code rural.
L'art. 9, section IV, interdit expressément la vaine-pâture dans les prairies artificielles, et l'art. 3 de la même
section abroge tous les Usages locaux qui contrarient les
réserves apportées par le code à l'exercice de la vaine-
pâture. Il dépend donc de chaque propriétaire de faire
cesser, quand il le voudra, un abus condamné par la loi.

Dans nos cantons, l'autorité municipale est loin d'avoir
profité du pouvoir réglementaire que lui concède le législateur de 1791. Une foule de communes n'ont pas de
réglements pour fixer le nombre de bêtes que chaque
propriétaire peut envoyer à la vaine-pâture. Là où ces
réglements existent, ils sont parfois inspirés par les passions locales (1). Dans d'autres circonstances, les arrêtés

---

(1) On lit dans le premier procès-verbal de la Commission cantonale de Chablis, à propos des règlements municipaux : « Ces
« règlements, dont la Commission ne croit pas utile de rapporter
« les détails, ne sont point tous basés sur la justice, non plus que
« sur une règle uniforme , et, dans la rédaction de quelques-uns,
« les municipalités ont été inspirées bien plus par les petites
« jalousies de localité que par l'intérêt de l'agriculture et de la
« généralité des habitants. »

municipaux restent à l'état de lettre morte. N'eût-il pas été beaucoup plus sage de confier leur rédaction à une autorité plus haute, plus indépendante, et mieux en mesure de faire respecter ses prescriptions? Ne serait-ce pas mieux encore, si la vaine-pâture doit subsister en France, d'en déterminer l'exercice par des dispositions législatives uniformes?

Sous l'empire des anciennes Coutumes, certains animaux étaient exclus de la vaine-pâture, à raison des dommages qu'ils causent aux immeubles dans lesquels on les conduit. L'art. 264 de la Coutume d'Auxerre interdisait, notamment, de mener les cochons dans les prés. L'Usage a complété sous ce rapport les dispositions coutumières. Même en l'absence de tous réglements municipaux, il y a des animaux complètement exclus de la vaine-pâture et en toute saison. Il y en a d'autres qui ne sont exclus que d'une certaine catégorie de propriétés ou durant certaines époques. Enfin, il y a des pays dans lesquels on cantonne telle ou telle espèce de bestiaux. Ajoutons, pour achever le tableau qu'il y a des localités soumises à un régime tout opposé et dans lesquelles aucune exclusion n'est admise. Au milieu de cette infinie variété, il est impossible d'indiquer quelques traits saillants, quelques Usages plus ou moins généraux. Nous sommes contraint de renvoyer à la lecture des procès-verbaux analysés ci-après.

Il ne nous reste plus qu'à exprimer notre pensée sur

les réformes qu'appelle un pareil état de choses. Et, d'abord, nous ne saurions admettre l'exercice de la vaine-pâture sur les immeubles susceptibles de récolte utile, c'est-à-dire sur les prés avant l'enlèvement de la seconde herbe. Non-seulement il y a là une atteinte sérieuse au droit de propriété, mais les inconvénients graves qu'elle entraîne pour le propriétaire ne sont nullement compensés par les minimes avantages qu'elle procure à la généralité des habitants. La vaine-pâture n'est tolérable que là où il n'y a plus de récolte à espérer. Dans ce dernier cas, les droits du propriétaire ne sont pas sérieusement compromis, et le propriétaire, à son tour, trouve une compensation dans la faculté qu'il a de conduire ses bestiaux sur le reste du finage. Aller plus loin, sacrifier à la vaine-pâture la seconde coupe d'une prairie parfois plus précieuse que la première, c'est violer tous les principes; c'est porter à l'agriculture un préjudice notable; c'est consacrer un abus déplorable sous les apparences d'un acte d'humanité.

Nous serions même tenté d'admettre qu'il y a lieu de supprimer complètement la vaine-pâture. Mais nous ne voulons pas nous montrer moins prudent que le sage magistrat dont nous empruntions les paroles au début de nos remarques.

Quoiqu'il en soit, si la vaine-pâture doit être conservée, qu'au moins le législateur intervienne pour la réglementer. Qu'il ne laisse plus ce soin aux administrations municipales négligentes ou impuissantes. Qu'il exclue du pacage les animaux nuisibles. Qu'il en limite la durée dans les prés, pour atténuer les inconvénients du séjour de nombreux bestiaux sur un sol détrempé par les pluies d'hiver (1). Dans le doute, qu'il n'oublie pas que l'intérêt de la propriété rurale est aujourd'hui l'intérêt de tout le monde, tant la terre est divisée, tant il y a peu de paysans qui ne possèdent pas leur part d'héritage immobilier. Grâce à de telles précautions, il est possible que la vaine-pâture persiste en France, sans exciter trop de plaintes.

EXTRAIT DES PROCÈS-VERBAUX DES COMMISSIONS CANTONALES.

ARRONDISSEMENT D'AUXERRE.

Auxerre *(est* et *ouest).* La servitude réciproque de parcours existe dans toutes les communes des deux cantons. Plusieurs maires ont essayé d'en affranchir leur commune : mais, comme ils n'avaient pas suivi les formalités prescrites par la loi de 1791, leurs arrêtés n'ont pu recevoir de sanction pénale et n'ont produit aucun effet utile.

Le droit de parcours est fondé sur l'art. 268 de la Coutume

---

(1) Une foule de Commissions cantonales se plaignent que la vaine-pâture se prolonge trop longtemps dans les prés.

d'Auxerre. Il s'exerce aux mêmes époques de l'année et dans les mêmes conditions que la vaine-pâture. Par conséquent, chaque commune, en exerçant le parcours sur les communes limitrophes, est obligée de respecter les réglements municipaux, pris dans lesdites communes pour la réglementation de la vaine-pâture.

Ce dernier droit, dans les deux cantons d'Auxerre, est fondé, comme le précédent, sur l'art. 260 de la Coutume.

Il s'exerce sur les champs dépouillés de leur récolte et sur les prés ;

Sur les champs, depuis l'enlèvement de la récolte jusqu'à la nouvelle emblave ;

Sur les prés, qui ne portent pas regain d'ancienneté, depuis la fauchaison effectuée jusqu'au 1er mars;

Sur les prés, qui portent regain d'ancienneté, depuis la saint Remy (1er octobre) jusqu'à la même époque. (Voir art. 263 de la Coutume d'Auxerre.

Tous les habitants, sans aucune distinction, ont droit d'exercer la vaine-pâture.

Des réglements municipaux sont intervenus pour déterminer les proportions dans lesquelles chacun peut exercer ce droit.

Les oies, les moutons et les porcs ne peuvent être menés en vaine-pâture dans les prés.

L'Usage n'a pas consacré d'autres dérogations à la loi de 1791.

NOTA. Toutes les dispositions ci-dessus sont empruntées au dernier procès-verbal de la Commission cantonale. Nous remarquons quelques détails de plus dans le procès-verbal du 5 juin 1855, et nous les transcrivons ci-après sous toutes réserves.

La vaine-pâture s'exerce dans les terres immédiatement après l'enlèvement de la récolte, sauf un délai de vingt-quatre heures accordé pour le glanage (1).

A Charbuy, le délai pour pâturer dans les prés est prorogé jusqu'au 25 mars.

On considère comme prés portant regains d'ancienneté ceux qui sont désignés dans les titres comme jouissant de ce privilége, et dont les propriétaires ont fait respecter la seconde herbe pendant plus de trente ans.

Les terres dans lesquelles on a semé de la graine de prairie artificielle, en même temps qu'une céréale, échappent à la vaine-pâture quand la céréale est récoltée. Seulement, pour prévenir l'erreur des pâtres, il est d'Usage d'y planter après la récolte une ou plusieurs croix de bois surmontées d'un faix de paille (2).

Chablis. — La vaine-pâture s'exerce dans toutes les communes du canton, en vertu d'un Usage immémorial non contesté.

Elle s'exerce, dans les limites posées par la loi du 6 octobre 1791, sur les terres non closes, lorsquelles sont dépouillées de leur récolte; sur les prairies naturelles, après l'enlèvement de la première herbe ; et sur les prairies portant regain d'ancienneté, après l'enlèvement de la seconde.

Néanmoins, on prétend qu'à Chitry certaines pièces de pré non closes sont complètement affranchies de la vaine-pâture, par cela seul qu'elles portent regain d'ancienneté, et ce en vertu de l'art. 263 de la Coutume d'Auxerre (3). La

(1) Cpr. art. 22 de la loi de 1791.
(2) Comparer les procés-verbaux d'Aillant-sur-Tholon.
(3) Chitry était, en effet, soumis à la Coutume d'Auxerre.

Commission cantonale n'a pas osé se prononcer sur le mérite de cette prétention.

Dans plusieurs communes, il a été fait, en vertu de l'article 13 de la loi de 1791, des réglements municipaux de dates assez récentes, pour fixer la quantité de bétail que chaque habitant peut envoyer pâturer, proportionnellement la quantité de terres qu'il possède dans la commune. Les réglements ne sont point basés sur des principes uniformes, et se ressentent parfois des passions locales.

Dans les communes où il n'existe pas de réglement, le nombre des bestiaux que chacun peut envoyer paître n'est soumis à aucune limitation.

Cependant on n'envoie généralement à la vaine-pâture que les vaches et les moutons : peu de chevaux, ânes ou mulets ; encore moins de porcs et dans quelques communes seulement : jamais d'oies.

Les porcs ne peuvent entrer dans les prés.

La vaine-pâture, dans les prés, est également interdite aux moutons, sur les finages des communes d'Aigremont, de Lichères, de Poinchy et de Chitry.

Elle a lieu en toute saison sur les terres dépouillées de récoltes. Dans certaines communes, les réglements municipaux ne permettent de la commencer qu'un, deux, ou même trois jours après l'enlèvement de la récolte, pour faciliter le glanage.

Dans les prés, la durée de la vaine-pâture est limitée ainsi qu'il suit :

A Aigremont, les bestiaux n'y sont admis que jusqu'à la saint Eloi (1er décembre).

A Beines, depuis la fauchaison jusqu'au 25 mars. Toutefois, on ne pâture dans la *grande prairie* qu'à dater du 15 août.

A Chemilly, les vaches ne vont dans les prés que jusqu'aux premières neiges, et les moutons pendant les-gelées seulement.

A Chitry, la vaine-pâture s'exerce aussitôt après la récolte et jusqu'au 1er mars.

A Chablis, de même.

A Chichée, depuis la fauchaison jusqu'au 1er mars au plutôt et jusqu'au 25 au plus tard. L'époque précise est fixée, suivant les années, par un arrêté municipal.

Dans les deux communes de Chablis et de Chichée, les moutons n'entrent dans les prés qu'à partir du 11 novembre.

A Lichères, la vaine-pâture ne s'exerce que jusqu'aux premières neiges.

A Poinchy, depuis la fauchaison jusqu'au 25 mars.

A Préhy et Saint-Cyr-les-Colons, il n'y a point de prés, et à Courgis, il n'y en a que deux pièces qui sont closes.

La servitude de parcours existe généralement dans le canton entre communes voisines ; elle s'exerce sur les climats limitrophes d'après les règles établies pour la vaine-pâture.

Aigremont, Beines, Chemilly, Chitry et Lichères se prétendent affranchis de la servitude de parcours et ne l'exercent pas sur les communes voisines.

Dans les autres, le parcours s'exerce en vertu d'un Usage, dont personne ne recherche l'origine ni ne conteste la validité.

Courson. — La servitude réciproque de parcours et la vaine-pâture existent dans le canton. L'un et l'autre sont fondés sur un Usage immémorial.

Ils s'exercent sur les terres en jachères, sur les terres

arables dépouillées de leurs récoltes, et même sur les prairies artificielles après le 11 novembre (1).

Ils ne s'exercent pas sur les prairies naturelles, même non closes.

On peut mener paître toute espèce de bestiaux; mais, généralement, le parcours n'est exercé que pour les moutons.

Quant au nombre de bêtes que chacun peut conduire, il n'y a limitation qu'à l'égard des moutons, et encore cette limitation n'existe pas dans toutes les communes. En général, le nombre fixé par les réglements est celui de quatre bêtes par hectare possédé.

Coulanges-la-Vineuse. — La servitude réciproque de parcours n'existe pas dans le canton.

La vaine-pâture s'exerce dans plusieurs communes : elle est fondée sur l'Usage.

Elle s'exerce à toute époque de l'année sur les terres vaines et vagues appartenant aux particuliers et sur celles en jachères.

Tout habitant y a droit.

Des réglements, émanés des conseils municipaux, fixent le cantonnement où doit s'exercer la-vaine pâture.

Les porcs n'y sont pas admis.

Coulanges-sur-Yonne. — La servitude réciproque de parcours existe dans toutes les communes du canton, excepté à Etais.

Elle est fondée sur l'Usage et sur la Coutume d'Auxerre. Elle s'exerce dans le même temps que la vaine-pâture, et aux mêmes conditions.

---

(1) Cpr. Code rural, sect. IV, art. 9.

La vaine-pâture est admise dans toutes les communes sans exception.

Elle s'exerce sur les prés non clos ou qui ne portent pas regain d'ancienneté, sur les jachères et les terrains incultes ;

Sur les champs cultivés, depuis l'enlèvement de la récolte jusqu'au premier labour effectué postérieurement ;

Sur les prés, depuis la fauchaison jusqu'au 1er mars.

A Etais, les chevaux et la race bovine sont admis à la vaine-pâture dans les prairies artificielles, à partir du 11 novembre.

Tous les habitants y ont droit.

L'exercice est réglementé par des arrêtés municipaux.

Les porcs, les moutons et les oies sont toujours exclus de la vaine-pâture dans les prés.

Ligny-le-Châtel. — La servitude réciproque de parcours n'existe pas dans le canton.

La vaine-pâture existe, au contraire, dans toutes les communes. Elle est fondée sur l'Usage et sur les dispositions de la Coutume.

Elle s'exerce sur les friches, les terres dépouillées de leur récolte, et les prés naturels.

Tous les habitants y ont droit, et le nombre des bestiaux n'est pas réglementé.

Les moutons sont exclus des prés, à moins que la terre ne soit gelée.

La vaine-pâture cesse dans les prés le 1er mars ou le 25, suivant les communes.

Saint-Florentin. — La servitude de parcours existe dans tout le canton. Elle est fondée sur l'Usage immémorial et les dispositions coutumières qui régissaient jadis le pays.

Elle est subordonnée aux règles suivies en matière de vaine-pâture.

La vaine-pâture s'exerce sur les terres en jachères, et sur les prés non clos, depuis la récolte jusqu'au 25 mars.

A Saint-Florentin, les prés sont cantonnés par des arrêtés municipaux, c'est-à-dire qu'ils sont divisés en un certain nombre de parties, et chaque partie est affectée spécialement au pacage d'une certaine espèce de bestiaux.

Les porcs ne peuvent être conduits en vaine-pâture. Dans certaines communes, les moutons ne sont pas admis dans les prés.

Tous les habitants jouissent des mêmes droits, sauf à se conformer à la loi et aux réglements municipaux.

Saint-Sauveur. — Ni le parcours ni la vaine-pâture n'existent dans le canton.

Seignelay. — La servitude réciproque de parcours existe dans huit communes du canton sur dix. Elle est fondée sur un Usage immémorial et soumise aux mêmes conditions d'exercice que la vaine-pâture.

La vaine-pâture est admise partout.

Elle s'exerce sur les terres en friches et en sombres, sur les bords des chemins et sur les prés;

Sur les terres, tant qu'elles sont en friches ou en sombres;

Sur les prés, à partir de l'enlèvement de la première herbe jusqu'au 15 novembre, pour le gros bétail exclusivement; et, depuis cette dernière époque jusqu'au 1er mars, pour tout le bétail sans distinction.

Tous les habitants y ont droit.

Dans quelques communes, il n'y a pas de réglements municipaux quant au nombre de bêtes que chacun peut conduire. Dans d'autres, ces réglements existent.

Les oies sont exclues des prés.

Toucy. — Le parcours existe de fait dans le canton, c'est-à-dire que les particuliers mènent paître leurs bestiaux sur le territoire des communes voisines aussi librement que dans l'étendue de leur propre commune.

Le parcours est soumis aux mêmes règles que la vaine-pâture.

La vaine-pâture s'exerce sur les terres dépouillées de récoltes et sur les prairies naturelles non closes.

Elle est interdite dans les prés depuis le 1er mars jusqu'à la fauchaison.

Tous les habitants y ont droit, et le nombre des bestiaux n'est pas réglementé.

Cependant, l'Usage interdit de mener dans les prés les chèvres, les moutons, les porcs et les oies.

Vermenton. — La servitude réciproque de parcours n'existe pas dans le canton.

La vaine-pâture existe; elle est fondée sur l'Usage.

Elle s'exerce sur les prairies naturelles, depuis le 1er août; et sur les terres en jachères, tant qu'elles restent en jachères.

Tous les habitants y ont droit, sans réglementation spéciale.

Les moutons ne sont pas admis dans les prairies naturelles.

Indépendamment des procédés de clôture indiqués par la loi de 1791, on peut se soustraire à la vaine-pâture par une haie en échalas plantés à 20 centimètres les uns des autres et cordelés avec des perches.

ARRONDISSEMENT D'AVALLON.

Avallon. — La servitude réciproque de parcours n'existe plus dans le canton.

La vaine-pâture est admise. Elle s'exerce, après la récolte, sur les terres dépouillées de fruits.

Pas d'Usage spécial.

Guillon. — Le parcours n'existe plus dans le canton.

La vaine-pâture existe, au contraire, dans toutes les communes. Elle est fondée sur l'Usage.

Elle s'exerce sur les chaumes de blé, d'avoine ou d'orge, après l'enlèvement des récoltes, et quand il n'y a pas de graines de prairie semées dans la céréale.

Elle ne s'exerce ni sur les prairies artificielles ni sur les prairies naturelles.

Tous les habitants de la commune y ont droit.

Il n'y a point de réglements quant au nombre des bestiaux. Seulement, dans certaines communes, le maire fixe par arrêté l'époque où doit commencer la vaine-pâture.

Les bœufs, vaches, moutons et cochons y sont admis sans exception ni exclusion. Pourtant, dans quelques communes, on réserve au gros bétail une partie du territoire.

L'Isle-sur-le-Serein. — Le parcours existe dans quelques communes seulement. Il est soumis aux mêmes règles que la vaine-pâture.

La vaine-pâture existe partout. Elle s'exerce sur les terres et les prés non clos;

Sur les terres, après l'enlèvement entier des récoltes et jusqu'au premier labour;

17

Sur les prés, après la fauchaison de la première herbe jusqu'au 11 novembre.

Tous les habitants y ont droit.

Il n'y a pas de réglementation locale par arrêtés.

Les moutons sont exclus de la vaine-pâture dans les prés.

Quarré-les-Tombes. — Ni le parcours ni la vaine-pâture n'existent dans le canton.

Vézelay. — Le parcours n'existe pas dans le canton.

La vaine-pâture y est admise; elle est fondée sur un Usage immémorial.

Elle s'exerce sur toutes les terres arables non ensemencées et non chargées de récoltes (1).

Tous les habitants y ont droit.

Elle n'est soumise à aucune réglementation.

ARRONDISSEMENT DE JOIGNY.

Aillant. — La servitude réciproque de parcours n'existe pas dans le canton.

---

(1) La Commission cantonale ajoute, dans son procès-verbal du 21 juillet 1855 : « Ce droit de vaine-pâture peut donc être exercé « sur les terres préparées par un ou plusieurs labours. Et cepen- « dant les lois pénales ont prévu le cas de passage sur un terrain « *préparé*. Ce fait a été mis au nombre des contraventions. » La Commission pense qu'on pourrait faire disparaître cette anomalie en supprimant le mot *préparé* dans le § 13 de l'art. 471. Ne vau- drait-il pas mieux qu'à Vézelay, comme ailleurs, la vaine-pâture cessât au premier labour ?

La vaine-pâture existe. Elle s'exerce en tout temps sur les terres dépouillées de leurs récoltes (1), et sur les prés naturels depuis la fauchaison jusqu'au 1er mars.

Tous les habitants y ont droit. Aucun réglement municipal n'est intervenu sur cet objet.

Les moutons ne sont pas exclus des prés; mais on leur fixe un cantonnement.

Bléneau. — La servitude réciproque de parcours n'existe pas dans le canton.

La vaine-pâture existe dans toutes les communes. Elle est fondée sur l'Usage.

Elle s'exerce dans les prés naturels non clos, après l'enlèvement de la première herbe.

Tous les habitants y sont admis. On ne connaît pas de réglement spécial.

Les chèvres, les moutons et les porcs en sont exclus (2).

Brienon. — La servitude réciproque de parcours existe dans toutes les communes du canton. Elle est fondée sur l'Usage.

---

(1) Je lis, en outre, dans le procès-verbal du 13 juin 1835 : « Quant aux prairies artificielles, il est d'usage que les proprié- « taires qui veulent en interdire le parcours pendant l'hiver doi- « vent y mettre des signaux. C'est ordinairement un piquet en « tête duquel est une poignée de paille. » La Commission, dans son second procès-verbal, n'a pas cru devoir reproduire cet Usage que les dispositions de la loi rendent inutile.

(2) Dans son premier procès-verbal, la Commission cantonale s'exprimait ainsi : « Les habitants de la commune ne doivent me- « ner pacager que des vaches, des *moutons*, des *chèvres*, des ânes, « des mulets et des chevaux. » Il n'y aurait alors que la race por- cine d'exclue. Mais lequel croire ?

Elle s'exerce sur toutes les propriétés dépouillées de récoltes, à l'exception des prairies naturelles plus spécialement réservées à l'exercice du droit de vaine-pâture.

Elle s'exerce depuis l'enlèvement des récoltes jusqu'au 11 novembre.

Elle n'est pas réglementée.

La vaine-pâture existe également. Elle est aussi fondée sur l'Usage.

Elle s'exerce sur les terres dépouillées de récoltes, et, en outre, sur les prés, depuis l'enlèvement de la première herbe jusqu'au 11 novembre.

Tous les habitants y ont droit, quand ils sont propriétaires dans la commune. L'autorité municipale détermine le nombre des bestiaux que chacun peut conduire, et ce en proportion des immeubles possédés par chacun.

Les porcs sont exclus de la vaine-pâture dans les prés.

Cerisiers. — Le parcours n'existe pas dans le canton.

La vaine-pâture existe dans toutes les communes. Elle est fondée sur l'Usage.

Elle s'exerce sur toutes les terres en friche ou dépouillées de leur récolte, quarante-huit heures après l'enlèvement.

Elle ne s'exerce ni sur les prairies naturelles, ni sur les prairies artificielles.

Tous les habitants y sont admis. Seulement, dans quelques communes, le nombre des moutons que chacun peut conduire est limité.

Les porcs, les chèvres et les oies sont exclus de la vaine pâture.

Charny. — La servitude réciproque de parcours existe dans toutes les communes du canton. Elle est fondée sur l'Usage et sur les dispositions de l'ancienne Coutume de Lorris-Montargis.

Elle s'exerce dans les mêmes limites et sous les mêmes conditions que la vaine-pâture proprement dite.

La vaine-pâture s'exerce en tout temps sur les terres dépouillées de leur récolte. Dans les prés, elle commence le lendemain de la fauchaison et se prolonge jusqu'à une époque qui varie entre le 1er février et le 1er mars. Elle cesse alors sur une publication faite par ordre des maires.

Le nombre des bestiaux, que chaque habitant peut envoyer paître, n'est réglé ni par l'Usage, ni par des réglements municipaux.

Les porcs non bouclés sont exclus de toute vaine-pâture.

Les moutons et les oies sont exclus de la vaine-pâture dans les prés, tant que les vaches y pacagent.

Joigny. — Le parcours n'existe pas dans le canton. La vaine-pâture est seule admise. Elle est fondée sur l'Usage.

Elle s'exerce sur les terres dépouillées de leur récolte et sur les prairies naturelles; sur les terres en tout temps; sur les prés du 1er octobre au 25 mars.

Tous les habitants ont droit d'en profiter. Aucun réglement ne limite le nombre de bestiaux que chacun peut envoyer paître.

Les porcs sont exclus de toute vaine-pâture.

Les moutons sont exclus de la vaine-pâture dans les prés.

Saint-Fargeau. — La servitude réciproque de parcours n'existe pas.

La vaine-pâture est tolérée dans les prairies après l'enlèvement de la récolte.

Elle tend à disparaître tous les jours, parce que les propriétaires se clôturent.

Pas d'Usage spécial.

Saint-Julien-du-Sault. — La servitude réciproque de parcours n'existe pas dans le canton.

La vaine-pâture existe dans toutes les communes. Elle est fondée sur l'Usage.

Elle s'exerce en tout temps sur les terres dépouillées de leur récolte; et sur les prés, après l'enlèvement des regains, c'est-à-dire à compter du 1er septembre jusqu'au 25 mars.

Tous les habitants y sont admis, sans réglementation spéciale.

Les porcs sont exclus de toute vaine-pâture.

Villeneuve-sur-Yonne. — La servitude réciproque de parcours n'existe pas dans le canton; mais la vaine-pâture y est autorisée par un Usage immémorial.

Elle s'exerce sur toutes les propriétés emblavées en céréales et dépouillées de leur récolte; elle commence deux jours après l'enlèvement de ladite récolte et dure jusqu'au premier labour.

Elle s'exerce aussi dans les prés depuis l'enlèvement de la récolte (1) jusqu'au 25 mars.

Un arrêté du 26 juillet 1822 étend la faculté de vaine-pâture, sur le territoire de Villeneuve-sur-Yonne, à un mouton par chaque 42 ares 18 centiares, en sus de la faculté accordée par l'art. 14 du Code rural.

Un autre arrêté du 12 octobre 1836 permet aux bouchers de faire paître 60 bêtes à laines pour les besoins de leur profession.

(1) De laquelle? Première coupe ou regain ?...

Dans les autres communes, il n'existe aucun réglement.

Toutes les espèces de bêtes sont également admises à la vaine-pâture. Cependant, il est d'Usage de ne mener paître que les vaches dans les prairies naturelles.

ARRONDISSEMENT DE SENS.

Chéroy. — Le parcours n'existe pas dans le canton, mais seulement la vaine-pâture.

Elle est fondée sur l'Usage.

Elle n'est soumise à aucune règle spéciale.

Pont-sur-Yonne. — Le parcours n'existe pas dans le canton, mais seulement la vaine-pâture.

Elle s'exerce en tout temps sur les terres dépouillées de leur récolte, sauf pendant les deux jours qui suivent l'enlèvement et qui sont consacrés au glanage. Elle s'exerce aussi sur les prairies naturelles depuis la saint Remy (1er octobre) jusqu'au 15 mars (1).

Tous les habitants y sont admis, et l'autorité municipale n'a fait aucun réglement.

Aucune catégorie de bêtes n'est exclue, ni même restreinte à un cantonnement.

Sens (*nord* et *sud*). — Le parcours n'existe pas, mais seulement la vaine-pâture.

Elle s'exerce sur les mêmes propriétés et aux mêmes époques qu'à Pont-sur-Yonne.

Tous les propriétaires et fermiers y sont admis.

(1) **La Commission** cantonale ajoute : *Conformément à l'art. 49 de la Coutume de Sens.* **Voir les observations préliminaires.**

Le nombre des bêtes que chacun peut y envoyer est fixé par des arrêtés municipaux.

Dans quelques communes, les oies sont exclues de la vaine-pâture.

Sergines. — Le droit de parcours n'existe pas dans le canton, mais seulement la vaine-pâture.

Elle n'est fondée que sur l'Usage.

Elle s'exerce en tout temps sur les terres non ensemencées ou dépouillées de leur récolte. Elle s'exerce aussi sur les prairies naturelles, à compter du 1er août pour les vaches, et du 11 novembre pour les moutons : elle y cesse complètement le 15 mars.

Tous les habitants sont admis à la vaine-pâture.

Outre les dispositions de la loi de 1791, la vaine-pâture est réglementée par des arrêtés municipaux.

Les porcs, les oies et les canards sont exclus de la vaine-pâture.

Villeneuve-l'Archevêque. — Le parcours n'existe pas dans le canton, mais seulement la vaine-pâture.

Elle s'exerce en tout temps sur les terres dépouillées de leurs récoltes, et sur les prairies naturelles du 15 octobre au 25 mars ou au 1er avril.

Tous les habitants y sont admis.

Il existe des réglements municipaux qui limitent le nombre de bêtes à conduire, mais ils ne sont guère respectés. Il en existe d'autres qui fixent des cantonnements à certaines catégories de bestiaux : ceux-là sont mieux obéis.

Aucune bête n'est exclue de la vaine-pâture. Dans quelques communes, les oies sont cantonnées.

ARRONDISSEMENT DE TONNERRE.

Ancy-le-Franc. — La servitude réciproque de parcours n'existe pas dans le canton (1).

Le droit de vaine-pâture existe dans toutes les communes. Il n'est fondé que sur l'Usage.

Il s'exerce en tout temps sur les jachères et les terres déblavées.

Tous les habitants y sont admis.

Dans cinq communes, l'autorité municipale a fait des arrêtés pour fixer le nombre de bêtes que chacun peut conduire.

Aucune espèce d'animaux n'est exclue de la vaine-pâture.

Flogny. — La servitude réciproque de parcours existe dans le canton ; mais depuis quelque temps les communes luttent pour s'en débarrasser.

Le parcours est soumis aux mêmes règles que la vaine-pâture.

La vaine-pâture s'exerce sur les terres après l'enlèvement des récoltes, et sur les prés depuis la fauchaison jusqu'au mois d'avril.

Tout le monde peut en profiter. Il existe quelques réglements pour limiter le nombre de bêtes que chacun peut envoyer paître.

Aucune espèce d'animaux n'est exclue.

Noyers. — La servitude réciproque de parcours n'existe

(1) Voir ce qui est indiqué par la Commission cantonale de Noyers, relativement à la commune de Sambourg.

que dans une seule commune du canton, la commune de Fresnes. Elle est fondée sur une transaction intervenue entre le seigneur de Fresnes et celui de Sambourg, aujourd'hui commune du canton d'Ancy-le-Franc. Cette transaction, reçue par Delaporte, notaire à Noyers, porte la date du 14 avril 1488. Elle n'a pas cessé depuis d'être exécutée. Le parcours s'exerce sur une portion des terres labourables de chaque commune. Les habitants de Fresnes vont juqu'au clocher de Sambourg, et les habitants de Sambourg jusqu'au clocher de Fresnes. Cela, en tout temps, avec toute espèce de bétail, et sans limitation de nombre.

Des ordonnances de 1389, 1396 et 1398 ont accordé à la commune de Béru, canton de Tonnerre, le droit de pacage pour le gros et menu bétail sur une partie des terres de Poilly, mais sans réciprocité.

Le droit de vaine-pâture existe dans toutes les communes du canton. Il est fondé sur l'Usage et les anciennes dispositions coutumières.

Il s'exerce sur les terres labourables dans les limites et sous les conditions prescrites par la loi de 1791.

Il s'exerce sur les prés depuis la première herbe levée jusqu'à la Notre-Dame de mars.

Tous les habitants y sont admis.

Sur quinze communes, dix ont des réglements fixant le nombre des bêtes que chacun peut conduire.

Les cochons, les moutons et les chèvres sont exclus de la vaine-pâture dans les prairies.

Tonnerre. — Le parcours n'existe pas dans le canton, mais seulement la vaine-pâture.

Elle s'exerce, en tout temps, sur les terres dépouillées de

récoltes, et sur les prairies naturelles depuis la fauchaison jusqu'au 15 mars.

Tous les habitants y sont admis.

Quelques communes ont des réglements municipaux sur le nombre des bestiaux à conduire.

Les porcs sont exclus de la pâture dans les prés.

Cruzy-le-Châtel. — Le parcours n'existe pas dans le canton, mais la vaine-pâture existe dans toutes les communes.

Elle est fondée sur l'Usage.

Elle ne s'exerce, en général, ni sur les prairies artificielles, ni sur les prairies naturelles. Seulement, dans quelques communes, les prés y sont soumis durant l'hiver.

Pour les terres labourables, on se conforme aux dispositions de la loi.

Des réglements municipaux fixent le nombre de bêtes que chacun peut envoyer.

Aucune espèce d'animaux n'est exclue.

SECTION III.

BAN DE VENDANGE. — GLANAGE. — RATELAGE. — GRAPPILLAGE. CHAUMAGE. — AFFOUAGE. — ROUISSAGE.

(Loi du 6 octobre 1791, passim.)

Le Code rural de 1791 pose en principe que tout propriétaire a droit de faire sa récolte au moment qui lui conviendra le mieux, pourvu qu'il ne cause aucun dommage aux propriétaires voisins. Ce principe est aussi juste que sage. Il est juste, parce que le droit de propriété, qui entraîne celui d'user et d'abuser de la chose possédée, comporte nécessairement la faculté d'en recueillir les fruits, quand bon semble au propriétaire. Il est sage, parce que le propriétaire est plus capable que tout autre de fixer le moment où sa récolte doit être faite, et qu'il est impossible de soumettre à une règle uniforme tout le territoire d'une contrée, dans laquelle un champ est parfois plus hâtif que le champ voisin. L'agriculture, comme l'industrie et le commerce, ont besoin d'une liberté d'action que les autorités locales ne doivent pas entraver. Sous prétexte d'un léger avantage dans quelques cas et pour quelques-uns, il y aurait souvent et pour la plupart des inconvénients graves. Néanmoins, le Code de 1791, par une inconséquence manifeste, a cru devoir maintenir l'Usage du ban de vendanges, dans les pays où cet Usage était invétéré. Qu'en est-il résulté pour nos pays?

Grâce à la protection de la loi, l'ancien Usage du ban, pour fixer l'époque de la récolte des vignes, a persisté dans presque tous nos cantons. Il y a cependant des localités viticoles qui s'en passent et qui n'en éprouvent aucun inconvénient. Citons, entr'autres, la commune de Chablis, plusieurs communes voisines, et toutes celles du canton de Tonnerre. En voilà assez pour prouver que les meilleurs vignobles prospèrent sous le régime d'une liberté absolue, et qu'il n'était pas indispensable d'admettre une dérogation au principe général.

Mais, en lisant attentivement le texte de la loi, on se convaincra sans peine que cette dérogation est unique. Sauf la récolte des vignes, dans les contrées où l'Usage du ban existe, nulle autre n'est soumise à réglementation. Ni l'autorité locale, ni le souvenir des anciennes Coutumes ne peut empêcher le propriétaire de hâter ou de retarder les travaux de son exploitation. Nous ne saurions donc comprendre pourquoi et comment, dans certains cantons, on persiste à fixer l'ouverture de la fauchaison dans les prairies naturelles, ou même l'ouverture de la récolte des céréales (1). Jadis, il est vrai, l'Usage existait d'un ban pour toutes ces récoltes. Aujourd'hui, cet Usage est contraire au texte de la loi. Il n'oblige personne et devra disparaître, là où il s'est maintenu par routine, comme il a disparu dans une foule d'autres localités depuis 1791 (2).

Les rédacteurs du Code rural n'ont pas toujours montré autant d'énergie pour corriger les anciens abus. Ils ont consacré les Usages connus sous le nom de *glanage, ratelage* et *grappillage,* se bornant à les interdire dans les propriétés non closes, jusqu'après l'entier enlèvement des fruits. Sans doute, ils ont considéré que l'épi oublié

(1) Nous voyons l'Usage d'un ban de fauchaison signalé dans le canton de Saint-Florentin , dans celui de Saint-Sauveur, dans la commune de Sacy (canton de Vermenton), dans le canton de Bléneau, etc.... A Flogny, l'usage du ban existe en matière de céréales. De même, à Cruzy, dans plusieurs communes. On sait que, en général, le ban de fauchaison avait pour but de protéger les céréales contre l'ardeur des rayons du soleil, beaucoup plus forte, dit-on, quand les vallées sont dépouillées d'herbe. L'Usage du ban de céréales aurait de même pour but de protéger la vigne , plus exposée aux inconvénients de la chaleur quand les plaines voisines ne sont plus couvertes de récoltes.

(2) A Sergines on a conservé le souvenir des bans de récoltes usités jadis pour les foins et les céréales. Mais on n'en a conservé que le souvenir.

par le moissonneur, ou le raisin qui échappe au vendangeur, était un bien perdu pour le propriétaire. Ils ont voulu laisser aux indigents cette minime épave.

Le fait est que l'existence du glanage ne soulève dans le département de l'Yonne aucune protestation sérieuse. On se plaint seulement des conditions dans lesquelles il s'exerce. Les dispositions si brèves du Code rural sont insuffisantes pour le réglementer (1). Quelques maires essaient d'atténuer le mal par des arrêtés, et leurs arrêtés ne sont pas obéis. Ailleurs, l'apathie de l'autorité locale est telle que la restriction la plus essentielle apportée par la loi à l'exercice du glanage tombe en désuétude ; les glaneurs envahissent les champs avant que la récolte soit enlevée, avant même que toutes les gerbes soient liées. Enfin, le glanage est permis à tout le monde, non pas seulement au pauvre, mais au paresseux qui aime mieux glaner que travailler.

La première réforme à opérer, c'est évidemment de rendre au glanage son véritable caractère. Institué pour les classes pauvres, il ne doit profiter qu'aux vrais pauvres. Et peut-être n'aurions-nous pas besoin d'attendre une nouvelle loi pour arriver à ce but. La Commission cantonale de Sergines s'exprime dans les termes suivants : « Ni la loi de 1791, ni, après elle, le Code pénal

---

(1) L'art. 471 du Code pénal ajoute aux dispositions du Code rural l'interdiction de glaner, soit avant le lever du soleil, soit après le coucher.

« n'ont abrogé les réglements anciens sur l'exercice du
« droit de glanage. La Cour de Cassation, par arrêt du
« 10 juin 1843, a dit expressément que l'art. 10 de l'édit
« de novembre 1554 était encore en vigueur, et qu'en
« conséquence l'autorité administrative peut interdire
« le glanage aux personnes valides ayant la force de
« travailler à la moisson, et le permettre seulement aux
« vieillards, aux infirmes, aux enfants, à tous ceux, en un
« mot, qui n'ont pas la force de manier une faucille. Par
« un autre arrêt du 8 octobre 1840, la Cour suprême
« a déclaré obligatoire l'arrêté d'un maire qui défend de
« glaner sans autorisation. Ainsi, les maires ont le pou-
« voir de ramener le glanage au but utile que la loi a
« toujours entendu lui assigner. Ils peuvent rendre aux
« nécessiteux le pain qui leur est enlevé par des fai-
« néants valides. » A l'autre extrémité du département,
les mêmes abus suggèrent les mêmes réflexions. La
Commission cantonale de Noyers rappelle qu'outre l'édit
de novembre 1554 il existe deux réglements du Parlement de Bourgogne, en date des 17 juin 1760 et 13
juillet 1768, lesquels portent défense de glaner à toute
personne valide ou capable de se livrer au travail.

Malheureusement, l'édit de 1554 et autres sont de
bien vieux textes à invoquer contre un abus toujours
nouveau. Quant aux maires, on oublie que la plupart
sont incapables de lutter contre les prétentions fâcheuses
des populations au milieu desquelles ils vivent. Leur

confier le soin de telles réformes, c'est y renoncer d'avance. Tout au plus pourrait-on, si l'on venait à restreindre d'une manière positive l'exercice du glanage, les charger de dresser la liste des indigents ou des infirmes admis à y prendre part.

Le ratelage est beaucoup moins usité que le glanage dans le département de l'Yonne. Il n'est pas mieux réglementé.

Le grappillage, au contraire, est soumis à des règles plus précises. Presque partout, les maires fixent le jour où il doit commencer, et leurs arrêtés reçoivent une pleine et entière exécution. Nous trouvons, dans deux cantons, un Usage assez singulier, le grappillage des noix. Il paraît qu'autrefois il était beaucoup plus répandu ; car le Parlement de Bourgogne s'en était préoccupé, pour l'interdire avant l'époque de la saint Remy.

Le chaumage est inconnu dans la plupart de nos campagnes. Il n'existe guère à l'état d'Usage constant que dans quatre cantons voisins les uns des autres : Saint-Julien-du-Sault, Villeneuve-sur-Yonne, Chéroy et Pont. A Villeneuve, un arrêté municipal encore en vigueur défend de faire du chaume sur la propriété d'autrui avant le 15 août. Dans les trois autres cantons, ce droit n'est pas réglémenté. A Saint-Julien, les inconvénients qu'il entraîne ont décidé les propriétaires à abandonner le chaume à leurs moissonneurs, ou à labourer leurs champs immédiatement après la récolte. Espérons que

18

là, comme ailleurs, le chaumage finira par disparaître.

Une foule de Commissions cantonales, en signalant l'absence d'Usages et de réglements locaux, quant au rouissage du chanvre, émettent le vœu que cette matière attire aussi l'attention du législateur. La salubrité publique y est intéressée. « Il serait convenable, dit la « Commission cantonale de Cruzy-le-Châtel, d'avoir « un *routoir* commun, entouré d'arbres, placé autant « que possible au nord des habitations et éloigné d'elles « de 100 mètres au moins. » A Villeneuve-l'Archevêque, un arrêté municipal interdit de faire ronir le chanvre à moins de 200 mètres à compter de l'enceinte de la ville. Dans d'autres cantons, on a l'habitude de déposer le chanvre dans des trous d'eau éloignés des maisons, et qui ne sont en communication ni avec les fontaines, ni avec les abreuvoirs; mais il n'y a pas là d'obligation positive et d'Usage obligatoire.

Enfin, nous ne manquerons pas de signaler un nouvel exemple, attestant, comme nous l'avons souvent répété, que les Usages locaux s'effacent bien vite devant la loi. L'art. 105 du Code forestier, en traçant les règles de la distribution des affouages, a réservé le cas d'Usages contraires. Aujourd'hui, dans le département, on ne suit plus que les règles du Code forestier. Dans un seul canton, on signale une dérogation exceptionnelle : encore l'Usage local n'empêche-t-il pas certaines communes du même canton d'appliquer l'art. 105. L'esprit français aime les lois uniformes, et, toutes les fois que le législateur voudra faire cesser la variété des anciennes Coutumes, il n'aura qu'à le vouloir.

EXTRAIT DES PROCÈS-VERBAUX DES COMMISSIONS CANTONALES.

ARRONDISSEMENT D'AUXERRE.

Auxerre (*est* et *ouest*). — L'Usage du ban de vendange existe dans les deux cantons.

Aucun Usage analogue n'existe pour les autres récoltes.

Le grappillage est admis. Dans presque toutes les communes, l'époque où il doit commencer est fixée par des arrêtés municipaux. Dans quelques-unes, son exercice est également soumis à des réglements locaux. Sinon, l'on se conforme à la loi de 1791.

Même chose pour le ratelage; mais le ratelage est peu pratiqué dans nos pays.

Le chaumage n'est toléré nulle part.

Il n'y a pas de bois affouagers dans les deux cantons.

Aucun Usage n'existe relativement au rouissage. Dans les communes où le chanvre est cultivé, il y a des réglements spéciaux. On établit ordinairement ce que l'on appelle des *routoirs* dans les lieux dont les eaux ne sont en communication ni avec les abreuvoirs, ni avec les fontaines.

Chablis. — L'Usage du ban de vendange existe à Chitry, Courgy, Saint-Cyr et Préhy. Il n'y a point de ban dans les autres communes ; chacun vendange quand bon lui semble.

Le glanage, le ratelage et le grappillage, quoique tendant à disparaître de jour en jour, existent dans chaque commune au profit des indigents de la commune.

Le grappillage n'a lieu, dans chaque commune, que lorsque la vendange y est entièrement terminée : généralement l'ouverture en est fixée par un arrêté municipal.

Le glanage et le ratelage s'exercent dans chaque pièce de terre ou de pré, aussitôt après qu'elle est dépouillée de sa récolte, et sans attendre que le reste du climat soit moissonné ou fauché.

Le chaumage n'existe nulle part.

Quelques communes ont des bois affouagers. On se conforme aux dispositions du Code forestier.

Dans les communes où le rouissage est pratiqué, il y a des réglements municipaux à cet égard ; mais on ne cite aucun Usage constant.

Coulanges-la-Vineuse. — L'Usage du ban de vendange existe.

Le glanage et le ratelage sont exercés. Il n'y a pas de réglements, et la loi est même violée : on entre dans les champs, malgré les propriétaires, avant l'enlèvement complet de la récolte.

L'ouverture du grappillage est fixée par des arrêtés municipaux. Les prescriptions de la loi sont mieux respectées.

Le chaumage n'est pas pratiqué.

Certaines communes ont des bois affouagers. On se conforme au Code forestier.

Le rouissage se fait dans des flaques d'eau, désignées par

la municipalité, ou dans des ruisseaux d'eau vive, dont le courant entraîne les émanations malsaines.

Coulanges-sur-Yonne. — L'Usage du ban de vendange existe.

Le glanage, le ratelage et le grappillage sont exercés dans le canton.

Le glanage et le ratelage restent soumis aux seules dispositions de la loi.

Le grappillage est réglementé par des arrêtés municipaux.

Le chaumage n'est pas exercé.

Les dispositions du Code forestier sont seules suivies en matière d'affouages.

Le rouissage est réglementé dans quelques communes. En général, on ne le permet que dans une eau courante et éloignée des habitations. Dans les eaux stagnantes, on le tolère à partir du mois d'octobre.

Courson. — L'Usage d'un ban de vendange existe.

Le glanage, le ratelage et le grappillage sont exercés dans le canton.

Pour les deux premiers, quelques maires rappellent les dispositions de la loi; néanmoins, on pénètre dans les champs avant le complet enlèvement des gerbes.

L'ouverture du grappillage est fixée par le ban de vendanges.

Le chaumage est inconnu.

Pour les affouages, on se conforme au Code forestier.

Il n'existe pas d'Usage constant, relativement au rouissage. On se borne à faire rouir le chanvre dans des réservoirs à ce destinés, et qui sont à une distance suffisante des fontaines ou abreuvoirs.

Ligny. — L'Usage du ban de vendange existe.

Le glanage est exercé sans réglementation spéciale et donne lieu à quelques abus.

Le ratelage n'existe plus.

Le grappillage s'est maintenu ; il est réglementé, chaque année, par l'arrêté municipal qui fixe le ban de vendange.

Le chaumage existe partiellement, et plutôt à l'état de tolérance qu'à l'état de droit reconnu.

Il n'y a pas de bois affouagers.

On fait rouir le chanvre sans se conformer à aucune règle, et souvent sans aucune espèce de précautions pour atténuer l'insalubrité du rouissage.

Saint-Florentin. — L'Usage d'un ban existe pour les vendanges et pour la fauchaison des prairies, dans tout le canton : pour la moisson, dans certaines communes.

Le glanage, le ratelage et le grappillage existent dans tout le canton. Ils sont réglés par des arrêtés municipaux.

Le chaumage est inconnu.

Vergigny, Avrolles et Rebourseaux ont des bois affouagers, pour lesquels on se conforme aux dispositions du code forestier.

Aucun Usage ne détermine les règles à suivre pour le rouissage, et cela est considéré comme très-fâcheux.

Saint-Sauveur. — L'Usage du ban de vendange existe.

Les prairies non closes ne se fauchent qu'à partir du mardi qui suit le 24 juin.

Le glanage existe. Les glaneurs n'entrent dans le champ qu'après l'enlèvement complet des gerbes, et le propriétaire ne peut lui-même y envoyer ses bestiaux que quarante-huit heures après.

Le ratelage n'existe pas.

Le grappillage est permis, mais on ne peut entrer dans les vignes qu'un mois après vendange.

Le chaumage est inconnu.

Il n'y a pas de bois affouagers.

Pas d'Usage constant en matière de rouissage.

Seigneley. — L'Usage du ban de vendange existe dans le canton.

Le glanage, le ratelage et le grappillage y sont exercés. Les maires prennent des arrêtés pour rappeler les dispositions de la loi de 1791.

Le chaumage est inconnu.

Il n'y a pas de bois affouagers.

Pas d'Usage spécial et constant en matière de rouissage.

Toucy. — L'Usage du ban de vendange existe dans les sept communes du canton où la vigne est cultivée. Le grappillage s'exerce conformément aux dispositions du Code rural.

Le glanage et le ratelage s'exercent également dans le canton, et conformément aux prescriptions légales.

Le chaumage est inconnu.

Il n'y a pas de bois affouagers.

Le rouissage s'effectue partout où il est possible, à l'exception de la rivière d'Ouanne et des fontaines ou cours d'eau servant à l'alimentation des habitants.

Vermenton. — L'Usage du ban de vendange existe dans tout le canton. A Sacy la récolte des foins est précédée d'un ban.

Le glanage et le grappillage sont admis sans réglements spéciaux.

Le ratelage et le chaumage sont inusités.

Il y a des bois affouagers pour lesquels on se conforme au Code forestier.

Pas d'Usage relatif au rouissage.

ARRONDISSEMENT D'AVALLON.

Avallon. — L'Usage du ban de vendange existe.

Le glanage est usité, ainsi que le grappillage des raisins et même celui des noix. Les maires fixent l'époque où ils doivent commencer.

La ratelage et le chaumage ne s'exercent pas dans le canton.

Pour les bois affouagers, on se conforme au Code forestier.

Pas d'Usage constant ni de règle précise quant au rouissage.

Guillon. — L'Usage du ban de vendange existe, ainsi que celui du grappillage, dont l'ouverture est fixée par le ban de vendange.

Le glanage et le ratelage sont admis, sans être l'objet d'une réglementation spéciale.

Seulement, le glanage ne doit s'exercer qu'après l'enlèvement entier de la récolte de chaque *couture*.

Six communes ont des bois affouagers : elles se conforment aux dispositions légales.

Dans les communes à portée du Serein, on met le chanvre rouir dans cette rivière aux époques idiquées par l'autorité locale. Dans les autres communes, il y a des trous ou *routoirs* spéciaux.

L'Isle-sur-le-Serein. — L'Usage du ban de vendange existe.

Le glanage, le ratelage et le grappillage sont admis, sans réglementation spéciale.

Le chaumage est inconnu.

Pour les bois affouagers, on se conforme au **Code forestier**.

Pas d'Usage précis en matière de rouissage.

Quarré-les-Tombes. — Il n'y a pas de ban de vendange dans le canton.

Le glanage existe sans réglementation spéciale.

Le grappillage, le ratelage et le chaumage ne sont pas usités.

Il y a des bois affouagers pour lesquels on se conforme aux dispositions légales.

Le rouissage a lieu dans des *routoirs* éloignés des habitations, et dont l'eau ne doit servir ni à l'usage des hommes, ni à celui des animaux.

Vézelay. — L'Usage du ban de vendange existe.

Le grappillage, le glanage et le ratelage sont admis, sans réglementation spéciale.

Le chaumage est inconnu.

Il y a des bois affouagers pour lesquels on se conforme aux dispositions de la loi.

Pas d'Usage précis en matière de rouissage.

ARRONDISSEMENT DE JOIGNY (1).

Aillant-sur-Tholon. — L'Usage du ban de vendange existe.

On admet le glanage, le ratelage dans les prés, le grappillage des raisins et des noix.

Quatre communes ont des bois affouagers.

Bléneau. —L'Usage d'un ban existe pour la récolte des vignes et la fauchaison des prairies.

Le glanage et le grappillage sont admis.

Le chaumage n'existe qu'à l'état de tolérance.

Il n'y a pas de bois affouagers.

Brienon. — L'Usage du ban de vendange n'existe que dans quelques communes.

Le glanage et le ratelage sont admis.

Le grappillage existé, et l'époque où il doit commencer est fixée par des arrêtés municipaux.

Il y a des bois affouagers.

---

(1) Jusqu'ici nous avons reproduit exactement toutes les réponses des Commissions cantonales. Il en est qui se répètent à chaque canton. Pour ne pas prolonger davantage ces répétitions fastidieuses, nous nous bornerons à mentionner ce qui est vraiment utile. Si nous ne parlons pas d'une Coutume, comme celle du ban de vendange, du ratelage ou du chaumage, c'est qu'elle n'est point usitée dans le canton. Si nous ne mentionnons pas de règlements ou d'Usages spéciaux, quant au glanage, aux bois affouagers ou au rouissage, c'est qu'il n'y en a pas d'indiqués.

Cerisiers. — Le ban de vendange existe dans toutes les communes où la vigne est cultivée. Le grappillage n'est pas admis.

Le glanage est usité. Le chaumage, qui l'était jadis, a complètement disparu.

Trois communes ont des bois affouagers.

Charny. — Pas de ban de vendange.

Le glanage est admis.

Il n'y a pas de bois affouagers.

Joigny. — L'Usage du ban de vendange existe.

Le glanage, le ratelage et le grappillage sont admis.

L'ouverture du grappillage est fixée par le ban de vendange.

Il y a des bois affouagers.

Saint-Fargeau. — Le glanage est admis, et les propriétaires laissent même glaner dès que les gerbes sont liées ou pendant qu'on les lie.

Il n'y a pas de bois affouagers.

Saint-Julien-du-Sault. — L'Usage du ban de vendange existe.

Le glanage, le ratelage et le grappillage sont admis.

Le chaumage est admis également : mais, le propriétaire a droit de se réserver le chaume, en mettant une *défense* dans son champ.

Deux communes ont des bois affouagers.

Villeneuve-sur-Yonne. — L'Usage du ban de vendange n'existe pas dans le canton.

L'Usage de glaner, de rateler et de faire du chaume sur la propriété d'autrui existe partout.

Le glanage et le ratelage s'étendent, l'un sur toutes les terres, l'autre sur tous les prés dépouillés de leur récolte, immédiatement après l'enlèvement de la récolte.

Au chef-lieu de canton, un arrêté du 19 mars 1832 défend de faire du chaume sur le terrain d'autrui avant le 15 août. Cet arrêté ajoute que les propriétaires ou fermiers, qui donneraient la permission de chaumer sur leurs terres avant cette époque, doivent en faire la déclaration au maire, pour cette déclaration être consignée sur un registre spécial et communiquée aux gardes-champêtres.

Le grappillage est aussi permis dans les vignes récoltées, sauf dans les communes de Chaumot et des Bordes. Un arrêté municipal détermine, chaque année, l'époque à partir de laquelle il peut être exercé (1).

Il n'y a pas de bois affouagers.

Il est défendu, par des arrêtés municipaux, de faire rouir le chanvre dans des ruisseaux ou eaux courantes qui peuvent servir à l'alimentation des habitants.

ARRONDISSEMENT DE SENS.

Chéroy. — L'Usage du ban de vendange existe.

Le glanage, le ratelage, le grappillage et le chaumage sont usités.

_____

(1) **Tout ce qui précède est emprunté au procès-verbal du 16 mars 1855, beaucoup plus complet que celui de 1857.**

Le plus souvent ils sont réglementés par des arrêtés municipaux.

Il n'y a pas de bois affouagers.

Pont-sur-Yonne. — L'Usage du ban de vendange existe dans toutes les communes du canton (1).

Le glanage et le chaumage s'exercent généralement après la récolte.

Des arrêtés municipaux fixent l'ouverture du glanage. Ils sont fort peu respectés, et les glaneurs s'introduisent dans les champs, avant même l'enlèvement de la récolte, dès que les gerbes sont mises en *trio*.

Quant au chaumage, les abus ont déterminé beaucoup de propriétaires à abandonner leur chaume à leurs propres moissonneurs, ou à labourer dès que la récolte est finie (2).

Le grappillage est admis, mais il ne commence qu'à l'époque fixée par des arrêtés municipaux.

Il y a des bois affouagers.

On consacre au rouissage des fosses réservées en dehors des villages et sans communication avec les eaux courantes.

Sens *(nord)*. Dans presque toutes les communes du canton, le ban de vendange est encore en Usage; cependant dans quelques-unes il n'existe plus.

Le glanage, le ratelage et le grappillage sont admis.

Des arrêtés municipaux fixent, chaque année, l'ouverture du grappillage.

(1) Mais il tend à se perdre, dit le second procès-verbal de la Commission cantonale.

(2) D'après le second procès-verbal, *le chaumage n'existe pas dans le canton !*

Deux communes seulement ont des bois affouagers.

Sens *(sud)*. — On signale l'habitude d'un ban de vendange pour les vignes, et même d'un ban d'autres récoltes qu'on n'indique pas.

Le glanage, le ratelage et le grappillage sont admis.

L'Usage a consacré l'existence du chaumage dans le canton. Cependant, ajoute la Commission, les gardes rédigent maintenant des procès-verbaux : mais la jurisprudence n'est point fixée sur la question de savoir quelle contravention constitue le fait de chaumer sur la terre d'autrui, et quel texte lui est applicable (1).

Il n'y a pas de bois affouagers.

On fait rouir le chanvre dans des bassins séparés et sans communication avec les eaux courantes.

Sergines. — Il y avait anciennement des bans fixés par les autorités locales pour la plupart des récoltes. Il n'en existe plus aujourd'hui que pour la vendange.

Le grappillage est admis, et ne commence qu'à l'époque fixée par le ban de vendange.

Le glanage est admis, et les maires se contentent de rappeler chaque année les dipositions de la loi. Une foule d'abus en résultent.

Ni le ratelage, ni le chaumage ne sont usités.

Il n'y a pas de bois affouagers.

Villeneuve - l'Archevêque. — L'Usage du ban de vendange existe. Le grappillage est permis à partir de l'époque fixée par le ban.

(1) Nous ne comprenons pas l'existence de l'Usage et les poursuites auxquelles il donne lieu. De deux choses l'une, ou le chaumage est consacré ou il ne l'est pas.

Le glanage est usité.

Plusieurs communes ont des bois affouagers. En général, la répartition du bois d'affouage est faite sous la surveillance de l'administration forestière, conformément à l'art. 105 du Code forestier. Mais, il est aussi d'Usage que la coupe et la répartitition soient faites par un entrepreneur sous la direction des maires. Quelques communes ont des bois qui sont ainsi coupés et repartis tous les ans ou tous les deux ans. Enfin, dans certaines localités, des réglements municipaux limitent le nombre des prenant part. Les plus anciens, d'après la date de leur mariage ou de leur domicile dans la commune, sont seuls inscrits sur les listes de distribution. Les autres habitants y sont appelés au fur et à mesure des vacances qui s'opèrent dans les listes ainsi dressées.

Il est d'Usage dans la plupart des communes de faire rouir le chanvre dans des trous d'eau, appelés *routoirs*, et placés en grand nombre le long des rivières telles que la Vanne et l'Alain. Aucune distance des habitations n'est exigée, sauf au chef-lieu, où il est défendu d'en établir à moins de 200 mètres de l'enceinte par réglement municipal du 16 janvier 1833.

ARRONDISSEMENT DE TONNERRE.

Ancy-le-Franc. — L'Usage du ban de vendange existe dans quelques communes seulement.

Le glanage, le ratelage et le grappillage sont usités. Le grappillage ne commence qu'aux époques déterminées par des arrêtés locaux.

Il y a des bois affouagers.

On fait rouir le chanvre dans les rivières, et quelquefois dans des routoirs établis près des moulins (1).

Flogny. — L'Usage du ban de vendange existe. Il existe pareillement un ban pour la fauchaison et pour la moisson.

Le glanage et le grappillage sont usités.

Il y a quelques bois affouagers.

Le chanvre se fait rouir dans les lieux à ce destinés, et souvent trop rapprochés des habitations.

Cruzy-le-Châtel. — L'Usage du ban de vendange existe dans tout le canton, et même, dans quelques communes, celui d'un ban pour les céréales.

Le glanage est usité.

· Le grappillage l'est également, mais à partir d'une époque déterminée par les arrêtés municipaux.

Il y a des bois affouagers.

Pas d'Usage précis quant au rouissage.

Noyers. — L'Usage du ban de vendange existe dans le canton. Le grappillage est également usité à partir d'une époque fixée par le ban de vendange.

Le glanage est admis dans tous les champs non clos, au profit des indigents habitant ou non la commune dans laquelle il s'exerce.

Le ratelage est permis dans les prairies naturelles non

---

(1) La Commission cantonale ajoute : « Il serait nécessaire de » prendre des mesures pour éviter que le rouissage ne nuise à la » salubrité publique. »

closes, aux indigents de la commune, et ce, immédiatement après l'enlèvement de l'herbe.

Plusieurs communes ont des bois affouagers.

Tonnerre. — L'Usage d'un ban de vendange n'existe pas dans le canton.

Le glanage est admis, et s'exerce conformément aux prescriptions de la loi.

Le ratelage, le grappillage et le chaumage sont inusités.

Plusieurs communes ont des bois affouagers pour lesquels on se conforme aux prescriptions du Code forestier.

SECTION IV.

ÉPOQUE DE LA MATURITÉ DES FRUITS.

(Art. 626 du Code de Procédure civile).

L'art. 626 du Code de procédure déclare que la saisie-brandon doit être pratiquée dans les six semaines qui précèdent l'époque ordinaire de la maturité des fruits. Mais, quelle est l'époque ordinaire de la maturité; ou, en d'autres termes, quel est dans le pays le point de départ des six semaines dont parle l'art. 626 ? L'Usage a répondu à ces questions d'une manière assez précise. Dans tout le département, il n'y a que six cantons où l'on ne signale aucune règle adoptée sur ce point (1). Dans tous les autres, les Commissions cantonales ont transmis des renseignements plus ou moins complets.

Quant aux céréales, notamment, l'Usage est positif et plus uniforme qu'on serait tenté de le croire. Le

----

(1) Ce sont les deux cantons d'Auxerre, ceux de Chablis, Coulanges-sur-Yonne, Courson et Vézelay.

point de départ des six semaines ne varie que du 1ᵉʳ
juin au 24; et, dans les trente-et-un cantons qui suivent
un Usage constant, il y en a douze qui adoptent la même
date, celle du 11 juin, fête de Saint-Barnabé. On peut
donc dire qu'en général, dans nos pays, la saisie-brandon des céréales peut être pratiquée à compter du 11
juin.

Pour les vignes, le terme consacré varie du 15 août
au 25, de l'Assomption à la Saint-Louis. Un canton seulement fait partir les six semaines du 10 août (la Saint-
Laurent) (1), et deux autres en reculent le point de
départ jusqu'au 1ᵉʳ septembre (2). Mais ce sont là de
rares exceptions. La règle générale est que la saisie-
brandon doit être pratiquée à compter du 15 août au
plus tôt et du 25 au plus tard, suivant les localités.

Quant aux prairies et aux arbres fruitiers, qui sont
rarement l'objet de saisies, l'Usage est moins positif et
moins nettement dessiné. Nous nous contenterons, pour
en donner une idée, de renvoyer aux extraits des procès-
verbaux des Commissions cantonales : faisant observer
que, dans certains cantons, on distingue entre les prairies naturelles et les prairies artificielles, entre les fruits
à cidre et les fruits à couteau, tandis que, dans la plupart,
on adopte une seule date pour les prairies, une seule date
pour les arbres fruitiers. Il est certain que le système de

(1) Joigny.
(2) Cérisiers et Bléneau.

distinction est fondé sur la nature des choses. Les trèfles ou les luzernes se récoltent avant les foins. Pour appliquer exactement l'art. 620, il faut un point de départ différent quant à chacun de ces produits.

ARRONDISSEMENT D'AUXERRE.

Coulanges-la-Vineuse. — Le point de départ des six semaines qui précèdent la maturité des fruits est,

Quant aux céréales, 15 juin.
Quant aux prairies, 15 mai.
Quant aux vignes, 15 août (1).

Ligny-le-Châtel.

Quant aux céréales, 22 juillet.
Quant aux prairies, 24 juin.
Quant aux vignes, 15 octobre (2).

(1) Ceci est la date à laquelle commencent les six semaines : au contraire, à Ligny, la Commission cantonale a évidemment indiqué la date présumée de la maturité, et, par conséquent, la fin des six semaines.

(2) Voir la note ci-dessus. La Commission cantonale de Ligny et celle de Tonnerre ont seules commis cette erreur. Toutes les autres ont réellement indiqué le *point de départ*, le premier jour des six semaines.

Saint-Florentin.

Quant aux céréales, la Saint-Barnabé (11 juin).

Saint-Sauveur.

Quant aux céréales, 11 juin.

Quant aux prairies, 10 mai.

Quant aux vignes, 25 août.

Quant aux arbres fruitiers, 15 septembre.

Seignelay.

Quant aux céréales, le 24 juin.

Quant aux prairies naturelles et aux trèfles, 15 mai.

Quant aux autres prairies artificielles, 1er mai.

Quant aux vignes, 15 août.

Quant aux arbres fruitiers, 15 août.

Toucy.

Quant aux céréales, 15 juin.

Quant aux prairies, 15 mai.

Quant aux vignes, 15 août.

Vermenton.

Quant aux céréales, 1er juin.

Quant aux prairies, 1er mai.

Quant aux vignes, 15 août.

Quant aux arbres fruitiers, 1er août.

ARRONDISSEMENT D'AVALLON.

Avallon. — Le point de départ des six semaines qui précèdent la maturité des fruits est ainsi fixé :

Quant aux céréales, le 24 juin.

Guillon.

Quant aux céréales, 11 juin (Saint-Barnabé).

Quant aux prairies, 1er mai.

Quant aux vignes, 15 août.

Quant aux arbres fruitiers, 1er septembre.

L'Isle-sur-le-Serein.

Quant aux céréales, 15 juin.

Quant aux prairies, 15 mai.

Quant aux vignes, 15 août.

Quant aux arbres fruitiers, 15 août.

Quarré-les-Tombes.

Quant aux céréales, 24 juin.

ARRONDISSEMENT DE JOIGNY.

Aillant. — Le point de départ des six semaines qui précèdent la maturité est ainsi fixé :

Quant aux céréales, le 11 juin (Saint-Barnabé).

Bléneau.

Quant aux céréales, 11 juin.

Quant aux prairies, 11 juin.

Quant aux vignes, 1er septembre.

Quant aux arbres fruitiers, 1er septembre.

Brienon.

Quant aux céréales, 11 juin.

Quant aux prairies, 20 juin (1).

(1) Il y a là une erreur. Le point de départ des six semaines ne

Quant aux vignes, 15 août.

Quant aux arbres fruitiers, 1er septembre.

Cerisiers.

Quant aux céréales, 11 juin.

Quant aux prairies, 20 mai.

Quant aux vignes, 1er septembre.

Quant aux arbres fruitiers, 1er septembre.

Charny.

Quant aux céréales, 11 juin.

Joigny.

Quant aux céréales, 11 juin.

Quant aux prairies, 10 mai.

Quant aux vignes, 10 août (Saint-Laurent).

Quant aux arbres fruitiers, 15 août.

Saint-Fargeau.

Quant aux céréales, 11 juin (Saint-Barnabé).

Saint-Julien-du-Sault.

Quant aux céréales, 11 juin.

Quant aux prairies, 24 juin (1).

Quant aux vignes, 25 août.

Quant aux fruits à couteau, 1er août.

Quant aux fruits à cidre, 1er septembre.

peut être aussi reculé pour les prairies, surtout quand il est fixé au 11 juin pour les céréales. Car les foins se récoltent avant les blés. Voir plus loin le canton de Cerisiers, les deux dates indiquées sont celles du 11 juin et du *20 mai*. Cela peut servir à rectifier l'erreur commise à Brienon.

(1) Erreur manifeste. Ceci est la date ordinaire de la récolte.

Villeneuve-sur-Yonne.

 Quant aux céréales, 11 juin.

 Quant aux prairies, 11 juin.

 Quant aux vignes, 25 août (Saint-Louis).

 Quant aux arbres à fruit, 25 août.

ARRONDISSEMENT DE SENS.

Chéroy. — Le point de départ des six semaines qui précèdent la maturité des fruits est fixé ainsi qu'il suit :

 Quant aux céréales, 11 juin.

 Quant aux vignes, 25 août.

Pont-sur-Yonne.

 Quant aux céréales, 10 juin.

 Quant aux prairies, 10 mai.

 Quant aux vignes, 25 août.

 Quant aux arbres à fruit, 25 août.

Sens (*nord* et *sud*).

 Quant aux céréales, 11 juin.

 Quant aux vignes, 24 août (Saint-Barthélemy).

Sergines.

 Quant aux céréales, 11 juin.

Villeneuve-l'Archevêque.

 Quant aux céréales, 11 juin.

 Quant aux prairies, 15 avril.

ARRONDISSEMENT DE TONNERRE.

Ancy-le-Franc. — Le point de départ des six semaines n'est pas fixé par l'usage. Il varie suivant les années.

Cependant on admet qu'il ne peut être antérieur au 1er juin pour les céréales.

Cruzy-le-Châtel. — Le point de départ des six semaines qui précèdent la maturité est ainsi fixé par l'usage :

Quant aux céréales, 11 juin.
Quant aux prairies, 15 mai.
Quant aux vignes, 15 août.
Quant aux arbres fruitiers, 15 août.

Flogny.

Quant aux céréales, 11 juin.
Quant aux prairies artificielles, 1er mai.
Quant aux prairies naturelles, 15 mai.
Quant aux vignes, 15 août.

Noyers.

Quant aux céréales, 20 juin.
Quant aux prairies naturelles, 15 mai.
Quant aux prairies artificielles, 1er mai.
Quant aux vignes, 25 août.
Quant aux arbres fruitiers, 1er septembre.

Tonnerre.

Quant aux céréales, 1er juillet.

Quant aux prairies, 24 juin.

Quant aux vignes, 1er octobre (1).

---

(1) Toutes ces dates sont les dates présumées de la récolte, elles indiquent la fin et non le commencement des six semaines. Voir les notes ci-dessus.

SECTION V.

ARPENTAGE.

La Commission départementale a posé aux Commissions cantonales la question ci-après :

Est-il d'Usage, quand une propriété longe un chemin déblavier, de comprendre une portion de ce chemin dans les titres ou procès-verbaux d'arpentage, qui constatent l'étendue de la dite propriété ?

La réponse a été affirmative dans vingt-deux cantons, savoir :

Auxerre *est*,	Cerisiers,
Auxerre *ouest*,	Saint-Julien-du-Sault,
Coulanges-la-Vineuse,	Villeneuve-sur-Yonne,
Courson,	Pont,
Ligny,	Sens *nord*,
Saint-Florentin,	Sens *sud*,
Seignelay.	Sergines,
Vermenton,	Villeneuve-l'Archevêque,
Guillon,	Ancy-le-Franc,
Aillant,	Cruzy,
Brienon,	Flogny.

Elle a été négative dans douze cantons, savoir :

Chablis,	Quarré-les-Tombes,
Coulanges-sur-Yonne,	Charny,
Saint-Sauveur,	Joigny,
Toucy,	Chéroy,
Avallon,	Noyers,
L'Isle-sur-le-Serein,	Tonnerre.

Trois Commissions cantonales ont répondu qu'elles ne connaissaient pas d'Usage à ce relatif. Ce sont les Commissions de Vézelay, Bléneau et Saint-Fargeau.

A Toucy, l'on signale un Usage analogue. Quand une propriété borde un ruisseau ou même ce que les habitants appellent la *rivière* d'Ouanne, on comprend dans l'arpentage la moitié du ruisseau ou de la rivière.

APPENDICE.

———

DE QUELQUES USAGES NON PRÉVUS DANS LE QUESTIONNAIRE DE LA COMMISSION CENTRALE DE L'YONNE.

———

Quelques Commissions cantonales, avant d'avoir reçu le questionnaire de la Commission centrale de l'Yonne, avaient constaté l'existence d'Usages locaux sur lesquels ce formulaire n'a point attiré l'attention. Il en est pourtant qui ne sont pas indignes d'examen. Nous citerons notamment ceux auxquels le morcellement des héritages a donné naissance, parce qu'on se préoccupe avec juste raison des conséquences fâcheuses de ce morcellement infini. On se plaint surtout des difficultés que rencontre

la culture à la charrue dans les petites parcelles. Ce mal
est-il vraiment sans remède? Peut-il être pallié dans
la majeure partie des cas? Nous n'avons pas à discuter
ici ces graves questions. Nous nous bornerons à reproduire deux extraits des procès-verbaux rédigés par les
Commissions cantonales, en regrettant qu'une enquête
plus complète n'ait pas été dirigée sur ce point.

On lit dans le procès-verbal du canton de Flogny, en
date du 3 juin 1855, les observations suivantes : « Dans
« la culture morcelée, on tient à ne pas laisser impro-
« ductive la plus petite parcelle de terrain, et, par con-
« séquent (si l'on cultive à la charrue), à étendre le
« labour jusqu'aux extrêmes limites de l'héritage la-
« bouré. Si cette prétention est juste en principe, elle
« rencontre de grandes difficultés dans l'application.
« Presque toujours en traçant les deux sillons extrêmes,
« on laisse un peu de terrain le long des héritages li-
« mitrophes ou on entraîne un peu de ceux-ci. Pour
« remédier à cet inconvénient, on a généralement admis
« et il est d'Usage que celui qui laboure le premier son
« champ renverse une raie de terre sur chacun de
« ses deux voisins, et la reprenne au dernier labour
« de la semaille. Mais cet Usage n'est pas encore sans
« inconvénient : certains particuliers renversent le moins
« qu'ils peuvent et reprennent le plus possible.

« Les cultivateurs de la commune de Lasson ont cru
« améliorer cet Usage en dressant un règlement signé

« d'eux tous, réglement d'après lequel on doit renverser
« deux raies de chaque côté.

« Une difficulté analogue se présente pour la culture
« des deux bouts de l'héritage. Le cultivateur peut-il
« prolonger son sillon jusqu'à l'extrême limite en fai-
« sant avancer les chevaux et tourner la charrue sur les
« champs voisins? Ou bien s'arrêtera-t-il à une certaine
« distance de la limite pour ne point piétiner les héri-
« tages d'autrui?

« Ce dernier procédé est suivi lorsqu'on laboure des
« champs d'une certaine largeur, parce qu'alors on a la
« ressource de faire une *hâte* de contour, qui efface les
« piétinements des chevaux et utilise l'espace sur lequel
« a tourné la charrue. Mais, dans la presque totalité
« des champs, qui n'ont qu'une largeur fort restreinte,
« on avance sur les voisins des bouts, qui fréquemment
« font *contour* et ne sèment qu'après les aboutissants.
«. Eh bien ! dans ce cas, pour prix de la tolérance des
« voisins, on leur laisse une *bonne contenance*. Beau-
« coup de cultivateurs prétendent même que les abou-
« tissants doivent laisser une *hâte* de contours (1) à celui
« sur le sol duquel la charrue empiète en tournant.

« Delà vient, sans doute, que, dans les opérations
« d'arpentage qui embrassent des aboutissants et des con-
« tours, on trouve presque toujours un excédant de
« contenance dans ces derniers.

(1) En jouissance seulement, bien entendu.

« Si, le Code rural qui est élaboré depuis bien des
« années pouvait trouver moyen de poser quelques
« règles fixes sur cette matière, il éviterait une foule de
« contestations. »

La Commission cantonale de Vézelay s'exprime ainsi :

« Il est d'Usage, dans le canton, de permettre aux
« propriétaires d'héritages contigus, non séparés par
« des clôtures, de tourner leurs charrues sur le champ
« limitrophe, lors même que celui-ci est préparé ou en-
« semencé, et ce pour étendre le labour jusqu'à l'ex-
« trême limite. Cet Usage offre de grands avantages, à
« cause du morcellement infini de la propriété, et per-
« met de cultiver à la charrue des parcelles qu'il fau-
« drait sans cela cultiver à bras d'hommes. »

La Commission ajoute que le législateur devrait sanc-
tionner cet état de choses, sauf réparation du préjudice
causé en cas d'abus. Mais surtout elle ne voudrait pas
que le fait de tourner la charrue sur l'héritage voisin
pût être puni de peines de simple police (Code pénal,
art. 470, n° 13-475, n°s 9 et 10).

On voit qu'il y a là toute une série de mesures à
prendre, non pour faire disparaître un morcellement
inévitable, mais pour en pallier les effets. Dans nos
campagnes, l'intérêt réciproque des cultivateurs amène
des transactions plus ou moins rationnelles. Peu à peu
des Usages locaux et divers tendent à se former. Mais,
sont-ils obligatoires ? Ne suffit-il pas d'un esprit querel-

leur pour jeter le trouble dans les relations de voisinage?
Les habitants de la commune de Lasson ont eu la bonne
pensée de se lier les uns les autres par un réglement général et garanti par la signature de chacun d'eux.
Malheureusement, cet exemple n'est pas et ne peut être
suivi partout. Encore une fois, il est temps que le législateur intervienne (1) !

(1) La Commission cantonale de Saint-Julien-du-Sault voudrait
que *l'échenillage* fût obligatoire en tous cas. Celle d'Avallon voudrait aussi que chacun fût tenu de détruire les chardons dans son
champ. Ce sont là des mesures de police agricole qui ne manque-
raient pas d'utilité. Nous les signalons en terminant.

CONCLUSION.

Avant de clore ce long travail, me sera-t-il permis
de résumer en quelques mots les conclusions générales
qui en découlent?

La première, c'est qu'on ne doit rien abandonner au
caprice des Usages locaux que ce qu'il est impossible
de leur enlever. Pour convaincre les plus incrédules, il
suffirait de rappeler les étranges coutumes en vigueur
dans le département quant aux distances à garder dans
la plantation des vignes. Autant de systèmes que de
cantons : souvent même autant de règles que de communes : la bizarrerie la plus incroyable dans la variété la

plus complète. N'est-ce pas là un exemple décisif des inconvénients qu'entraîne l'omnipotence des Usages locaux? Aussi, les Commissions cantonales, dont les membres ont été choisis parmi les hommes les plus compétents de chaque localité, sont unanimes pour réclamer l'intervention d'une loi précise et uniforme. Les populations s'y montrent également disposées. On peut dire sans crainte que l'unité de législation n'est pas seulement en France le rêve des esprits éclairés, mais le vœu instinctif de tous les citoyens.

Quant aux détails de la police agricole, il ne faut pas plus les abandonner à la faiblesse des autorités municipales qu'au caprice des Usages. En fait, nous avons constaté que les maires de nos campages n'usent pas des pouvoirs que leur a conférés la loi de 1791, ou, s'ils en usent, ils n'ont pas la force de faire respecter leurs arrêtés. Qu'on les consulte. Ils seront les premiers à demander qu'une autorité plus haute et plus indépendante, un pouvoir plus étendu et mieux obéi, mette fin aux abus du parcours, de la vaine-pâture, du glanage, etc., abus qu'ils regrettent sans pouvoir les empêcher. Ici, comme toujours, le besoin d'une loi générale et formelle se fait impérieusement sentir.

Reste à savoir si la nature des choses permet au législateur de remplacer les Usages locaux, et de suppléer à l'insuffisance de la réglementation municipale. Nous n'hésitons pas à répondre affirmativement pour la plupart des cas. L'étude approfondie des faits démontre que les principes formulés conditionnellement par le Code civil peuvent être convertis en règles absolues, sauf quelques modifications peu importantes et dans des circonstances expressément prévues. Là où le Code est resté muet, il est facile de poser des règles nouvelles, en les choisissant parmi celles dont une longue pratique a révélé l'utilité (1). Les lacunes du Code rural de 1791 sont-elles plus embarrassantes à combler? Je ne sais ce qui se passe dans le reste de la France. Mais, chez nous, tout le monde proteste contre le maintien du parcours, du ratelage, du chaumage et autres coutumes surannées. Les Commissions cantonales sont aussi d'accord pour signaler les inconvénients du glanage, et quelques-unes ont indiqué le remède en même temps que le mal. Même, sur la question la plus délicate, celle de la vaine-pâture, je crois avoir montré que le législateur, s'il n'ose prononcer la suppression complète de cet Usage, peut au moins en atténuer les abus, et en régler l'exercice d'une manière assez précise, pour que l'application dans chaque localité ne souffre plus de difficulté sérieuse.

(1) Certes, il y en a qui ne sont pas applicables dans toutes les contrées, mais, sur chaque matière, on peut en trouver qui sont applicables partout. Nous avons essayé de le démontrer dans les observations spéciales qui précèdent les divers chapitres de ce rapport.

Je n'insiste pas davantage. Il n'appartient qu'à la Commission centrale de statuer sur toutes ces questions avec une véritable autorité. Je n'ai ni le droit, ni la prétention de fixer à l'avance les bases de sa décision future. Trop heureux si mon rapport, par les indications qu'il renferme, lui facilite l'accomplissement d'une tâche qu'elle seule est digne et capable de remplir.

PROCÈS-VERBAL

DES SÉANCES

DE LA COMMISSION CENTRALE DE L'YONNE

CHARGÉE DE RECUEILLIR ET DE CONTROLER LES USAGES LOCAUX

SUIVIS COMME LOI

DANS LE DÉPARTEMENT.

PROCÈS-VERBAL

DE LA COMMISSION CENTRALE DE L'YONNE.

———

SÉANCES DES LUNDI 3, SAMEDI 15 ET SAMEDI 29
DÉCEMBRE 1860.

La Commission s'est réunie, à l'hôtel de la Préfecture, sous la présidence de M. Tonnellier, président du tribunal civil d'Auxerre. Les fonctions de secrétaire sont remplies par M. Aimé Cherest. Étaient présents : MM. Challe, membre du Conseil général; Charié, juge; Henriquet, procureur impérial; Leclerc, juge de paix; Lescuyer, secrétaire général de la préfecture; baron de Madières, juge d'instruction; Métairie, juge; Tambour, juge-suppléant.

Lecture est donnée par le secrétaire du rapport qu'il avait été chargé de présenter à la Commission après examen et contrôle des procès-verbaux dressés par les

Commissions cantonales de l'Yonne. Ce rapport contient deux parties distinctes, savoir : 1° l'analyse des renseignements transmis par les Commissions cantonales sur les Usages locaux suivis comme loi dans le département; 2° des observations sommaires sur chaque catégorie d'Usages, sur leurs principaux caractères, sur les diverses questions que leur application soulève; enfin, sur les avantages ou les inconvénients qu'ils présentent.

La Commission centrale constate d'abord que l'analyse faite par le rapporteur est la reproduction fidèle du travail des Commissions cantonales, classé par ordre de matières, vérifié et contrôlé. Elle pense que cette analyse suffira pour donner à M. le Ministre de l'agriculture et du commerce une idée exacte des Usages qui régissent le département de l'Yonne, et satisfera au désir manifesté par Son Excellence, dans sa circulaire du 15 février 1855. En conséquence, elle se borne à lui transmettre cette portion du rapport sans rien ajouter ni retrancher.

Mais, la Commission centrale n'avait pas seulement à recueillir les divers documents fournis par les Commissions cantonales de l'Yonne. Elle avait, en outre, à manifester sa pensée sur les Usages recueillis, et à signaler leurs avantages ou leurs inconvénients.

Après avoir entendu, sur ce point, les observations consignées au rapport sus-visé, et après en avoir délibéré, la Commission centrale a émis l'opinion suivante :

Elle adopte, sans hésiter, les conclusions générales

formulées par son rapporteur, c'est-à-dire : qu'on ne doit abandonner au caprice des Usages locaux que ce qu'il est impossible de leur enlever : que, dans le département de l'Yonne, l'état des esprits, loin de présenter des obstacles à l'intervention souveraine du législateur, permet, au contraire, de soumettre les moindres détails à des lois uniformes : qu'à défaut de lois il ne faut pas s'en rapporter exclusivement aux autorités municipales pour réglementer les matières confiées à leur zèle : qu'une autorité plus haute, plus indépendante, et s'exerçant dans un cercle plus vaste, pourrait seule être chargée de suppléer au silence du législateur ; mais qu'il est encore préférable de régler par des dispositions législatives, uniformes et précises, tout ce qui en est véritablement susceptible.

La Commission s'associe également aux observations formulées par son rapporteur sur chaque catégorie d'Usages.

Elle croit devoir insister, d'une manière toute spéciale, sur divers points qui ont frappé son attention.

Notamment, elle exprime le vœu que les dispositions de l'art. 671 du Code Napoléon, relatives aux distances à garder dans la plantation des arbres et arbustes, ne soient plus abandonnées aux Usages locaux en vigueur dans chaque localité, mais soient exécutées rigoureusement, sauf le cas où deux propriétés situées dans une ville, dans un village ou autre agglomération d'habi-

tants, sont séparées par un mur. La Commission, déplo-
rant la confusion inextricable que l'omnipotence des
Usages a introduite dans la plantation des vignes, espère
que ce désordre regrettable ne tardera pas à cesser, et
que, bientôt, la vigne, considérée comme un arbre à
basse tige, soumise à ce titre aux règles générales de la
matière, ne pourra se planter qu'à cinquante centimètres
de l'héritage limitrophe.

Le texte de l'art. 663 souffre dans son application des
difficultés sérieuses. La Commission pense qu'il serait
facile de les faire cesser en étendant l'obligation de se
clore à tous les chefs-lieux de commune, et même à tous
les hameaux renfermant plus de cinq cents habitants.
Cette obligation présente les mêmes caractères d'utilité
partout où se rencontrent un certain nombre de maisons
agglomérées ; et, si l'on admet avec une jurisprudence
aujourd'hui constante, que le propriétaire, requis de
coopérer à la clôture, ait la faculté de s'y soustraire en
abandonnant la moitié du terrain nécessaire à la construction, alors les prescriptions de l'art. 663 ne sont
plus sérieusement onéreuses pour personne.

La Commission centrale regrette de ne trouver, dans
les Usages locaux auxquels renvoie l'art. 674 du Code
Napoléon, aucune règle précise et dont les avantages
soient dignes de fixer l'attention du législateur. Elle regrette également que les Usages, acceptés dans le département de l'Yonne en ce qui concerne les relations

de voisinage, ne fournissent aucun exemple qu'elle puisse proposer avec assurance. Elle se borne à déclarer qu'à ses yeux il y a là toute une série de questions litigieuses, mal à propos omises par les rédacteurs du Code Napoléon, et, par conséquent, une lacune de nos lois civiles qu'il importe de combler.

Quant aux Usages locaux relatifs au louage des choses, ou encore au louage d'ouvrage et d'industrie, la Commission adhère purement et simplement aux conclusions de son rapporteur.

Elle comprend, du reste, que, pour toutes les matières qui se rattachent au Code Napoléon, le législateur hésite à se départir des règles de prudence qu'il s'est imposées jusqu'ici. On n'ose pas toucher à cette grande œuvre, et, pour y porter la main, il faut y être poussé par une nécessité pressante, il faut être préparé par des études approfondies, et autorisé par une expérience décisive.

Mais tout le monde est d'accord que le Code rural de 1791 ne mérite pas le même respect, et chacun hâte de ses vœux l'époque où il sera remplacé par de nouvelles dispositions.

La Commission centrale de l'Yonne recommande à l'attention de M. le Ministre de l'agriculture les faits recueillis dans ce département sur la servitude de parcours de clocher à clocher. Il en résulte qu'elle ne sert en rien la cause du pauvre, et que ses inconvénients, reconnus de tous, en ont amené la suppression graduelle. Si les mêmes faits, et la Commission a tout lieu de le croire, se sont reproduits dans la majeure partie de la France, on n'hésitera plus à supprimer un Usage que les rédacteurs de la loi de 1791 avaient maintenu malgré eux et avec un caractère essentiellement provisoire.

Au sujet de la vaine-pâture, la Commission cantonale croit devoir être plus explicite que le rapport soumis à son appréciation. Elle pense que cet Usage présente, au point de vue du droit de propriété, de la prospérité agricole et de l'intérêt bien entendu des populations rurales, de trop graves inconvénients, pour qu'il doive jamais recevoir en France une consécration définitive. Mais des motifs d'un autre ordre déterminent la Commission. La plupart de ses membres ont été à même de constater maintes fois que la dépravation précoce des enfants de la campagne était due aux habitudes d'oisiveté et de vagabondage, aux réunions continuelles de garçons et de filles loin de toute surveillance, et aux occasions trop nombreuses de débauche qu'entraîne inévitablement l'exercice de la vaine-pâture. Quelle que soit l'opinion qu'on professe sur cette Coutume, au point de vue économique, il est incontestable qu'elle est et sera toujours une source d'immoralité. Cela suffit à sa condamnation. Et la Commission centrale de l'Yonne émet le vœu que tous les efforts du législateur tendent à amener, un jour, sa suppression complète.

Enfin, la Commission appelle l'attention de M. le Ministre de l'agriculture et du commerce sur les abus du glanage. Il est vraiment essentiel que ces abus sur lesquels l'autorité municipale gémit, sans avoir la force de les arrêter, soient l'objet d'une réglementation précise, accompagnée d'une sanction efficace.

En attendant que le Code rural, si longtemps promis, soit enfin promulgué, et pour suppléer aux lacunes du Code Napoléon, tant que ces lacunes ne seront pas comblées, la Commission centrale de l'Yonne pense qu'il est utile de livrer à la publicité les recherches auxquelles les Usages locaux viennent de donner lieu. Elle décide, en conséquence, que le rapport à elle présenté, ainsi que le procès-verbal de ses délibérations, seront imprimés dans le plus bref délai par les soins du secrétaire. Dans le cas où l'imprimeur ne consentirait point à se charger de l'impression à ses risques et périls, elle prie M. le Préfet de l'Yonne de solliciter du Conseil général une subvention, soit en argent, soit en souscription à un certain nombre d'exemplaires. La Commission se plaît à espérer que le Conseil ne refusera pas un pareil encouragement à des travaux, qui doivent faciliter la tâche de Messieurs les juges de paix, et éclairer tous les habitants de nos contrées sur une foule de difficultés épineuses qui les embarrassent fréquemment. Au besoin, la Commission décide qu'elle supportera les frais nécessités par la publication dont s'agit.

Et, après lecture du présent procès-verbal, il a été signé par les membres de la Commission centrale de l'Yonne dont les noms suivent :

TONNELLIER, *président* ; CHALLE, CHARIÉ, HENRIQUET, LECLERC, LESCUYER, Bᵒⁿ DE MADIÈRES, MÉTAIRIE, TAMBOUR, Aimé CHEREST, *secrétaire*.

————

La Commission des Usages locaux, parvenue au terme de sa mission, tient à constater que sa tâche a été singulièrement facilitée par le travail si complet de son secrétaire, qui, après avoir fait une étude approfondie des volumineux rapports des trente-sept Commissions cantonales, les a analysés d'une façon si sûre et si lucide, et a présenté, sur chaque catégorie d'Usages, un résumé et des conclusions, auxquels elle n'a eu le plus souvent qu'à adhérer.

Fait et délibéré, à la Préfecture de l'Yonne, le 29 décembre 1860.

Ont signé la mention ci-dessus, MM.

TONNELLIER, CHALLE, CHARIÉ, HENRIQUET, LECLERC, LESCUYER, Bᵒⁿ DE MADIÈRES, MÉTAIRIE, TAMBOUR.

————

TABLE DES MATIÈRES.

21.

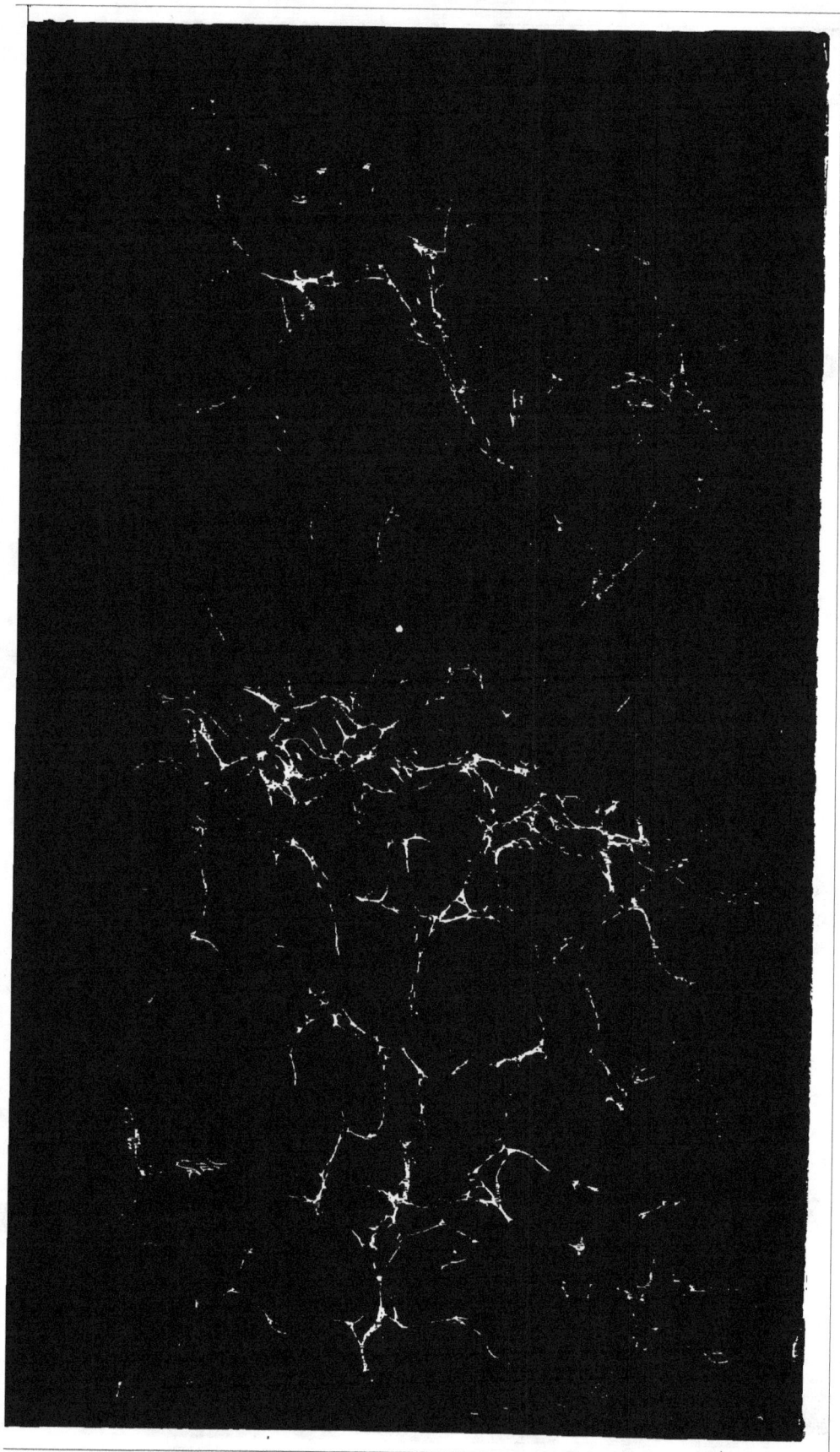